高等职业教育财经商贸类专业系列教材

客户关系管理

第2版

主　编　刘　柳　杨　莹
参　编　马　瑾　刘燕萍　黄佳丽

本书编写突出应用能力的培养，注重教、学、做相结合，主张理论与实践的一体化，并有针对性地采取案例研讨、任务驱动、项目导向等行动导向的教学模式。书中援引了大量案例来与章节内容相匹配，深入浅出、通俗易懂，便于使读者更好地理解客户关系管理相关内容。

本书共十章，具体内容包括客户关系管理概述、客户的识别与选择、客户开发与客户拜访、客户沟通、客户信息管理、客户体验管理、客户分级管理、客户满意管理、客户忠诚管理、客户的流失与挽回。

本书可作为高职高专院校市场营销、工商企业管理、经济贸易类专业学生学习"客户关系管理"课程的教材；也可作为成人教育和继续教育相关专业的教材，还可作为经济管理类专业学生、企业管理人员的培训和参考用书。

本书配有电子课件等教师用配套教学资源，凡使用本书的教师均可登录机械工业出版社教育服务网www.cmpedu.com下载。咨询可致电：010-88379375，服务QQ：945379158。

图书在版编目（CIP）数据

客户关系管理 / 刘柳，杨莹主编. -- 2版. -- 北京：机械工业出版社，2025.2（2025.8重印）. -- （高等职业教育财经商贸类专业系列教材）. -- ISBN 978-7-111-77526-3

Ⅰ．F274

中国国家版本馆CIP数据核字第2025C7M420号

机械工业出版社（北京市百万庄大街22号　邮政编码100037）
策划编辑：孔文梅　　　　　责任编辑：孔文梅　张美杰
责任校对：龚思文　陈　越　封面设计：鞠　杨
责任印制：常天培
河北虎彩印刷有限公司印刷
2025年8月第2版第2次印刷
184mm×260mm・15.75印张・323千字
标准书号：ISBN 978-7-111-77526-3
定价：49.00元

电话服务　　　　　　　网络服务
客服电话：010-88361066　机　工　官　网：www.cmpbook.com
　　　　　010-88379833　机　工　官　博：weibo.com/cmp1952
　　　　　010-68326294　金　书　网：www.golden-book.com
封底无防伪标均为盗版　机工教育服务网：www.cmpedu.com

前言

本书在第1版内容的基础上修订而成，在保持体系完整和内容丰富的基础上，补充了新内容，更换了新案例，丰富和完善了客户关系管理近几年在大数据变革下形成的成熟理论和技能要求。本书结合客户关系的建立、客户关系的维护和客户流失与挽回三个阶段的实际工作过程，从客户关系管理岗位的典型工作任务出发确定了内容。

本书内容全面、结构清晰，从职业岗位和应用性教学的要求出发，以理论够用、应用和操作技能突出为原则，系统阐述了客户关系管理的理念、技术和策略。在课程设计上以客户与企业互动的过程为主线，模块化设计，以客户关系管理的原则、方法、策略和技巧为轴心，援引了大量案例来与章节内容相匹配，力求生动、易懂、系统而实际地反映客户关系管理的理论与实务。

本书特色如下：

1. 注重素质培养

本书在章首确定知识目标的同时，强调了能力目标和素质目标。在编写中融入了"立德树人"元素，以便于培养学生的职业道德与职业素养。通过教材，学生可以从客户关系管理的理论知识入门，以客户开发的过程为主线，系统掌握知识及技能。经过系统学习，学生的客户服务意识将加强，客户服务、管理能力将有所提高，能够胜任更多与客户有关的工作。

2. 栏目设置新颖多样，配套资源丰富、使用方便

本书设置了引导案例、素养小课堂、经典新说、微课抢先看、实例、实训项目等多个栏目。在栏目设计上，注重培养读者的思考能力，尽力做到"学、思、用贯通"。书中结合二维码，对重要理论进行了引申介绍，对相关知识进行了拓展和延伸，并推荐了相关管理工具、系统和软件。在每个章节最后，都结合实训项目配备了任务单，方便老师和同学的使用。

3. 案例本土化

在案例选择上，本书基本实现了案例本土化。案例本土化对于学生实际客户关系工作的指导性更强、更具有说服力，而且也有利于增强学生对于"四个自信"的认知，并且能够增强社会责任感。

改版后案例选择更具有代表性，涉及行业广泛，容易引起学生共鸣，方便同学们学习：既有传统实体企业（如比亚迪、华为、格力电器等），更涵盖了新兴独角兽企业（如贝泰妮、名创优品等）；既有在国内知名度较高的实体（如海底捞、胖东来等），也有出海后赢得外国客户认可的出海品牌（如SHEIN、传音控股等）；既有蜜雪冰城、三只松鼠等学生耳熟能详的商家，也有王者荣耀、抖音等游戏、短视频大咖。

本书编写人员包括刘柳、杨莹、马瑾、刘燕萍、黄佳丽。具体编写分工如下：刘柳负责编写第一、三、五、七、十章，杨莹负责编写第二、八章，刘燕萍负责编写第四章，马瑾负责编写第六章，黄佳丽负责编写第九章。全书由刘柳负责统稿、修改定稿。

编写团队在编写过程中参阅了国内外学者的文献资料，汲取了客户关系管理的研究成果及新思想，并采用了一部分资料，在此谨向各位专家和学者致以诚挚的感谢。

由于编写团队水平有限，加之客户关系管理理论和实践的不断发展，书中难免有不妥和疏漏之处，敬请广大读者和专家批评赐教。

编　者

QR Code Index
二维码索引

序号	名称	图形	页码	序号	名称	图形	页码
1	客户关系管理是一锤子买卖吗？		2	10	客户画像		40
2	靠"拉关系""献殷勤"能实现客户关系管理吗？		3	11	营销导向的客户开发		48
3	客户关系管理就要靠软件吗？		5	12	电话拜访		56
4	客户关系管理的重要性		11	13	成功约见技巧		61
5	客户关系中的大数据		15	14	如何通过电话邀约客户		63
6	认识客户		26	15	提问技巧		71
7	客户生命周期		27	16	客户接近技巧		77
8	客户终身价值		31	17	怎样打电话才不会被挂掉——说好开场白		77
9	评估企业的客户——客户资格审查		39	18	客户说服技巧——FAB销售法则		82

（续）

序号	名称	图形	页码	序号	名称	图形	页码
19	客户信息的构成		103	25	影响客户满意的因素		184
20	RFM模型		119	26	提升客户满意的方法		189
21	跟着超级文和友看客户体验主题选择		144	27	超市如何提高客户满意度——胖东来的尝试		201
22	关键客户分级管理办法——淘宝88VIP		164	28	客户满意与客户忠诚		211
23	普通客户与小客户分级管理办法		167	29	客户忠诚的影响因素		213
24	客户满意管理		179	30	流失客户的挽回		234

目录

前言

二维码索引

第一章　客户关系管理概述　1
第一节　客户关系管理的产生与发展　3
第二节　客户关系管理的内涵　7
第三节　客户关系管理与营销　12
本章小结　18
练习题　19
实训项目　21

第二章　客户的识别与选择　23
第一节　认识客户　25
第二节　选择客户　31
第三节　评估企业的客户　37
本章小结　40
练习题　41
实训项目　44

第三章　客户开发与客户拜访　47
第一节　客户开发　48
第二节　客户拜访　55
本章小结　63
练习题　63
实训项目　66

第四章　客户沟通　69
第一节　客户沟通的内容、作用与渠道　70
第二节　客户接近技巧　76
第三节　客户说服技巧　81
第四节　客户异议处理　84
第五节　客户投诉　88
本章小结　94
练习题　95
实训项目　98

第五章　客户信息管理　101
第一节　客户信息的构成　103
第二节　搜集客户信息的渠道　106
第三节　建立和利用客户档案　112
第四节　运用客户数据库管理客户信息　118
本章小结　126
练习题　126
实训项目　129

第六章　客户体验管理　131
第一节　客户体验与客户体验管理　133
第二节　吸引客户阶段的体验创造策略　138
第三节　维护客户阶段的体验创造策略　147
本章小结　152
练习题　153
实训项目　155

第七章　客户分级管理　157
第一节　实行客户分级管理的原因　158
第二节　如何对客户进行分级　161
第三节　客户分级管理办法　164
本章小结　170
练习题　171
实训项目　174

第八章　客户满意管理　177
第一节　客户满意理念　179

第二节　客户满意度的衡量　181
第三节　影响客户满意的因素　184
第四节　提升客户满意度的方法　189
本章小结　199
练习题　200
实训项目　202

第九章　客户忠诚管理　205

第一节　客户忠诚的概念及重要性　206
第二节　客户满意与客户忠诚　210
第三节　客户忠诚的影响因素　213
第四节　努力提高客户忠诚度　215
本章小结　221
练习题　221
实训项目　225

第十章　客户的流失与挽回　227

第一节　客户流失的原因　228
第二节　如何看待客户流失　231
第三节　流失客户的挽回　234
本章小结　238
练习题　238
实训项目　240

参考文献　242

第一章
客户关系管理概述

学习目标

【知识目标】
- 掌握客户关系管理的概念和内涵。
- 了解客户关系管理的历史发展和未来趋势,结合实际识别客户关系管理的作用。
- 理解关系营销建立的三个手段。

【能力目标】
- 能够对与客户关系管理相关的营销理论进行简要分析。
- 能够分析和识别不同类型的客户关系,并制定相应的管理策略。

【素质目标】
- 形成对客户管理岗位的全方位认识。
- 培养学生爱岗敬业、诚实守信、义利兼顾等职业道德。

> **引导案例**

阿里巴巴遭遇天价罚单

2020年12月24日国家市场监督管理总局（下称市场监管总局）宣布，根据举报依法对阿里巴巴集团实施"二选一"等涉嫌垄断行为立案调查。2021年4月10日，市场监管总局依法做出行政处罚决定，责令阿里巴巴集团停止违法行为，并处以182.28亿元罚款。182.28亿元的罚款也创下中国反垄断行政处罚纪录。

所谓二选一，是指自2015年以来，阿里巴巴集团滥用其市场支配地位，对平台内商家提出"二选一"要求，禁止平台内商家在其他竞争性平台开店或参加促销活动。也就是说，只要入驻了淘宝，就不能再成为另一个平台的商家。与此同时，阿里巴巴借助市场力量、平台规则和数据、算法等技术手段，采取多种奖惩措施保障"二选一"要求执行，维持、增强自身市场力量，获取不正当竞争优势。

2021年10月8日，市场监管总局依法对美团在中国境内网络餐饮外卖平台服务市场实施"二选一"垄断行为做出行政处罚。美团自2018年以来，滥用在中国境内网络餐饮外卖平台服务市场的支配地位，以实施差别费率、拖延商家上线等方式，促使平台内商家与其签订独家合作协议，并通过收取独家合作保证金和数据、算法等技术手段，采取多种惩罚性措施，保障"二选一"行为实施。因此，我国市场监管总局根据《反垄断法》相关规定，依法对美团做出行政处罚决定，责令美团停止违法行为，而且全额退还独家合作保证金12.89亿元，并处以其2020年境内销售额1 147.48亿元3%罚款，合计34.42亿元。

客户关系管理是一锤子买卖吗？

【引入问题】

越来越多的企业看到了客户的重要性，想尽各种办法留住客户。但这是客户关系管理吗？你能结合案例说一说你的看法吗？

◆ **素养小课堂**

中华人民共和国反垄断法

《中华人民共和国反垄断法》，我国现行的经济法之一，是为预防和制止垄断行为，保护市场公平竞争，鼓励创新，提高经济运行效率，维护消费者利益和社会公共利益，促进社会主义市场经济健康发展制定的法律。

《中华人民共和国反垄断法》由中华人民共和国第十届全国人民代表大会常务委员会第二十九次会议于2007年8月30日通过，自2008年8月1日起施行。

2022年6月24日，第十三届全国人民代表大会常务委员会第三十五次会议通过修改《中华人民共和国反垄断法》的决定，自2022年8月1日起施行。

第一节 客户关系管理的产生与发展

2024年5月23日晚间，阿里巴巴集团发布2024财年年报。年报显示，2024财年，阿里巴巴集团收入同比增长8%至9 411.68亿元，经调整EBITDA（息税折旧摊销前利润）同比增长12%至1 650.28亿元。早在2023年阿里巴巴已实现服务10亿名中国消费者；淘宝生态为中小商家成长提供土壤，在淘宝上持续经营10年以上的店铺已超过170万家。与此同时，新商家也源源不断加入，仅2022年淘宝新增了512万个新商家，其中绝大多数是中小商家，还包括130万个00后商家。2023财年，超过1.24亿年度活跃消费者在淘宝天猫人均消费超过10 000元。淘宝88VIP会员人数突破至4 200万。

靠"拉关系""献殷勤"能实现客户关系管理吗？

结合阿里巴巴的案例，我们发现：客户资源已经逆转成为当今主导企业生存和壮大的主要力量，客户用"货币选票"决定企业的兴衰存亡。越来越多的企业管理者认识到客户是企业盈利的关键，越来越多的企业认识到要想在激烈的市场竞争中脱颖而出，就应该采取措施巩固现有的客户关系，并加速新客户关系的建立。客户关系管理作为一种以客户为核心的企业管理方式日益受到重视。

客户关系管理（CRM）来源于西方的市场营销理论，最早产生于美国。虽然在20世纪80年代就有学者提出相关理论，但在90年代后期，借助先进的信息技术和电子商务的发展，CRM才飞速发展起来。由于客户关系管理引进我国的时间不长，人们对客户关系管理的含义理解得不够准确。很多企业对客户关系管理存在一定误解，把客户关系管理简单地理解为一种非此即彼的关系，客户购买了甲企业的产品就不能再购买乙企业的产品，把企业与竞争者放在了彼此对立的竞争位置，出现了类似阿里巴巴、美团"二选一"之类的错误做法。

客户关系管理追求的是长期、互利、共赢的合作关系，其本质上是买卖关系、交易关系、服务关系、利益关系。客户关系管理不可以"务虚"，而应该"务实"，必须建立在提供坚实利益的基础之上，必须是能够为客户创造价值的。如果企业提供的产品和服务不能满足客户需要，那么不论怎么"请客""送礼""赔笑脸""走后门""拉关系"也无济于事。

想要准确地理解客户关系管理的内涵，就必须先从它产生的背景开始说起。

一、需求的拉动

（一）企业的需求

从企业角度来分析，企业想要在越来越激烈的市场竞争中取得生存与发展，就要不断寻找自身的竞争优势。最初的竞争优势与生产效率的提高、新产品的研发密切相关，企业试图通过提供质优价廉的新产品在市场竞争中取胜；而后企业又试图通过提供完善而周到的售后服务在市场竞争中占有一席之地。但是由于激烈的竞争，技术创新的速度加快，新产品的生命周期越来越短，而售后服务又很容易被模仿和超越，将质优价廉的新产品或者完善的售后服务作为制胜的筹码几乎是不可能的。仔细研究成功企业后不难发现，在其成长历程中，无一例外地都发现了客户在市场竞争中的重要作用。成功企业生存和壮大最根本的原因在于拥有忠诚客户。在众多资源中，只有客户资源是任何企业都无法轻易模仿的独有优势。当今企业管理面临的外部环境已不同于以往，出现了"3C"特征——Change（变化）、Customer（客户）和Competition（竞争）。客户成了企业关注的焦点，能否满足并超越客户的需要成了企业生存与发展的关键。

客户关系的重要性引发了企业对于客户关系管理的需求。如果说过去的企业是将客户作为一个消费群体来看待，那么现在的企业认识到了客户需求的差异性，要使客户满意，就需要不断地满足客户个性化需求。因此，企业经营的关键就是识别客户，了解和掌握更多的客户信息，与客户进行双向式的交流和沟通，为他们提供个性化的服务，以不断增加其重复购买的频率，最终目的就是使之成为企业的忠诚客户。因此，有效地管理客户关系就成为企业的一种现实而迫切的需求。

另外，在很多的企业中，销售、营销和客户服务部门虽然已经建立了信息系统，但其信息化程度越来越不能适应业务发展的需要。企业的销售、营销和客户服务部门难以获得所需的客户互动信息，来自销售、客户服务、市场、制造、库存等部门的信息分散在企业内部，这些零散的信息使得企业无法对客户有全面的了解，各个部门难以在统一信息的基础上面对客户，这需要各个部门对面向客户的各项信息和活动进行集成。对企业而言，从市场部提供的客户线索中很难找到真正的客户，老客户现在的需求有什么新变化，如何开发新的客户群体，客户对企业的产品有什么看法，其中有多少人已经与销售员进行了接触，应该和哪些真正的潜在购买者多接触，谁是真正的潜在购买者，客户的需求如何预测，这些都是企业急需解决的问题。

（二）客户的需求

从客户的角度来看，随着竞争的加剧，产品和服务的同质化越来越严重，产品和服务的质量不再是客户购买的唯一标准。客户开始注重企业是否能为其提供个性化服务，以及这种服务能否让他们感受到被重视。为了更好地理解客户价值对客户关系管理产生的推动作用，下面从客户价值选择经历的三个阶段来思考：

1. 理性消费阶段

理性消费阶段是恩格尔系数较高的时代，社会物资相对匮乏，人们的收入水平不高，生活水平也比较低。由于客户手中没有多余的货币，他们的消费行为是非常理智的。在购买活动中，他们不但重视价格，还看重质量，追求的是物美价廉和经久耐用。在这样的情况下，消费者价值选择的唯一标准是"好与差"。可见，在理性消费阶段的客户消费行为中，价格取向是第一位的。

2. 感知消费阶段

在感知消费阶段，社会物质和财富开始丰富，恩格尔系数逐渐下降，人们的生活水平逐步提高。由于客户的收入增加，他们购物选择的标准不再仅仅是经久耐用和物美价廉，而是开始注重产品的质量与品牌。因此，他们选择产品或服务的标准发生了改变，由以前的"好与差"转变为"喜欢和不喜欢"。感知消费阶段的客户在消费行为中注重价格和价值，他们是复合型的客户。

3. 精神消费阶段

随着科技的飞速发展和社会的不断进步，物质生活越来越丰富，消费者越来越重视精神的充实和满足，对商品的需求已跳出了价格与质量的层次，也超出了形象与品牌等的局限，更加追求在商品购买与消费过程中精神上的满足感。因此在精神消费阶段，消费者的价值选择标准是"满意与不满意"。可见，精神消费阶段客户的价值取向是第一位的。

在全球化浪潮的席卷之下，行业之间的划分标准越来越模糊。对一个企业来说，竞争对手不仅仅来自行业内部，在利益机制驱动之下，许多来自行业外部的竞争者也会加入进来。从客户需求来看，其采购产品的过程更加追求精神感受，即已经不满足只购买产品或服务，而是更加关注是否能得到更优质的个性化服务。

二、技术的推动

20 世纪 90 年代末，由于信息技术的突飞猛进，客户关系管理在技术解决方案方面获得了巨大的充实和飞速的发展。信息技术为客户关系管理的实现和功能的扩张提供了前所未有的手段，如数据挖掘、数据库、商业智能、知识发现、基于浏览器的个性化服务系统等技术的发展，使收集、整理、加工和利用客户信息的质量大大提高。信息技术的发展也使企业与客户之间进行交流的渠道越来越多，除了面对面的交谈、电话外，呼叫中心、移动通信、多媒体技术、电子邮件、专家系统、人工智能等渠道都出现了。Web 站点、在线客户自助服务和基于销售自动化的电子邮件，让每一个客户关系管理解决方案的采纳者都进一步拓展了服务能力。

信息技术对客户关系管理的影响分为自动化、信息化和理念变革三个层次。自动化层次是指用计算机技术替代手工劳动，主要目的是提高客服人员的工作效率，如用一些管理软件自动进行数据统计、自动生成数据分析报表等。信息化层次是指利用现代信息技术，将数据、知识、经验和软件整合起来，为客服人员提供及时的决策信息，以支持营销决策，也就是营销工程。理念变革层次是指应用信息技术促进客户关系管理的理论和实践的创新，如数据库营销、网络营销、关系营销和一对一营销等，这些营销理念已日益为企业所接受和应用。

三、管理理念的更新

20世纪90年代以来，随着社会经济的发展和消费者收入水平的提高，人们的消费观念和购买行为发生了极大的变化，对产品的要求日趋个性化，而科学技术的发展为满足客户的个性化需求提供了一定的技术保证。这时，以市场为中心的营销理念不再适应新形势的发展，如何满足客户个性化的需求成为企业营销工作的重中之重。与此相适应，客户关系管理在企业营销观念从"以市场为中心"向"以客户为中心"转变的过程中，以强大的网络技术和计算机技术为支撑，为企业提供了营销整体解决方案。所以，客户关系管理的产生和发展依赖于新的营销理论的产生。

营销理论从"4P"到"4C"发展到"4R"，它的发展轨迹证明了营销理论的发展实际上就是客户导向不断增强的过程，可以简单归纳为两个转变。

1. 从"以市场为中心"向"以客户为中心"的转变

从"4P"理论到"4C"理论再到"4R"理论，其最根本的变化在于客户地位的逐步提升。"4P"理论站在企业角度上，考虑如何在整合企业因素的基础上满足市场需求；"4C"理论是企业在竞争不断加剧的形势下为了生存而做出的被动选择，不得不满足客户需要；"4R"理论使企业完全认识到了客户导向的重要性，客户忠诚才是企业成功的制胜法宝。

在"以市场为中心"的时代，企业能否生存在于是否能够准确把握市场需求变化。企业往往通过市场调研，掌握市场需求，根据市场需求组织生产，然后将有关产品和服务的信息传递给目标客户进行销售活动。进入客户关系时代，企业生存的关键在于是否拥有一批忠诚的客户。企业从过去实行的无差异营销转变为个性化营销，会根据客户的需要提供"一对一"的服务，满足客户的个性化需要。客户持续满意就会导致客户忠诚。企业要拥有这样一批忠诚客户，就需要与客户建立一种相互促进，在互动中取得双赢的战略伙伴关系。这种关系最终将成为企业的一笔无形资产，在其生存和发展中起到重要的作用。

2. 从"满足目标客户需要"到"满足有价值的客户需要"的转变

营销学发展过程中提出"客户是上帝"，但是事实上，企业无法满足所有客户的需求。而且作为营利性的企业，更关注的是那些会为其长期发展带来益处的客户的需求，所以企业通常将这部分客户作为营销策略实施的重点。因此，在客户关系的时代，企业唯一的选择是识别有价值的客户，并与之建立战略伙伴关系。

总之，客户关系管理出现并迅猛发展的原因在于：传统营销模式受到了挑战，新的管理理念以及先进的技术手段的迅猛发展，使得企业需要并能够借助先进的管理思想和技术手段去充分了解和掌握客户信息，发现和挖掘市场机会，规避风险，提高客户满意度和忠诚度。在需求的拉动和技术的推动下，客户关系管理不断演变发展，逐渐形成了一套完整的管理理论体系和应用技术体系。

第二节 客户关系管理的内涵

一、客户关系管理的定义

客户关系管理（Customer Relationship Management，CRM）起源于美国，由世界知名的 IT 系统项目论证与决策权威机构 Gartner Group 于 1993 年提出。客户关系管理是 20 世纪 90 年代随着互联网和电子商务涌入中国的 IT 技术和管理理念之一，目前成为学术界及企业界的热点问题。

目前，对客户关系管理的概念众说纷纭。

但无论如何定义客户关系管理，"以客户为中心"是客户关系管理的核心所在。要想准确理解客户关系管理的定义，必须从理念、机制、技术三个层面入手。正确的理念、机制是客户关系管理实施的指导，信息技术是客户关系管理系统成功实施的手段和方法。三者构成客户关系管理稳固的"铁三角"，如图 1-1 所示。

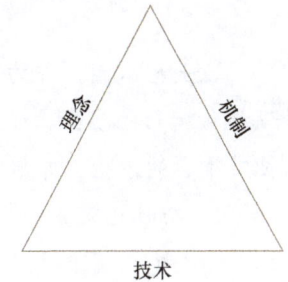

图 1-1 客户关系管理铁三角

1. 客户关系管理是一种先进的经营管理理念

作为一种管理理念，CRM 起源于关系营销学，产生和发展在美国。近几十年来，关系营销学的理论和方法极大地推动了西方国家工商业的发展，深刻地影响着企业经营观念以及人们的生活方式。客户关系管理以客户为中心，视客户为企业最重要的资源，通过深入的客户分析，不断发现客户需求，并通过企业完善的服务，使客户的需求得到充分的满足，以此来建立和巩固企业与客户长期的关系，确保企业的可持续发展等，这些都是该理念的核心所在。

2. 客户关系管理是一种旨在改善企业与客户之间关系的新兴管理机制

客户关系管理主要集中在市场营销、销售实现、客户服务和决策分析等企业与客户发生关系的业务领域。它一方面通过企业对业务流程的全面管理来优化资源配置，降低企业成本，缩短销售周期；另一方面通过提供更快捷、周到和优质的服务来吸引和留住更多的客户，从而增加市场份额。

3. 客户关系管理是一整套解决方案

在实践中，客户关系管理是一种专门的管理软件和技术。它集合了很多先进的科技手段，包括互联网、电子商务、多媒体技术、数据仓库、数据挖掘、专家系统、人工智能和呼叫中心等。客户关系管理软件将当今先进的信息化技术与企业经营管理模式、营销理论紧密地结合起来，为企业的销售、客户服务以及营销决策提供了一个集成化的解决方案。客户关系管理系统作为企业面向客户的信息管理平台，为企业经营活动的开展提供支持和保障。

客户关系管理是一种以客户为中心的经营策略，它以信息技术为手段，通过开展系统化的客户研究，优化企业组织体系和业务流程，提高客户满意度和忠诚度。CRM 的实施旨在推动企业管理的电子化与自动化进程，提供一套高效、集成的管理方法和解决方案。任何企业实施客户关系管理的初衷都是想为客户创造更多的价值，即实现客户与企业的"双赢"。

// 实例

迪士尼乐园的客户关系管理

迪士尼乐园，作为全球知名主题乐园之一，其成功不仅仅在于令人惊叹的游乐设施和精彩的演出，还在于其出色的客户关系管理策略。这些策略使得游客们能够拥有难忘的体验，并愿意一次又一次地回到这个梦幻般的世界。

1. 个性化服务

迪士尼乐园秉持"每一位游客都是独一无二的"理念，致力于提供个性化服务。通过官方网站与手机应用程序，游客可提前定制专属游玩计划，涵盖心仪游乐项目、餐饮预订及与迪士尼角色互动安排等。入园后，工作人员凭借徽章等识别手段，精准捕捉游客的特殊需求，如生日庆典、纪念日等，并为其打造专属惊喜与祝福。此外，乐园充分考虑特殊身体需求游客，提供全方位便利设施与服务，确保每位游客均能尽享欢乐时光。

2. 员工培训与服务意识

迪士尼乐园的员工被誉为"演职人员"，是客户关系管理的核心力量。入职前，员工需接受严格培训，不仅掌握专业技能，更需深入理解迪士尼文化及价值观。他们被要求以热情、友好、真诚的态度迎接每一位游客，营造欢乐和谐的氛围。无论身处游乐设施、餐厅还是商店，员工均能提供贴心服务，及时响应游客需求，让游客感受到家的温暖与关怀。

3. 游客反馈机制

迪士尼乐园高度重视游客反馈，建立多元化渠道收集宝贵意见与建议。游客可通过园内意见箱、官方网站及应用程序填写调查问卷，表达个人见解。乐园对游客反馈采取认真态度，及时响应并妥善处理。针对服务质量问题，加强员工培训与改进；针对设施问题，迅速安排维修与升级。通过持续优化服务与体验，满足游客多样化需求。

4. 会员制度与忠诚度计划

为增强游客黏性与忠诚度，迪士尼乐园推出多种会员制度与忠诚度计划。例如，迪士尼年卡持有者可以在一定时间内无限次入园，并享受优先入园、购物折扣、特别活动邀请等特权。

同时，积分制度鼓励游客在园内消费，积分可兑换礼品、优惠券等。这些计划不仅为游客带来实惠，更让其感受到被重视与珍视，从而加深与迪士尼乐园的情感联系。

5. 线上线下整合营销

迪士尼乐园运用线上线下整合营销策略，与游客保持紧密互动。线上方面，通过社交媒体平台发布最新活动信息、优惠政策及精彩瞬间，吸引游客关注与参与。同时，利用电子邮件、短信等渠道向会员及潜在游客推送个性化营销信息。线下方面，通过广告宣传、合作伙伴推广等方式扩大品牌影响力。此外，举办迪士尼主题活动，让更多人亲身体验迪士尼的独特魅力。这种全方位营销策略能够有效吸引新游客并维护老游客关系。

6. 数据分析与精准营销

迪士尼乐园借助先进数据分析技术，深入洞察游客行为与偏好。通过收集入园登记信息、消费记录及游玩路线等数据进行分析挖掘，为精准营销提供有力支持。根据数据分析结果，乐园能够向不同兴趣偏好的游客推荐合适的产品与服务，如为寻求刺激的游客推荐新冒险项目；为热爱迪士尼周边的游客推送最新商品信息。这种精准营销策略不仅提升了营销效果，还显著提高了游客满意度。

7. 持续创新与改进

迪士尼乐园始终秉持创新精神，不断追求卓越。乐园定期推出新游乐设施、演出及主题活动，为游客带来持续新鲜感与惊喜。同时，根据市场需求及游客反馈，对现有设施与服务进行升级优化，如改进排队系统减少等待时间；优化餐饮菜单提供更多健康多样化选择。这种持续创新与改进的精神，确保了迪士尼乐园在竞争激烈的市场中始终保持领先地位并赢得广大游客的喜爱与信赖。

二、客户关系管理的内容和任务

在电子商务时代，企业从大规模生产体系转向灵活敏捷的竞争体系，客户关系管理要满足用户在提升客户价值、通过合作提高竞争力、建立适应变化的组织、充分利用人员与信息的杠杆作用方面的需要，最终帮助企业奠定一个获利稳定的经营基础。

1. 客户研究与客户挖掘

需求和产品多样化使得客户选择的负担日益增加，企业有责任帮助客户确定其需要和要求。这一切意味着企业要研究和培育客户，深知客户做什么、想什么和应该做什么。客户关系管理支持客户描述其经营范围、经营网络、业务流程。二者的变化意味着需求的变革，意味着客户服务的扩展和升级。在这一点上，如果企业的反应不准确，就会迅速失去客户。

采集未来的客户信息，描述客户的形成过程可以使企业捕捉到新的客户机会。客户挖掘过程，就是把潜在客户培养为现实客户，并进一步变为忠诚客户的过程。客户管理提供对潜在客户的数据采集和需求验证，对可能客户进行客户细分和定位选择，对支持者的地位作用及喜好动机进行描述。

2. 客户响应与交易记录

在电子商务环境下，为了与客户进行实时通信，企业必须打造一个以现代通信基础设施为依托的客户接待前台。在处理各类信息的接收、发送与记录的基础上，客户关系管理着重支持客户要求、服务跟踪和客户查询。这样做可以降低客户的响应成本，并有利于实现数据系统与客户一体化，进而增进彼此的忠诚度，客户以自己喜欢的方式与企业进行交流，方便地获取信息并得到更好的服务。客户的满意度得到提高，可以帮助企业留住更多老客户，并更好地吸引新客户。客户关系管理的实施，让客户和潜在客户感受到企业对其需求很重视，并展现出迅速响应客户需求的能力，从而逐渐成为该企业的忠诚支持者。

3. 客户服务与销售实现

客户管理一方面扩展了销售的概念，从销售人员的不连续活动到涉及公司各职能部门和员工的连续进程都纳入销售实现中。销售人员及其他员工与潜在客户的互动行为、将潜在客户发展为现实客户并保持其忠诚度，是关系到企业是否盈利的核心工作。因此，客户管理对于销售实现是十分重要的，在具体流程中它被拓展为销售预测、过程管理、客户信息管理、建议产生及反馈、业务经验分析等一系列的作业。

另一方面，客户管理与传统商务模式相比，最明显的改进就是把客户服务视为最关键的业务内容，视同企业的盈利来源而非纯成本开支。客户服务必须能够积极、主动地处理客户各种类型的询问、信息咨询、订单请求、订单执行情况反馈，并提供高质量的现场服务。同时，客户服务中心已经超出传统的电话呼叫中心的范围，向可以处理各种通信媒介的客户联络中心演变，接受并使用如E-mail、传真、微信、短视频等任何客户喜欢使用的方式。越来越多的客户通过网络查询产品、发出订单，而且对企业提供自助服务的要求也越来越高。

4. 客户追踪与客户评价

客户追踪、客户反馈和善后管理是联系在一起的。客户关系管理提供客户主动追踪服务，接收、处理客户反馈数据，其善后工作管理则包括维护预约和派遣备件管理、服务收费及欠款催收等。

客户关系管理不是孤立的解决方案，而是触及企业内部许多部门的商业理念，是企业管理的重要组成部分。企业的商业理念一定要反映在客户关系管理上，并且从高层管理者到每位员工之间进行充分的沟通。其核心思想是将企业的客户（包括最终客户、分销商、合作伙伴以及内部客户）作为重要的企业资源。通过完善的客户服务和深入的客户分析来满足客户的需求，以保证实现客户的终身价值。

三、客户关系管理的重要性

在当前环境下,市场竞争的焦点已经从产品的竞争转向品牌、服务和客户的竞争。企业提高市场占有率,获取最大利润的关键是与客户建立和保持一种长期的、良好的合作关系。掌握客户资源、赢得客户信任、分析客户需求,生产出适销对路的产品,提供满意的客户服务等都是客户关系管理核心思想的体现。在这一思想的指导下,客户关系管理工作的核心是提高客户满意度,留住老客户,争取新客户,为客户创造更高的价值,稳固客户的忠诚度。客户关系管理的重要性具体表现在以下几个方面。

客户关系管理的重要性

(一)客户关系管理有利于提高企业的盈利能力

1. 实施客户关系管理可以降低企业的经营成本

企业开发一个新客户的成本要高于维系一个老客户的成本。哈佛商学院曾经对客户整个生命周期内服务于客户的成本和收益进行了分析,并得出结论:对于每个行业来说,初期为赢得客户所付出的高成本可能导致客户关系在一开始并不能盈利;然而,随着时间推移,服务老客户的成本会降低同时老客户购买额会上升,这些客户关系最终会带来显著的收益。

2. 实施客户关系管理可以使企业获得更多的收入

客户关系管理会为企业带来忠诚客户,而忠诚客户会重复购买,会增加企业利润,对价格的敏感程度低,会推荐其他人前来购买。CRM使企业的管理重点由短期交易变为长期交易,并通过客户分类,识别最有价值的客户。

(二)客户关系管理有利于降低企业的经营风险

当今企业的经营环境高度不确定、不稳定,变化迅速,表现在客户需求的不确定性增加、多元化趋势加剧、变化快。企业传统的"为产品找客户"的"以产品为中心"的经营理念将承受极大的风险,因为产品一旦开发失败,企业将陷入困境。而确立并坚守"为客户找产品"的"以客户为中心"的经营理念,却成为企业缓解市场波动造成的冲击、最大限度地降低企业经营风险的有效途径。

(三)客户关系管理有利于全面提升企业的核心竞争力

竞争优势和竞争基础的本质已经发生了变化,土地、人力、资本不再是企业增长的核心。企业可以用的一个方法就是提高客户满意度,企业通过建立以忠诚度为目标的持续不断的客户关怀来实现,整个业务也将从每一个客户未来不断的采购中获益。

此外,企业可以采用各种可以直接与客户接触的方式,如人员接触、电话沟通,以及通过Web平台或电子邮件接触等数字化手段。企业每天都拥有这样的交流机会。企业客户关系管理本质上是通过技术的应用,将这些交流从简单的活动转变为对企业和客户都有用的经验。反过来,这种转变将使企业的客户服务代表持续提供卓越的客户服务,从而为企业建立战略性竞争优势。

因此,客户关系管理是企业竞争的利器,它既能节约成本又能提高收入,从而提高企业的利润。

(四)企业实施客户关系管理是提高交易效率的重要途径

客户关系管理的运用直接关系企业的销售业绩。它可以重新整合企业的客户信息资源,使以往"各自为战"的销售人员、市场推广人员、电话服务人员、维修人员等开始真正的协调合作,成为以"满足客户需求"为核心宗旨的强大团队。客户关系管理实施的成果经得起销售额、客户满意度、客户忠诚度、市场份额等指标的检验,它为企业新增的价值是看得见、摸得着的。因此,客户关系管理的实施必将确实地改变企业的销售文化,让企业中的每一个成员都切身地感受到信息时代带来的机遇和挑战。

经典新说

宋人沽酒

《韩非子》中有一个这样的故事。宋国有个卖酒的人,从不缺斤少两,酿的酒也很好喝,卖酒的幌子挂得很高、很显眼,然而酒都发酸了也卖不掉。卖酒的人弄不清这是什么缘故,便去请教他认识的一位老人杨倩。

杨倩问道:"你家的狗很凶猛吧?"卖酒的人很疑惑:"是很凶猛,但是狗凶猛,跟卖酒有什么关系呢?"杨倩说:"大家都害怕它呀!人们大多让孩子带着钱、提着酒壶去买酒,可你的狗见小孩过来就扑上去狂叫,小孩害怕你的狗,宁愿绕远路去别家也不来你家买酒。这就是你的酒酸了都卖不出去的原因啊!"

点评:案例中的卖酒者诚信经营,从不缺斤少两,产品的质量也很好(酿制的酒也很好喝),广告宣传也很到位(卖酒的幌子挂得很高、很显眼),似乎具备了一切成功的条件,但结果却出人意料。这是因为他不重视客户关系,他养的狗将客户(来买酒的小孩)都吓跑了。由此可见,我国古代先贤早已认识到客户关系对企业经营发展的重要意义。

第三节　客户关系管理与营销

如果说市场营销环境的变化是客户关系管理产生的外部推动力,信息技术为客户关系管理的产生提供了实施的可能性,那么营销理论和实践的革命则是客户关系管理创新的思想源泉。近百年来,营销学作为一门操作性极强的学科,发展始终与时代同步。步入信息时代后,关系营销、数据库营销和一对一营销等新兴营销方法得到普及和应用,并在与客户关系管理的结合中实现了应用整合,优化了应用效果。

一、关系营销

"关系营销"(Relationship Marketing)一词由白瑞(1983)首先提出,他认为关系营销就是通过多种服务来吸引、维持和促进客户关系。巴巴拉·本德·杰克逊(1985)在生产领域也提出"关系营销就是指获得、建立和维持与产业用户紧密的长期关系"。美国学者摩根和亨特(1994)认为关系营销是"旨在建立、发展和维持成功关系交换的所有营销活动"。古姆松(1994)则从企业竞争网络化的角度来定义关系营销,他认为"关系营销就是把营销看作关系、网络和互动"。格朗鲁斯(1996)对关系营销的定义很宽泛,即"关系营销就是管理企业的市场关系"。

对于关系营销,学界没有统一的定义。我国学者大多采用如下定义:所谓关系营销,是把营销活动看作一个企业与客户、供应商、分销商、竞争者、政府机构及其他公众发生互动作用的过程,其核心是建立和发展与这些公众的良好关系。

关系营销的核心是客户满意,市场营销的根本在于满足客户需求,市场竞争的实质就是争取客户。关系营销的关键是建立并发展与相关组织和个人之间的良好关系,这种关系基于长期交往而产生信任,旨在实现双方的共赢、相互支持、合作。

关系营销是对市场营销学理论的重大突破,它首次强调了客户关系在企业战略和营销中的地位,营销的目的从获取短期利润转向与各方建立和谐的关系,保持企业与客户之间的长期关系是关系营销的核心。所以,很多学者认为关系营销是客户关系管理的理念基石,是客户关系管理的雏形,直接促进了客户关系管理的产生。

(一)关系营销的本质特征

关系营销的本质特征可以概括为四点:沟通、合作、双赢、控制。

1. 沟通:以双向为原则的信息交流

关系营销是企业与消费者、竞争者、供应商、分销商、政府机构和社会组织发生互动作用的过程,其起点是与上述人员的沟通。广泛的信息交流和信息共享,可以使企业赢得支持与合作。交流应该是双向的,既可以由企业开始,也可以由客户或其他被营销方开始。

2. 合作:以协同为基础的战略过程

关系的存在状态从性质上可分为对立性的和合作性的两类。企业与相关者之间的对立与统一是并存的,但关系营销倾向于统一,即合作,它不仅要与客户建立良好的关系以吸引客户,也强调企业与企业及其他相关部门的关系。公司规模无论多大,其资源和能力也是有限的,必须与其他公司进行合作分享。例如,新加坡航空公司、瑞士航空公司和美国三角洲航空公司合作,制定共同的订票系统和维护系统,统筹安排营运时间,建立统一的行李运输等地勤服务制度，通过对核心资源的共享，大大降低了企业的成本，提高了工作效率。

3. 双赢：以互利互惠为目标的营销活动

关系营销发生的主要原因是买卖双方相互之间有利益上的互补。企业用产品或服务从消费者那里获取利润，消费者用货币从市场上得到企业提供的自己所需的产品和服务。如果没有各自利益的实现和满足，双方就不会建立良好的关系；关系建立在互利的基础上，使双方在利益上取得一致，并使双方的利益得以满足，这是关系赖以建立和发展的基础。

> // 实例
>
> **"在一起，才是中国汽车"——比亚迪的关系营销**
>
> 一场看似"走流程"的"第500万辆新能源汽车下线"发布活动，却因为比亚迪的别出心裁而变成了实实在在的"大新闻"。
>
> 2023年8月9日，比亚迪第500万辆新能源汽车正式下线，比亚迪成为全球首家达成第500万辆新能源汽车下线的车企。在发布会外场，比亚迪放上了14台代表性的国产新能源汽车，并写着"在一起，才是中国汽车"的标语，这些车只有两款是比亚迪自己的产品，而且放在最边缘，其他汽车均来自友商。在活动现场，王传福演讲中更是多次点赞友商，更表明了比亚迪的态度：希望与优秀的中国品牌并肩同行，共同以中国汽车之名，打破旧的格局，走向更辽阔的全球市场，打造一批令人尊敬的世界级品牌。
>
> 作为整场发布会的高潮，《在一起，才是中国汽车》视频亦在当天首发。视频讲述了中国汽车自主品牌崛起的艰辛和今天成就的不易，描绘了新能源汽车市场的广阔前景，鼓励更多的中国品牌携手共进，因为大家都有一个共同的名字——"中国汽车"！每个中国品牌，都代表中国汽车。
>
> 很快，包括一汽红旗、东风岚图、长安深蓝、广汽埃安、蔚来、理想、小鹏等在内的几乎所有主流车企对此予以了正面回应。其中，被点赞数最高的"奇瑞汽车"回复内容为："群星璀璨，相互照耀，在一起，才是中国汽车！为更美好的中国汽车时代喝彩。"
>
> **点评：** 传统营销都将竞争者视为对手，而关系营销主张要与包括竞争者在内的所有市场营销宏观环境都保持长期、稳定、互利共赢的关系，主张将蛋糕做大、将行业做强，这与案例中比亚迪提出的"在一起，才是中国汽车"，不内斗而是携手出海开拓更大的市场不谋而合。

4. 控制：以反馈为职能的管理系统

建立良好的关系，需要一个反应灵敏的管理系统，用以追踪客户、经销商以及营销系统中其他参与者的态度。因此，关系营销要求建立专门的部门，用以跟踪客户、分销商、供应商及营销系统中其他参与者的态度，由此了解关系的动态变化，及时采取措施消除关系中的不稳定因素和不利于关系各方利益共同增长的因素。此外，通过有效的信息反馈，也有利于企业及时改进产品和服务，更好地满足市场的需求。

（二）建立关系营销的手段

贝瑞和帕拉苏拉曼归纳了三种建立关系营销的手段，具体如下。

1. 一级关系营销

一级关系营销是最低层次的关系营销，这种方法是企业利用价格刺激增加客户价值，从而达到提高客户满意度和增进客户关系的目的。企业通过价格和其他财务上的价值让渡吸引客户建立长期交易关系，频繁客户关系管理与客户经营计划就是这种营销方式的代表性例子。所谓频繁客户关系管理与客户经营计划，是指对那些频繁购买及按稳定数量进行购买的客户给予财务奖励的营销计划，也就是"老客户优惠""买得越多越便宜"。需要指出的是，这个"多"是指积累消费，而非一次购买。例如，中国汇丰银行、花旗银行等通过它们的信用证与航空公司合作开发了"里程项目"计划，累计飞行里程达到一定标准之后，共同奖励那些经常乘坐飞机的客户。

一级关系营销的另一种常用形式是向不满意的客户承诺给予合理的财务补偿，如新加坡奥迪公司承诺，如果客户购买汽车一年后不满意，可以按原价退款。

2. 二级关系营销

关系营销的第二种方法是既增加目标客户的财务利益，又增加他们的社会利益。二级关系营销尽量了解单个客户的需要和愿望，提供服务并使服务个性化和人格化，以此增加公司与客户的社会联系。二级关系营销的主要表现形式是建立客户组织，以某种方式将客户纳入企业特定组织中，使企业和客户保持更为紧密的联系，实现对客户的有效控制。客户组织的主要表现形式是消费者俱乐部，如4S店建立的车友会。

3. 三级关系营销

第三种方法是增加结构纽带，双方成为合作伙伴关系，与此同时附加财务利益和社会利益。结构性联系要求提供的服务对关系客户有价值，但不能通过其他来源得到；如果一方放弃关系将会付出转移成本。关系的维持具有价值，从而形成"双边锁定"。这种良好的结构性关系将会提高客户转向竞争者的机会成本，同时也将增加客户脱离竞争者而转向本企业的利益。

二、数据库营销

数据库营销（Database Marketing）在西方发达国家的企业里已相当普及，它是在互联网（Internet）与数据库（Database）技术发展上逐渐兴起和成熟起来的一种市场营销推广手段。数据库营销就是企业通过收集和积累会员（用户或消费者）信息，经过分析筛选后针对性

客户关系中的大数据

地使用电子邮件、短信、电话、信件等方式进行客户深度挖掘与关系维护的营销方式。数据库营销就是以与客户建立一对一的互动沟通关系为目标,并依赖庞大的客户信息库进行长期促销活动的一种全新的销售手段。它是一套内容涵盖现有客户和潜在客户,可以随时更新的动态数据库管理系统。数据库营销的核心是数据挖掘。

营销数据库具有以下作用:①客户数据整合与管理。收集、整理客户的数据资料,构建客户数据库。这一过程不仅确保了数据的准确性和时效性,还为后续的营销活动提供了坚实的基础。②精确识别合适的消费者。有针对性地进行沟通,可以提高客户反馈率,增加销量,从而降低营销成本。③为使用营销数据库的公司提供消费者信息,应用于邮件、电话、销售、服务、顾客忠诚计划和其他方法。④反击竞争者的武器。数据库可以反映出与竞争者有联系的顾客特征,进而分析竞争者的优劣势,改进营销策略,提供比竞争者更好的产品和服务,增进与顾客的关系。⑤及时反馈营销效果,可以分析市场活动的短期和长期效果,并提出改进方法。

// 实例

咖啡店的客户关系管理

潘先生很爱喝咖啡,一天他来到一家咖啡店。走到店门口,店门就自动打开了,一位年轻的服务员微笑着鞠了一躬,说"先生您好,欢迎您光临,您几位?"潘先生说"就我一位",服务员说"好,那您随我来"。跟着服务员走了半分钟以后,潘先生说,"我不想坐这儿,您能帮我找一个靠角落的位置吗?我比较喜欢安静。"于是,服务员把他带到一个靠角落的位置。在那儿坐了没有半分钟,潘先生又把服务员叫过来,"服务员,我老开车,所以腰部有些不舒服,你帮我拿一个靠垫过来好吗"?服务员说"好的,您稍等"。三分钟之后,服务员给潘先生拿过来一个靠垫。潘先生坐稳后,服务员拿着菜单问:"先生您喝点儿什么?"潘先生说:"给我来一杯冰摩卡吧,然后再来两块方糖和两块冰。"服务员说"好的,您稍等"。大概过了四五分钟,服务员端上来一杯冰摩卡,同时还有两块方糖和两块冰。

潘先生一边看报纸,一边喝咖啡,大概过了一个小时,他准备结账出门。就在掏出钱准备结账的时候,刚才那位服务员又对他说,"先生您好,您今天正好赶上我们的促销期,凡是在这周一次性消费满20元钱的客户,就可以获得一张VIP卡,以后凭这张卡,您或您的朋友来本店都可以享受八五折的优惠。"潘先生像其他客户一样,填完一张登记表,换取了一张VIP卡,愉快地离开了。

在潘先生离开后的第7天,店家给他发一条短消息,上面写着,"尊敬的潘先生,您好,今天是周末,又恰逢您莅临我们咖啡店满一周,在此我们谨代表全体员工,向您表示周末最诚挚的问候,同时祝您未来生意兴隆,心情愉悦。"

过了20天,当潘先生刚要忘掉他们的时候,又发现信箱里多了一份精美的《泡制咖啡完全手册》,寄送人是这家咖啡店。

又过了18天，潘先生又收到了一份关于如何选择精品咖啡豆的手册。

经过了三个月，潘先生再次想喝咖啡时，脑子里第一反应就是这家咖啡店。

当潘先生再次来到咖啡店的时候，刚要推门，门自动被打开了，服务员满脸微笑着鞠躬说"潘先生您好，欢迎您再次光临"。潘先生感到很亲切。在他还没来得及说话的时候，服务员又问他，"今天您还坐靠角落的位置吗？"这时候他觉得很感动。当潘先生坐在靠角落的位置没超过半分钟，服务员就送来一样东西——靠垫，这让他觉得有一种宾至如归的感觉。然后服务员拿着菜单来问他，"今天您还喝一杯冰摩卡吗？"过了四五分钟，当服务员送来冰摩卡的时候，还多了两个小盘，里面放的是两块方糖和两块冰。

在这个过程中，潘先生不断被感动，他决定成为这家店的忠实客户。

三、一对一营销

一对一营销，亦称"121营销""1-2-1营销"或"1对1营销"等，是一种客户关系管理（CRM）战略，它为公司和个人间的互动沟通提供具有针对性的个性化方案。一对一营销是指企业或者企业指派专人在充分掌握个别客户的有关信息后，根据其个性化需求，对其开展的个性化、针对性、互动性的营销活动。一对一营销的目标是提高短期商业推广活动及终生客户关系的投资回报率（ROI）。最终目标就是提升整体的客户忠诚度，并使客户的终生价值达到最大化。

一对一营销不是一次关注一种需求，而是一次只关注一位客户，尽可能多地满足客户的需求，关注的重点是客户。一对一营销要求针对每个客户创建个性化的营销沟通策略，其关键步骤是进行客户分类（例如根据需要、基于以往行为等），从而建立互动式、个性化沟通的业务流程。记录每次的响应或互动，以使未来的沟通更加个性化。同时，优化营销和沟通的成本，从而搭配或提供最符合客户需求或行为的产品或服务。

与传统的营销方式相比，一对一营销极大地满足了消费者的个性化需求，提高了企业的竞争力。另外，一对一营销主张以销定产，减少了库存积压，大大加快了企业资金的周转速度，也减少了社会资源的浪费。在一对一营销中，客户可直接参与产品的设计，企业也根据客户的意见直接改进产品，从而达到产品与技术上的创新，并能始终与客户的需求保持一致，从而促进企业的不断发展。

当然，一对一营销也并非十全十美，它也有其不利的一面。由于一对一营销将每一位客户视作一个单独的细分市场，导致市场营销工作复杂化、经营成本增加以及经营风险加大。技术的进步和信息的快速传播，使产品之间的差异日趋淡化，产品或服务独特性的长期维护工作因而变得极为不容易。

四、精准营销

精准营销是依托信息技术手段，对客户的相关数据进行搜集，然后运用技术平台对这些数据进行统计和分析，掌握每一个客户的消费倾向，再通过电话、邮件等传播方式进行一对一的营销，并根据客户反应和市场效果不断地进行修改和完善。

精准营销非常适合个性化、分散化的小客户，是对小客户进行管理的一种非常好的方法。

五、情感营销

情感营销是指把客户的情感需求差异作为企业营销战略的核心，借助情感设计、情感包装、情感分销、情感促销、情感广告等策略，激发客户潜在的购买欲望，实现企业的经营目标。在情感消费时代，消费者购买商品所看重的已不是商品数量的多少、质量好坏以及价格的高低，而是为了获得感情满足和心理认同。

// 实例

德芙"尽愉悦之力"，赋能"她经济"

说起德芙巧克力，你能想到什么？作为全球知名的巧克力品牌，德芙进入中国已经30多年了。德芙不仅为许多人带来口感和心灵的双重愉悦体验，而且正逐步通过口感、情感乃至生活态度的升华，深化这一印象。

2023年3月，德芙发布全球品牌焕新愿景——尽愉悦之力。在中国，德芙关注乡村地区妇女，她们因同时承担着赡养老人与照顾儿童的责任而只能留守乡村。为此，德芙正式启动"她学院"项目，旨在帮助乡村留守女性打造技能培训平台，支持乡村女性的成长与发展，让她们不用背井离乡，也能得到更好的生活，以落实"尽愉悦之力"的愿景。

截至2023年8月，德芙"她学院"项目培训班已成功举办10期，为学员们提供了超过1.2万个小时的培训课程。该项目结合当地资源和特色多元化产业，开展了包括民宿服务、民俗文化活动及本地特产推广方面的定制化培训课程，让当地女性、家庭和所在社区在乡村振兴的背景下，抓住更多发展机会。

点评：德芙的"尽愉悦之力"可谓是情感营销的典型表现。英敏特全球消费者数据显示，93%的中国女性消费者更愿意与符合其价值观的公司/品牌建立联系。巧克力的目标客户为女性，女性永远是消费的主力军，重视"她经济"，自然受到客户欢迎。

本章小结

客户关系管理（CRM）最初在20世纪90年代起源于美国，是在激烈的市场竞争、传统营销模式受到了挑战，新的管理理念以及先进的技术手段迅猛发展的基础上发展起来的。客户关系管理使得企业可以借助先进的管理思想和技术手段去充分了解和掌握客户信息、发现和挖掘市场机会、规避风险，提高客户满意度和忠诚度。在需求的拉动和技术的推动下，客户关系管理不断演变发展，逐渐形成了一套完整的管理理论体系和应用技术体系。

关于客户关系管理的定义众说纷纭，想要准确理解它应该从三个方面出发，即在"一切以客户为中心"的思想下，把CRM视为一种先进管理理念、一种旨在改善企业与客户之间关系的新兴管理机制和一整套信息化解决方案的集合。不管忽视哪一方面的内容，客户关系管理的内涵都是不完整的。

客户关系管理成为国内外企业热捧的营销理论，主要是因为实施客户关系管理有利于提高企业的盈利能力，有利于降低企业的经营风险，有利于全面提升企业的核心竞争力。它还是提高交易效率的重要途径。

客户关系管理不是孤立的解决方案，而是企业管理的重要组成部分。它要求一切以客户为中心，重视客户研究和客户挖掘、客户响应和交易记录、客户服务追踪和客户评价。只有做到这几点，才可能实现一流的客户关系管理。

客户关系管理的发展与市场营销理论中的关系营销、数据库营销、一对一营销、精准营销、情感营销密不可分，正是有了这些营销理论的发展，客户关系管理才有了理论指导。

练习题

一、单项选择题

1. 客户关系管理的英文缩写是（　　）。
   A. CRM　　　　B. ERP　　　　C. SFR　　　　D. CLV
2. 客户关系管理最早起源于（　　）。
   A. 英国　　　　B. 德国　　　　C. 中国　　　　D. 美国
3. 客户关系管理的核心是（　　）。
   A. 客户总是对的　　　　　　B. 客户至上
   C. 一切以客户为中心　　　　D. 客户越多越好
4. （　　）是客户关系管理的理念基石和雏形。
   A. 一对一营销　　　　　　　B. 关系营销
   C. 数据库营销　　　　　　　D. 情感营销

二、多项选择题

1. 客户价值选择经历的三个阶段包括（　　）。
   A. 理性消费阶段　　　　　　B. 感性消费阶段
   C. 感知消费阶段　　　　　　D. 情感消费阶段

E．精神消费阶段

2．客户关系管理的重要性主要表现在（　　　）。
　　A．实施客户关系管理可以降低企业的经营成本
　　B．实施客户关系管理可以使企业获得更多的收入
　　C．实施客户关系管理有利于降低企业的经营风险
　　D．实施客户关系管理是提高交易效率的重要途径
　　E．实施客户关系管理有利于全面提升企业的核心竞争力

三、判断题

1．客户关系管理是在市场营销学的基础上发展起来的。　　　　（　　）
2．关系营销就是"拉关系""走后门""吃吃喝喝"。　　　　　　（　　）
3．客户关系管理的定义很多，完整的说法应该是从理念、机制、技术三方面来分析，缺一不可。　　　　　　　　　　　　　　　　　　　　　　　　（　　）
4．数据库营销是客户关系管理的理念基石。　　　　　　　　　（　　）
5．客户关系管理强调产品质量，强调企业必须重视产品的更新换代。（　　）

四、案例分析题

王永庆的客户关系管理

　　被誉为华人"经营之神"的商人王永庆，幼时家境贫寒，因此早早便开始做买卖。起初，他仅有200元资金，只能在一条偏僻的巷子里租一个很小的铺面开米店。他的米店开办最晚，规模最小，更谈不上知名度了，没有任何优势。在新店开张的那段日子里，生意冷冷清清，门可罗雀。为了和隔壁的米店竞争，王永庆颇费了一番心思。

　　当时大米加工技术比较落后，出售的大米里混杂着米糠、沙粒、小石头等，对此买卖双方都是见怪不怪。王永庆则多了一份细心，每次卖米前都把米中的杂物拣干净，这一额外的服务深受客户欢迎。

　　王永庆卖米多是送米上门，他在一个本子上详细记录了客户家有多少人、一个月吃多少米、何时发薪等。估算着客户的米该吃完了，就送米上门；等到客户发薪的日子，再上门收取米款。

　　他给客户送米时，并非送到就算。他会帮客户将米倒进米缸里。如果米缸里还有米，他就将旧米倒出来，将米缸刷干净，然后将新米倒进去，将旧米放在上层。这样，米就不至于因存放过久而变质。他这个小小的举动令不少客户深受感动，铁了心专买他的米。就这样，他的生意越来越好。从这家小米店起步，王永庆最终成为著名的商业大王。

　　结合案例分析以下问题：
1．你是如何理解客户关系管理的含义的？
2．如果你是王永庆，你还会从哪些方面出发管理好客户关系，提升米店的业绩？

实训项目

项目　调研 CRM 使用现状

一、实训目的

了解主流 CRM 软件。

二、实训内容

1. 请通过网络或你所熟知的公司，调查主流 CRM 软件，了解当前一些主流的 CRM 系统主要用来解决哪些问题，具备哪些功能模块，以及这些模块之间是如何相互作用的。

2. 选择一个可以免费试用的 CRM 软件，登录试用，熟悉其系统中各个功能模块所具备的具体功能。

3. 根据实训内容，填写 CRM 软件调查实训任务单（见表 1-1）。

三、实训要求

1. 按教学班级进行分组，每组 5～8 人，按组进行调查。

2. 由每组组长负责完成 CRM 软件调查实训任务单的撰写。

表 1-1　CRM 软件调查实训任务单

CRM 软件名称				
选择调查该软件的原因				
核心功能				
产品模块				
使用企业				
试用感受	优点			
	不足			
意见和建议				

第二章
客户的识别与选择

学习目标

【知识目标】
- 认识客户的价值与生命周期。
- 掌握客户调查与寻找的方法。

【能力目标】
- 能够根据客户价值正确选择目标客户。
- 能够根据需求和特征对客户进行准确分类。
- 能够运用适当的技巧寻找潜在客户。

【素质目标】
- 鼓励学生积极参与对客户选择与识别的调研,增强其客户关系意识。
- 培养学生主动观察、积极思考、分析、解决问题的能力。
- 培养学生团队合作的职业精神与实事求是的工作态度。

> **引导案例**

奶茶的世界

同学们,你们平时喜欢喝奶茶吗?你们最喜欢的奶茶品牌是哪一个?

我们选择了三个各具特色的奶茶店,它们虽然风格迥异,但都满足了自己目标客户的需求,在各自的"战场上"都获得了斐然的成绩。

说起喜茶,同学们的第一印象应该是贵。因为喜茶卖的不单单是茶,更是圈层。作为第一批火起来的网红茶饮店,喜茶的产品拥有独特的口味和超高的颜值,加上符合当下年轻人审美的包装设计,从产品本身就在营造高端感。而喜茶的售价区间在25~40元,使得大部分普通消费者无法将喜茶作为日常饮品,只能作为偶尔享受的产品,这就进一步强化了品牌高端的属性。除此之外,店铺一律选址在高端商圈和写字楼,店铺风格统一,进一步提升了品牌高端感。而在营销上,喜茶经常与知名IP联名,凭借联合营销出圈。

相对于喜茶,我们可能更熟悉蜜雪冰城。蜜雪冰城定位于低端市场,一开始就瞄准了三四线城市,甚至是县城乡镇,致力于打造最亲民的茶饮品牌。在产品价格上,蜜雪冰城更是将亲民做到了极致。5~12元的产品价格区间,对于任何一个阶层的消费者都十分友好。在传播上,蜜雪冰城同样走亲民化路线,2021年年中,蜜雪冰城以一首《蜜雪冰城甜蜜蜜》唱响了大街小巷。这种洗脑式的营销瞬间在B站、抖音等视频平台上掀起了二创狂潮,进一步提升了蜜雪冰城的知名度。与此同时,蜜雪冰城用最简单、最大众的元素创造了雪王的IP形象,配合下沉奶茶之王印象的打造,取得了良好的营销效果。

在三个奶茶品牌当中,茶颜悦色的门店数量最少。茶颜悦色区别于大多数传统奶茶,创立了新中式风格,从品牌名称到产品,再到视觉设计,无不散发着浓浓的中国风情,轻易便能唤起人们内心深处对中华文化的共鸣。比如产品的命名,绿茶名为"浣纱绿",红茶名为"红颜",增加了坚果、巧克力等配料的奶盖茶系列被称为"豆蔻";单品名也极具古风,声声乌龙、烟花易冷、筝筝纸鸢、蔓越阑珊……充满了诗情画意。奶茶茶杯上布有瑞鹤图、百花图卷、花鸟册等中华名画,展现品牌独有的文化美感。另外,茶颜悦色致力于规范服务流程,把客户当朋友,让每一个消费者都感受到"被重视",从而达到与消费者进行深层次沟通的目的。即使是加盟店,服务也是非常到位,只要消费者感觉不好喝,口感不对,那么店员就会无条件重做。因此,茶颜悦色走出了长沙,吸引了各地游客前来打卡品尝。

【引入问题】

喜茶、蜜雪冰城、茶颜悦色的目标客户群分别是哪些人?它们是如何满足目标客户需求的?

第一节 认识客户

随着市场经济的发展,客户已经成为企业盈利的源泉。然而,随着市场竞争日益激烈,客户的选择自由度也越来越大,消费需求也日益呈现出复杂化、个性化、多样化等趋势。决定着企业未来和命运的是客户的选择,任何企业要想在激烈的市场竞争中求得生存和发展,就要设法使消费者成为自己的客户,并尽力与其建立长期的、良好的关系,达到发展的目的。如果不知道哪些是企业客户、哪些是重要客户,哪些是最有潜力的客户,那么客户关系管理将无从谈起。因此,认识客户成了客户关系管理过程中的重要环节。

在客户关系管理中,认识客户就是通过一系列手段,分析大量可获取的数据,如客户的消费偏好、购买记录等,以识别企业的目标客户及其需求,以及哪些客户最有价值等。企业将这些客户作为客户关系管理的重点对象,从而能够更好地为他们提供服务。

一、客户的含义、分类及生命周期

(一)客户的含义

"客户"一词在古代泛指流亡他乡,没有土地、以租地为生的人,后来指代由外迁来的住户。随着社会的发展,与厂商来往的主顾、客商被称为客户。客户是消费的主体,通过支付货币购买产品以获得使用价值。客户也是需求的载体或代表,意味着满足特定需求或愿望。在现代企业管理中,客户是企业发展的动力,是企业的利润之源,很多企业将"客户是我们的衣食父母"作为客户管理的核心理念。

从现代经济学角度讲,任何接受或可能接受企业产品或服务的对象皆可称为客户。这个客户定义意味着,无论是已经购买企业产品或服务的客户,还是目前虽没有购买但可能购买的潜在客户,或者是与企业有着各种直接或间接关系的个人或组织,都可称为企业的客户。

在客户管理中,客户的内涵更大。客户不一定只是产品或服务的最终接受者。除了个人消费者(通常是个人或家庭),购买企业的产品或服务附加到自己的产品或服务上再进行销售的中间商,也是客户的重要组成部分。企业内部员工也是客户关系管理中重要的客户,这通常是最容易被企业忽略的一类客户,但他们是企业具有长期盈利潜力的关键。政府、行业协会和媒体等公共客户代表公众利益,他们向企业提供资源,然后直接或间接地从企业获利中收取一定比例的费用。公共客户也是客户关系管理中的重要一环。

(二)客户的分类

不同的客户能够为企业提供的价值是不同的,为了识别哪些是最能提供价值的客户,哪些是潜在客户,哪些是忠诚客户,哪些是容易流失的客户,哪些客户最具有成长性,企业就必须对客户进行分类。只有区分不同的客户,才能有针对性地对不同的客户采取不同的客户管理策略,从而帮助企业获得最大的利润。此外,客户分类能够使企业合理分配所拥有资源,使企业能够就客户对企业未来盈利的影响进行分析,从而为企业决策提供依据。企业可以利用信息技术对客户进行分类,搜集客户信息,建立客户数据库,通过对客户数据的分析、整理,识别每一个具体客户,进而找出具有相似需求特点的客户群体,合理地划分客户类型,更有效地实现企业的经营目标。

客户的分类方法有很多,按照不同的分类标准,客户可以分为很多类型。

按照客户与企业的距离远近和关系亲疏,可将客户分为五类:非客户、潜在客户、目标客户、现实客户和流失客户。

认识客户

1. 非客户

非客户是指那些对企业的产品和服务不感兴趣,既不愿意也不可能购买企业产品和服务的人群。

2. 潜在客户

潜在客户是指对企业的产品和服务有需求和欲望,并具有购买动机和购买能力,但还没有产生购买行为的人群。如准备买车但还没有买车的人,就是汽车品牌的潜在客户。

3. 目标客户

目标客户是指符合企业定位,经过企业挑选后,确定为企业力图开发为现实客户的人群。

> // 实例
>
> **卖保险的不同结果**
>
> 两家保险公司分别派业务员到一所学校推销保险。一家公司的主管带领三个助手到学校的门口摆摊,一天下来,卖了20多份保险,感觉很不错。另一家公司的业务员则找到学校负责后勤工作的校领导和校医,在他们的帮助下召开了一次全校的班主任会议,宣传了保险的作用,并许诺了一定的奖励,结果第二天就通过班主任签订了800多份合同,其中有80%是学生合同。
>
> **点评**:两家公司都是卖保险,但选择了不同的目标客户,得到的结果也是截然不同。

4. 现实客户

现实客户是指企业的产品和服务的现实购买者。现实客户可以分为初次购买客户、重复购买客户和忠诚客户。初次购买客户是指第一次购买企业的产品和服务的客户。重复购买客户是指两次或多次购买企业的产品或服务的客户。忠诚客户是对企业的产品或服务非常信赖，连续不断地重复购买的客户。

5. 流失客户

流失客户是指曾经是企业的客户，但由于种种原因现在不再购买企业产品或服务的客户。

不同的客户类型经常是相互转化的，如潜在客户一旦采取购买行为，就成为企业的初次购买客户；初次购买客户经常购买企业的产品和服务，就可能成为企业的重复购买客户，甚至是忠诚客户。但是，如果企业的产品和服务出现问题，忠诚客户也会因对企业不满而成为流失客户，最终成为企业的非客户。

（三）客户生命周期

客户生命周期是传统营销理论中产品生命周期在客户关系管理中的演变。客户生命周期是指从一个客户开始对企业进行了解或者企业欲对某一客户进行开发开始，直到客户与企业的业务关系完全终止，且与之相关的事宜完全处理完毕的这段时间。

客户生命周期

客户生命周期清楚刻画了客户关系水平随时间变化的发展轨迹，动态描述了客户关系在不同时间段给企业带来的商业价值。一般来说，客户关系的发展可划分为考察期、形成期、稳定期、退化期四个阶段，称为"四阶段模型"。每个阶段描述了不同的客户关系。

1. 考察期

考察期，也是客户关系的孕育期。这一阶段是双方关系的探索、试验和开发阶段。在这一阶段，企业与客户双方主要考察和测试目标的相容性、对方的诚意、对方的绩效等因素。由于双方了解不足，考察期的不确定性很高，关系可能会直接夭折。

在这一阶段，客户一般还未和企业发生交易，或只有一些尝试性的订单，几乎不会为企业贡献利润（客户产出）；而此时，企业需要为客户关系投入较高的成本，如营销成本、广告成本、调研成本等。

2. 形成期

形成期是客户关系的快速发展阶段。双方关系能进入这一阶段，表明在考察期双方都相互满意，并建立了一定的相互信任和相互依赖。双方从关系中获得的回报日趋增多，交互依赖的范围和深度也日益增加。双方逐渐认识到对方有能力提供令自己满意的价值（或利益）和履行其在关系中担负的职责，因此，愿意承诺一种长期关系。在这一阶段，随着双方了解和信任的不断加深，关系日趋成熟，双方的风险承受意愿增加，交易不断增加，企业能够获得的利润也快速增加。在这一阶段，企业的投入主要是发展投入，与考察期相比要低得多。

3. 稳定期

稳定期也叫成熟期，是客户关系发展的最高阶段。在这一阶段，双方或含蓄或明确地对持续长期关系做了保证，具有一些显著的特征：双方对对方提供的价值高度满意；为能长期维持稳定的关系，双方都做了大量有形和无形的投入；有大量的交易。

在这一阶段，双方的相互依赖水平达到整段关系发展过程中的最高点，双方的关系处于一种相对稳定的状态。此时，企业的投入较少，客户为企业做出的贡献较大，企业与客户的交易量较大，企业处于盈利时期。

4. 退化期

退化期是客户关系发展过程中关系水平逆转的阶段。引起关系退化的原因很多，如一方或双方经历了一些不满意，发现了更适合的关系伙伴，需求发生了变化等。退化期的主要特征是：交易量下降；一方或双方正在考虑结束关系甚至正在物色候选关系伙伴（新的供应商或客户）；开始交流结束关系的意图等。

根据上述分析，可以得出一个典型的客户生命周期曲线。我们可以看出，客户商业价值的增长具有阶段性特征。在考察期总体很小且上升缓慢；形成期以较快速度增长；稳定期继续增长，但增速减缓；退化期快速下降。客户关系生命周期曲线呈倒 U 形。

二、客户的商业价值

客户的商业价值是指客户在其整个生命周期内为企业创造的价值之和。现在的市场竞争其实就是企业争夺客户的竞争，客户是企业的衣食父母，是企业的利润之源。客户的存在是企业存在的前提，企业要想盈利，就必须不断地开发新客户，留住老客户。客户的商业价值体现在以下几个方面。

1. 客户是企业的利润之源

客户是企业服务和产品的购买者，只有客户购买了企业的产品和服务，企业的利润才能够得以实现，因此企业想要实现盈利必须依赖客户，企业的长期发展是建立在与客户的长远利益关系的基础上。如果把企业比作舟，客户就是水，水能载舟，亦能覆舟，客户可以给企业带来利润，使企业蓬勃发展，也可以使企业破产倒闭。总之，客户是企业存在和发展的基础，企业如果没有满意的客户和忠诚的客户就无法长期维持。

// 实例

满足客户需求，国货黑马薇诺娜成为功效护肤业第一股

2022 年 10 月 24 日晚 8 点，天猫"双 11"预售正式开启。在预售的前 4 小时内，一个新兴的国货美妆品牌与国际知名品牌欧莱雅、兰蔻、雅诗兰黛并驾齐驱，成为四个成交破 10 亿元的品牌之一。这个国货黑马叫作薇诺娜，于 2008 年在云南成立。

在"皮肤学级护肤品"这个很窄的品类，薇诺娜甚至超过了药妆巨头雅漾、理肤泉，连续多年在中国市场占有率排名第一。2021年，薇诺娜母公司上市，市值过亿，一举成为最值钱的A股美妆企业。

薇诺娜之所以发展迅猛，与其巧妙的定位分不开。作为一个以解决临床皮肤问题为导向的品牌，薇诺娜自品牌创立之初，就把目标定在了"修复敏感肌皮肤屏障"这个皮肤科难点上，填补了功效性护肤品市场中国本土品牌缺失的空白。

敏感肌是"敏感性肌肤"的简称。尽管很多人都说不出敏感肌的具体含义，但是她们大概会描述自己"脸会泛红或有红血丝""容易过敏""皮肤比较薄、容易有皮屑""外部刺激时会发红、发痒"等。皮肤不舒服但又不至于严重到去医院看病成为敏感肌的特征，而且当问题出现时，很多人喜欢在社交平台寻找答案，而非到医院就诊。敏感肌用户又比一般消费者更谨慎，想要说服他们，正规医院皮肤科医生的背书比普通KOL（关键意见领袖）的推荐更有效。

于是，薇诺娜从"中国首个本土皮肤学级护肤品品牌"的定位出发，以95后、00后年轻人为目标客户，利用云南特色植物提取活性成分，最初由药企孵化、在医生圈传播，凭借"医学专业"与"植物科技"的产品优势，率先占领了赛道的领先位置。后来，企业借力小红书等社交媒体以及直播带货红人，进一步扩大了市场份额。

2. 客户是企业最有力的竞争武器

企业的竞争力不仅看技术、看管理、看资金，更重要的是，要看它拥有优质客户的多少，特别是拥有的忠诚优质客户。在产品与服务供过于求的买方市场，市场上的产品或品牌多种多样，客户的选择自由度也越来越大，企业的竞争已经从产品的竞争转向客户资源的竞争。企业的品牌竞争、价格竞争和广告竞争归根结底都是在争夺客户。企业拥有的优质客户多，就可以降低企业提供产品或服务的成本，这样企业就能降低价格或者提高利润，提供更有价值的产品和服务，从而提高客户满意度，有效地战胜竞争对手，在激烈的市场竞争中处于领先地位。

// 实例

华为的客户观

一说到华为，大家都知道华为"以客户为中心"的价值观。2019年，当一名记者问任正非：您认为华为的管理哲学到底是什么？任正非回答说："我认为华为所有的哲学就是以客户为中心，就是为客户创造价值。"正是对客户的信仰和敬畏，坚持把对客户的诚信做到极致，才成就了今天的华为。这才是华为客户管理哲学的精髓所在。

3. 客户可以为企业提供信息价值

信息价值是指客户为企业提供的各种信息。这些信息包括客户自身的信息，以及客户购买产品的信息等。企业利用客户信息可以改进产品和服务，更有目的、更有效果地展开经营活动。客户提供的信息有客户自身的信息、客户提供的产品使用信息、客户提供的需求信息、客户提供的建议信息和客户提供的满意度信息。客户提供的这些信息不仅节约了收集信息的成本，而且也为企业制定产品、服务、营销、竞争策略提供了一手资料，所以客户信息也是一笔巨大的财富。

4. 客户可以为企业带来聚客效应

聚客效应是指企业或产品的人气越旺，越能吸引新客户加入，使企业的客户规模越来越大。社会中的人群都有模仿和跟随别人消费的心理，特别是在不了解产品和服务的情况下，人们都有非常强烈的从众心理，喜欢追求热门的品牌和产品，认为选择的人多，自然是好产品。人气高的商家和品牌往往会拥有更多的客户，这就是为什么客户用餐时宁愿到人气高的餐厅排队，也不愿到隔壁没有人的餐厅吃饭。如果没有老客户带来人气，企业就不能够源源不断地吸引新客户，也不能够长久经营。

5. 客户可以为企业带来口碑效应

口碑效应是指由于客户对企业的产品或服务非常满意，而向他人宣传企业的产品或服务，从而吸引更多新客户的加入，使企业销售量不断增加，利润不断增大。消费者在做出购买决策的时候，很多时候会依靠亲人或朋友的推荐，并且由于熟人已经使用过产品和服务，推荐起来可信度更大，远胜过电视、媒体广告等宣传对客户的影响，因此客户口口相传的口碑效应是企业提升知名度的法宝。

◆ **素养小课堂**

中华老字号的价值

"中华老字号"是中国传统行业内有影响力的佼佼者。可以说，每一个老字号都是一块闪闪发光的金字招牌，是一份珍贵的历史文化遗产。说起北京闻名遐迩的老字号，有始于清朝康熙年间提供中医秘方秘药的同仁堂，有应京城达官贵人穿戴讲究的需要而发展起来的瑞蚨祥绸布店，有号称"中华第一涮"的东来顺，有达官显贵、文人墨客写书作画的一得阁墨汁。这些老字号都是中华悠久历史的重要部分。

"中华老字号"品牌具有浓郁的传统文化特色，不仅蕴含了独特的生产技术、经营理念、民俗风情、道德信仰、文化内涵、地理条件乃至价值观念、人生哲学，同时也体现了"中华老字号"企业对于品质、口碑、诚信等传统经营理念的追求。这些文化特色同时也是现代品牌要素的重要组成部分，为品牌开发、品牌延伸创造了得天独厚的优势和条件。

"中华老字号"不仅具有文化传承价值，同时又具有品牌商业价值。由于历史悠久和曾经的辉煌，"中华老字号"具有良好的信誉和广泛的知名度，其品牌价值不仅附着于产品的使用价值上，而且其品牌名称本身就是一种无形资产。"中华老字号"企业的品牌价值是日积月累形成的，有着广泛的市场认可，是一种无形的品牌资产。

6. 客户的终身价值

客户终身价值（Customer Lifetime Value，CLV）指的是每个客户在客户生命周期内为企业带来的收益总和，即企业通过该客户获得的总收入减去企业为该客户所支出的总成本后的剩余部分。研究表明，客户的价值由三部分构成：历史价值（Historic Value），即到目前为止已经实现的客户价值；当前价值（Currently Value），即基于客户当前行为模式不发生改变的情况下，将来会给企业带来的客户价值；潜在价值（Potential Value），即企业通过有效的交叉销售调动客户购买积极性，或促使客户向别人推荐产品和服务等，从而可能增加的客户价值。

客户终身价值

综观以上三方面价值，从企业可持续发展和利益最大化角度考虑，客户终身价值中的当前价值与潜在价值最为重要。当前价值主要受客户以往的交易行为影响，通过历史数据可以估算与测量。客户潜在价值是指客户未来可能给企业带来的利润，具有动态性和不确定性，并会随客户年龄、身份、受教育程度、家庭状况以及所处的行业、职业、收入等因素的不断变化而变化。

客户终身价值的意义在于，企业应看重客户生命周期内的购买能力总和，而非单次购买带来的利益。忠诚客户对企业的生存和发展有长远的影响，企业应该把眼光放得长远。要实现客户终身价值，企业必须提供好的产品和服务以吸引客户重复购买，这样才可以创造和提高客户的终身价值。

没有客户，企业就无法盈利和长期经营。客户对企业及其产品的态度，直接影响企业的经营状况。因此企业应重视客户、维系客户、培养客户，提高客户的商业价值。

第二节 选择客户

选择客户是指企业应该选择什么样的服务对象与之建立客户关系。企业的资源都是有限的，在这种情况下，如何把有限的资源分配在对企业利润贡献较大的客户群体上，放弃或部分放弃那些对企业利润没有贡献，甚至浪费企业资源，使企业亏损的客户，将成为企业管理者必须考虑的问题。所以客户选择是客户关系管理的核心内容之一，它直接影响企业是否能成功地实施客户关系管理。

一、选择客户的原因

企业对自己的目标客户进行选择，主要基于以下几个方面的考虑。

1. 不是所有的购买者都是企业的目标客户

由于每个企业的资源都是有限的，而且不同客户有不同的需求，因此每个企业实际能够有效服务的客户是有限的，企业不可能为所有的客户提供服务，市场中只有一部分客户能成为企业产品或服务的实际消费者，其余都是非客户。企业不应该在那些不愿购买或没有购买能力的非客户身上浪费时间、精力和金钱等资源，这将有损企业利益。所以企业必须准确选择自己的客户，这样可以减少花在非客户上的资源，从而提高企业的效益。

2．不是所有的客户都能给企业带来收益

传统观念认为"客户越多越好""客户就是上帝""客户总是对的"，认为所有客户对企业都非常重要，因而要重视每一个客户，盲目扩大客户的数量，而忽视了客户究竟能给企业带来多大的收益。事实上，客户天生就存在差异，有优劣之分，不是每个客户都能为企业带来收益和真正的价值。一般来说，优质客户带来高价值，普通客户带来低价值，劣质客户带来负价值。

80/20法则认为，在任何一组事物中，重要的只占其中一小部分，约20%；其余80%尽管是多数，却是次要的。在企业中，往往是20%的优质客户创造了企业80%的利润。美国学者威廉·谢登提出的80/20/30法则认为，在顶部20%的客户创造了企业80%的利润，但其中的一半利润被底部30%的非营利客户消耗掉了。也就是说，一些优质客户为企业带来的超额价值，被许多"坏"客户消耗掉了。正确选择客户能增加企业收益，客户的稳定和质量是企业销售稳定的前提，客户的变动对企业来说意味着风险和费用，这就要求企业一定要慎重选择客户。客户数量已经不是衡量企业获利能力的唯一指标，客户质量的重要性已经在一定程度超过了客户数量的重要性，客户质量在很大程度上决定着企业盈利大小，企业应该摒弃任何客户都是有价值的观念。

3．正确选择客户是成功开发客户的前提

企业如果没有选择好客户，则开发成本就会比较高，建立客户关系的难度将会比较大。即使开发成功，维护客户关系的难度也会比较大。另外，客户也会不领情，不乐意为企业买单。相反，企业如果通过认真选择，选准了目标客户，那么成功开发客户、实现客户忠诚的可能性就很大。只有选准了目标客户，建立客户关系和维护客户关系的成本才会较低。例如，一些中小企业经常会忽视对自身目标客户的定位，没有采取更适合自身发展的战略，而盲目采取进攻战略，与大企业争夺大客户，最终导致尴尬、被动的局面。一方面失去了小客户，另一方面又没能力为大客户提供相应的服务，结果使企业陷入两难的境地。

4．正确选择客户有助于企业的准确定位

不同的客户在消费需求、消费习惯、消费行为方面是有差异的，企业如果没有正确选择客户，就不能为确定的目标客户提供适当的产品或服务。另外，不同层次、不同需求的客户共存于同一家企业，也可能会造成企业定位混乱，从而导致客户对企业形象产生疑问。例如，一个为高收入人群提供定制西服的企业，就不宜随便生产廉价产品。高端商场主要为高收入人群提供高端产品或服务。

总之，不是所有的购买者都是企业的目标客户，也不是所有的客户都能给企业带来收益。正确选择客户是成功开发客户的前提，也是提升形象和维护客户关系的基础。客户选择不当可能造成企业定位模糊不清、混乱，也可能造成企业亏损。因此，企业应该对客户关系加以认真选择。

// 实例

传音手机的客户定位与开发

与华为、小米、OPPO、vivo 等国人耳熟能详的手机厂商相比，传音手机在国内声名不显，但在非洲市场，却实现了其他厂商梦寐以求的占有率。据国际数据公司 IDC 全球手机季度跟踪报告，2023 年，在国内没有任何市场份额的传音，在全球手机市场的占有率为 14%，排名第三；其中智能机在全球市场的占有率为 8.1%，排名第五，传音在非洲、巴基斯坦、孟加拉国智能机出货量排名第一。2023 年，传音手机实现营业收入超 622.95 亿元，同比增长 33.69%，归属于母公司所有者的净利润约 55.37 亿元，同比猛增 122.93%。

传音创始人出身于国内功能机时代的王者"波导手机"。自 2007 年起，传音深耕非洲市场，从"双卡双待"到"黑人美颜"，传音在中东和非洲闯出了一片天地。

非洲是全世界最年轻的大洲，2022 年的人口中位数仅为 18.7 岁，青年比例高且老年人口比例低，只有 3% 的非洲人口年龄在 65 岁及以上，是唯一一个低于全球平均水平 10% 的大陆。如此庞大的年轻人群体，自然是广阔的手机潜在用户群。

2006 年，在彼时的非洲等国，人们往往会准备多张 SIM 卡，以避免运营商因呼叫不同网络而收取高额费用。人们因囊中羞涩，也不愿为此购买两台手机。因此传音推出了面向非洲市场的第一个手机品牌 Tecno，主推的是一款双卡双待手机。这款手机很快让传音打出了名气，此后的"四卡四待"手机 TECNO 4Runner，更是让传音一夕之间声名大噪。

此后，根据非洲市场独特的需求，传音手机将阿姆哈拉语和斯瓦希里语等非洲常用语言的文字添加到功能机键盘上，手机语言也加入了部分非洲语言。考虑到非洲供电不足，时常停电，手机使用者有时甚至需要走上十几公里寻找可充电的地方，传音还为手机配备了更大的电池，缓解了用户的电量焦虑。另一值得称道的是传音的低价策略，这在几乎不支持分期付款的非洲显得格外有吸引力。市场研究机构 Canalys 的研报指出，埃塞俄比亚的月平均工资多在 54～108 美元之间，而约 95% 的传音智能手机售价在 200 美元以下，这一品牌是名副其实的"廉价之王"。

2010 年，iPhone4 上市，手机行业的游戏规则开始改写，世界迈向智能机时代。Canalys 数据显示，截至 2018 年，非洲只有 29% 的人口在使用智能手机；在中国，这一数据是 97%。"非洲本地化"是传音一以贯之的思路，它仍以低价、大电池、快传等颇具传音特色的策略为主，还添加了其他的"大杀器"。

其中，"黑人美颜"就是传音在智能机时代的一大利器。传统手机的美白磨皮功能对黑皮肤并不友好，美颜模式下，黑皮肤更是容易被糊化成一团。传音研究出了一种特殊美颜算法，通过定位人的眼睛和牙齿这两处始终呈现白色的区域，进而推算出面部轮廓并补光，从而让黑人也能在美颜下拍出有质感的巧克力肤色。这一算法也在此后不断优化，不仅在国内申请了相关专利，还在全球计算机视觉顶级会议（CVPR）举办的国际竞赛中，斩获了深肤色人像分割赛道冠军。

在销售路径上，考虑到非洲网络覆盖率低，非洲人民基本没有网购的渠道和习惯，传音采取了线下覆盖式宣传营销。无论是旅游城市或贫民窟，只要有墙的地方，就有传音手机的涂墙广告。

华鑫证券在2022年一份研究传音的研报中指出，传音在非洲共有360个经销商，开设了大量线下零售店，并协助经销商不断下沉销售渠道，将销售网络由当地一、二线的发达区域，逐步向三、四线区域下沉覆盖，完善现有市场销售网络。

一套组合拳下来，传音终于称雄非洲！

二、客户调查与寻找

寻找客户是销售的起点，企业应该掌握正确的寻找客户的方法。常用的寻找目标客户的方法如下。

（一）亲朋故友寻找法

亲朋故友寻找法是指将自己的亲戚朋友列出清单，然后逐一拜访，以期在他们之中寻找到潜在客户的方法。每个人都有一个关系网，由亲戚、朋友、同学、同事等构成，可以在自己熟悉的关系网中进行客户开发。

这种方法的优点是容易接近，不需要过多的寒暄和客套即可切入主题；容易成功，比陌生人访问的成功率要高出许多。但缺点是：由于是亲朋好友，人们可能会因为害怕遭到拒绝而伤及面子，从而难以开口。在这种方法时，要注意为亲友负责，更不能欺骗和隐瞒，更不能强迫营销，否则将众叛亲离。

（二）逐户访问法

逐户访问法又称为地毯式寻找法、上门推销法，是指销售人员在目标客户活动的区域内，对目标客户进行挨家挨户访问以发展关系客户的方法。该方法的核心观点是，在被寻访的所有对象中，必定存在潜在客户并且客户分布均匀，客户数量与访问对象的数量成正比。尽管我们无法与拜访的每位客户都达成交易，但通过拜访更多客户，可以提高成交概率。如拜访的10人中有1人成交，那么100次拜访就会有10人成交。

逐户访问法通常在完全不熟悉或不太熟悉推销对象的情况下采用。一般来说，采用这种方法成功开发客户的数量和走访的人数成正比，要想获得更多的客户，就必须访问更多的人。

逐户访问法的优点是，它为销售人员提供了与各种类型客户打交道并积累经验的机会；在目标客户群中，这种方法不会错过任何一个有可能成交的客户；可以借机进行市场调查，了解客户的需求。这种方法的缺点是容易遭到拒绝，耗费大量的人力。使用逐户访问法时，销售人员的素质是成功的关键。

// 实例

神秘的华为"挖土豆"团队

在现代商业社会中，很多的线索和商机都是通过销售人员在扫楼、拜访客户的过程当中得到的。因此，逐户访问法还有一个很有意思的名字，叫作"挖土豆"。虽然这种方法产出特别慢，效率也特别低，但它仍然是一种有效的销售手段。

华为公司就有一支神秘的"挖土豆"团队。华为要求全员（包括副总裁以上的高管）都要围绕客户来工作，要求每周最少见客户五次，并且要将拜访情况统一汇报到客户关系管理部，以此作为考核依据。"挖土豆"团队专门在地市本地网寻找机会点，或者是与运营商一线市场人员一起寻找业务增长点。

正是凭借这种"挖土豆"的笨办法，华为团队能够坚持不懈地和客户交流。通过提前沟通获得关键信息，可以快速进行产品的开发和布局，实现技术领先和测试领先。最后，在项目投标过程中，华为的技术评分遥遥领先于友商，充分展现了其市场优势。

（三）电话寻找法

电话寻找法是采用打电话的形式来寻找客户的方法。电话寻找法可以从当地的黄页电话簿开始。那些愿意投资让自己的企业列入电话簿中的商家，通常都比较严肃地对待生意。如果你的产品或服务能够带给他们更多的商机或者让他们更有效率，就可以尝试和他们取得联系。

采用电话寻找法寻找客户时，一定要注意电话销售的相关技巧和礼仪，否则就很容易遭到客户拒绝。打电话之前，销售人员应该对谈话的内容进行精心准备，对客户可能问到的问题也要做充分的准备，通话的时间一般不要过长。

采用这种方法的优点在于简单、快捷、有针对性；缺点在于容易遭到客户拒绝，且对销售人员的个人素质要求较高。

（四）连锁介绍法

连锁介绍法又称为客户引荐法或无限连锁法，就是通过老客户的介绍来寻找有可能购买产品或服务的其他客户的方法。每次访问客户之后，都可以向客户询问有无其他可能对该产品或服务感兴趣的人。这样，销售人员不必花很多时间，就可以开发出新的潜在客户。这是寻找新客户的有效方法，被称为黄金客户开发法。连锁介绍法的优点如下：

1. 可以避免寻找客户的盲目性

因为现有客户推荐的新客户大多是他们较为熟悉的单位或个人，甚至有着共同的利益和情感，所以提供的信息准确、内容详细。同时，各位客户之间的内在联系使得连锁介绍法具有一定的客观依据，更容易取得新客户的信任。一般人对陌生人会存有戒心，但若经过熟人介绍，则会让人觉得真实可靠。

2. 连锁介绍法是接近新客户的好办法

如果销售人员赢得了现有客户的真正信任，那就有可能赢得现有客户所推荐的新客户的信任。

3. 成功率比较高

现有客户所推荐的新客户与现有客户之间存在着某种联系，根据这种内在的联系来寻找客户，会取得较高的成功率。

（五）会议寻找法

会议寻找法是指利用参加各种会议的机会寻找客户的方法。如培训会、展览会、订货会、产品说明会、产品展销会、发布会等各种会议。参加各种会议可以让企业迅速拓展人际关系网，获得更多的潜在客户的信息。在利用各种会议寻找潜在客户时，一要注意企业代表的形象；二要注意方式方法的运用，否则容易引起客户反感。

参加展览会是获取潜在客户的重要途径之一，企业事前需要安排好专门的人员收集客户资料，准备现场解答客户的问题，即使公司没有组织展览会，参加客户组织的展览会同样重要，可以得到目标客户的资料。

（六）网络寻找法

网络寻找法是指借助互联网的宣传，利用互联网、微博、微信等平台寻找客户的方法。随着网络的普及，上网人数日益增多，企业很容易在网络上找到客户，特别是在人们普遍使用微信、微博、抖音、快手、小红书等社交平台的情况下，网络寻找法前景广阔。利用网络寻找法，企业不仅可以登录专业网站，浏览国内外需求信息，并与这些有需求的客户联系；另外企业还可以登录专门的商务网站与客户沟通，挖掘和开发客户；可以建立自己的网站，吸引客户主动与自己联系。

网络寻找法的优点是方便、快捷、成本低、信息量大；缺点是网络上信息众多，需要仔细筛查，必须警惕网络诈骗。

（七）名人效应法

名人效应法是指在某一特定的目标客户群中选择有影响的人物或组织，并使其成为自己的客户，借助其影响力和帮助，使该目标客户群的其他对象转化为现实客户的方法。一般来说，名人包括政商要人、文体巨星、知名学者、名牌大学和知名企业等，他们在公众中有很强的影响力和示范作用，其购买与消费行为有引导作用，可以引领追随者的消费行为。

名人效应法的优点是，利用名人的影响力可以扩大企业及其产品的知名度，容易让客户接受。其缺点是，将开发客户的希望寄托在某一个人或组织上可能存在较大的风险。因此，如何恰当选择名人是非常重要的，名人的合作意愿及诚信度都会影响企业的形象和客户的开发。

（八）资料查询法

资料查询法是指通过查询目标客户的资料来寻找目标客户。可供查询的资料来源有电话号码簿、团体会员名册、证照核发机构记录、税收名册及报纸杂志刊登的信息等。资料查询法的优点是可以较快地了解市场需求和目标客户的情况，且成本相对较低；其缺点是时效性较差。

总之，谁拥有客户，谁就拥有市场。对于刚开始从事销售工作的营销人员而言，其失败很大程度上源于对"客户群体"的定位和对目标客户的搜索不到位。我们要找的不仅仅是客户名单、联系方式、家庭地址等简单的客户信息，更重要的是通过各种渠道搜索到合格的目标客户。

// 实例

另类的"抄号族"

城市中出现了一股令人忧心的新风潮——抄号族。尽管这个名字听起来有些陌生，但在大城市里却已经不再陌生。这一群体的存在给我们的生活带来了一些困扰和矛盾。

"抄号族"通常指那些非法抄写或获取车牌号、电话号码及其他个人信息，然后将这些信息粗略整理后卖给有需求的机构以获取利益的人。这类人经常出现在停车场、商场等场所，记录下车主留下的挪车电话等。他们不单单抄取号码，还会根据不同车辆的档次、停放位置，推测车主的消费能力，划分车主等级，从而通过电话号码给车主推销相匹配的理财产品、保险或者房屋等。通过这种方式获得的信息效率很高，也很精确。

点评："抄号族"的行为不仅侵犯了他人的隐私权，也可能涉及诈骗、套取个人信息等违法行为。

第三节 评估企业的客户

目标客户选择是指企业在客户细分的基础上，针对各个客户群的需求潜力、盈利水平、发展趋势等进行分析、研究，最后根据企业自身情况、市场状况及竞争状况，选择一个或几个细分客户群作为自己的服务对象。

一、目标客户选择的指导思想

1. 选择好客户

客户有优劣好坏之分，企业应该选择好客户来发展客户关系，这样才能够给企业带来效益。好客户是指客户本身的素质好，对企业贡献大，至少给企业带来的收入要比企业为其提供产品和服务的成本高。简单地说，好客户就是能给企业带来盈利，占用企业的资源少，给企业带来风险小的客户。

2．选择与企业定位一致的客户

企业选择目标客户要根据企业自身的情况，从实际出发，根据企业自身的定位和目标来选择经营的对象。企业必须清楚自己的服务对象，选择与企业定位一致的关系客户。有些企业非常想服务大客户和高级别客户，但是这类客户如果与企业的定位不一致，或企业的实力和服务能力也不够，那么开发这样的客户并不容易，即使开发成功，以后的服务成本也会很高，维系关系的难度也会很大。

3．选择有潜力的客户

企业在选择目标客户时，应该不局限于客户目前对企业盈利的贡献，而要考虑客户的发展潜力，以及未来对企业的贡献。对于当前利润贡献低但是有潜力的客户，企业要积极提供支持和援助，因为支持客户很大程度上是支持自己，只有客户发展，才能对企业的产品或服务产生更大的需求。有潜力的客户在成长壮大之后，对企业产品和服务的需求也随之加大，这是培养优质客户的好途径。

4．选择与企业实力对等的客户

企业在选择目标客户时，要选择和自己实力、条件相当的客户，这样建立关系容易，维持关系也容易。有些企业只想服务大客户，想要满足大客户的任何要求以显示自己的实力。然而，由于双方实力不对等，企业只能降低标准或委曲求全，甚至接受大客户的苛刻条件，对大客户的潜在风险也无法有效控制，这样的客户开发成本高，维系的难度也大。如果企业服务比自己低级别的客户也常常会吃力不讨好，由于双方实力的区别会造成企业和客户相处不协调、不融洽。总之，客户和企业应该实力相互匹配，两者实力对等才能相互制衡，共同合作。选择实力相当的客户是企业稳健和保险的选择。

5．选择与忠诚客户相似的客户

客户的需求在不断变化，没有哪个客户会永远只选择一家企业，但是总有些客户认为企业提供的产品或服务比竞争对手更好，更喜欢选择企业而非竞争对手的产品和服务，这说明企业特定的产品和服务能满足这类客户的需求，也说明客户是企业容易建立关系和维持关系的客户。这样的客户忠诚度更高，觉得企业的产品和服务物有所值。因此，选择与忠诚客户有相似特征的客户，是因为实践证明开发和维系这样的客户相对容易，并且他们能够给企业带来稳定的收益。

二、目标客户选择的依据

在寻找目标客户的过程中，要抓住目标客户的基本特征，可以从以下三个方面去判断某个个人或组织是否为目标客户，即"MAN"原则。

评估企业的客户
——客户资格审查

1. 具有购买力

M：Money，代表"金钱"，所选择的对象必须有一定的购买能力。

具有购买力是指具有购买商品的货币支付能力。在现实销售中经常碰到这样的情形：客户有强烈的购买欲望，但缺乏足够的经济实力，因此无法形成现实的购买。在商品经济条件下，购买商品的关键就是购买力，缺乏购买力的客户不能立即成为现实的销售对象，因此，企业必须对客户的购买能力进行分析。

企业应从考察客户的经济能力入手。经济能力是影响和制约客户购买能力的主要因素，它主要是指客户可支配收入的多少。客户的购买力受到社会生产的发展状况、经济增长速度和客户收入、年龄差异等因素的影响。

2. 具有购买决定权

A：Authority，代表"购买决定权"，该对象对购买行为有决定、建议或反对的权力。

具有购买决定权，即能够决策购买，有商品的采购决定权，在实际销售过程中，销售人员应了解客户家庭情况或组织机构运作状况，找出有购买决定权的客户，把销售努力集中放在有购买决策权的人身上，这样才能提高销售的效率，减少无谓劳动，节约成本和时间。

3. 具有对商品的需求

N：Need，代表"需求"，即客户有购买欲望，企业所销售的产品能满足客户的需求。

需求是指存在于人们内心的对某种目标的渴求或欲望，它由内在的或外在的、精神的或物质的刺激所引发。客户需求具有层次性、复杂性、无限性、多样性和动态性等特点，能够反复地激发每一次的购买决策，而且具有接受外界信息和重组客户需要结构，并修正下一次购买决策的功能。优秀的企业必须对客户需求具有正确的认识，不断地去满足、适应甚至创造客户需求。

总之，客户是企业的利润源泉。企业应该掌握识别客户的方法、寻找目标客户的途径和选择目标客户的基本技巧。掌握了这些基本技能才能准确找到并成功开发企业的客户。

// 实例

瑞幸咖啡的客户选择

瑞幸咖啡（luckin coffee）总部位于厦门，是中国最大的连锁咖啡品牌，门店数量已经突破10 000家。瑞幸咖啡以"让每一个顾客轻松享受一杯喝得到、喝得值的好咖啡"为品牌愿景，以"创造一个源自中国的世界级咖啡品牌"为品牌使命。

瑞幸咖啡的品牌定位

瑞幸咖啡的品牌定位为"中国连锁现磨咖啡领跑者"，通过这样的品牌定位，瑞幸咖啡成功地将自己塑造成中国连锁现磨咖啡领跑者的形象，强调了其在连锁、品质和创新方面的优势。这种品牌定位不仅使得瑞幸咖啡在竞争激烈的咖啡市场中脱颖而出，还增强了消费者对于瑞幸咖啡的信任和忠诚度。同时，品牌定位的明确性也有助于瑞幸咖啡在市场上建立独特的品牌形象，并为未来的发展提供了明确的方向和目标。

瑞幸咖啡的市场定位

瑞幸咖啡品牌的市场定位针对都市白领以及年轻的互联网用户群体，都市白领和年轻的互联网用户更加重视品质和创新，他们愿意尝试新鲜事物，对咖啡的品质有着较高的要求。瑞幸咖啡通过严格的咖啡豆选择、现磨咖啡等措施，保证了咖啡的品质，同时不断推陈出新，推出新口味、新产品，满足这一人群对于多样性和新鲜感的追求。

通过针对都市白领和年轻的互联网用户的市场定位，瑞幸咖啡成功地将自己定位为满足这一特定人群需求的咖啡品牌。同时，这种定位也使得瑞幸咖啡在市场竞争中找到了自己的定位，避免了与传统咖啡店直接竞争的激烈局面，并打造了与众不同的品牌形象，吸引了更多都市白领和年轻用户的关注和喜爱。

客户画像

本章小结

客户是企业发展的动力，是企业的利润之源。从现代经济学的意义上讲，任何接受或可能接受企业产品或服务的对象皆可称为客户。这个客户定义意味着，无论是已经购买企业产品或服务的客户，还是目前还没有购买但可能购买的潜在客户，或者是与企业有着各种直接或间接关系的个人或组织，都可称为企业的客户。

客户的商业价值是指客户在其整个生命周期内为企业创造的总价值之和。现在的市场竞争其实就是企业争夺客户的竞争，客户是企业的衣食父母，是企业的利润之源。客户的存在，是企业存在的前提，企业要想盈利，就必须不断地开发新客户，留住老客户。

选择客户是指企业应该选择什么样的服务对象与之建立客户关系。企业的资源都是有限的,在这种情况下,如何把有限的资源分配在对企业利润贡献较大的客户群体上,放弃或部分放弃那些对企业利润没有贡献,甚至浪费企业资源,使企业亏损的客户,将成为企业管理者必须考虑的问题。所以客户选择是客户关系管理的核心内容之一,它直接影响企业是否能成功地实施客户关系管理。

客户有优劣好坏之分,所以企业应该选择好客户、与企业定位一致的客户、有潜力的客户、与企业实力对等的客户、与忠诚客户相似的客户来发展客户关系,这样才能够给企业带来效益。

在寻找目标客户的过程中,要抓住目标客户的基本特征,可以从"MAN"原则进行判断。所选择的对象必须有一定的购买力、购买决定权和对商品的需求。

练习题

一、单项选择题

1. 目标客户选择的依据是(　　)原则。
   A. MNA　　　　B. ANH　　　　C. MAN　　　　D. MAH
2. 客户的(　　)是指客户在其整个生命周期内为企业创造的价值之和。
   A. 利润价值　　B. 商业价值　　C. 购买能力　　D. 利润总和
3. 目标客户选择的指导思想是(　　)。
   A. 选择大客户　　　　　　　　B. 选择高级别客户
   C. 选择好客户　　　　　　　　D. 选择满意客户
4. (　　)是指符合企业定位,经过企业挑选后,确定为企业力图开发为现实客户的人群。
   A. 目标客户　　B. 现实客户　　C. 流失客户　　D. 潜在客户
5. 一个典型的客户生命曲线呈现的形状是(　　)。
   A. C形　　　　B. 倒C形　　　C. U形　　　　D. 倒U形
6. 以下说法正确的是(　　)。
   A. 不是所有的购买者都能够给企业带来收益
   B. 客户是上帝
   C. 客户越多越好
   D. 登门都是客,所有客户都非常重要

二、多项选择题

1. 按照客户与企业的距离远近和关系亲疏,可将客户分为(　　)。
   A. 潜在客户　　B. 非客户　　C. 目标客户　　D. 现实客户
   E. 流失客户

2. 客户生命周期包括以下四个阶段（　　　）。
   A．考察期　　　　B．形成期　　　　C．稳定期　　　　D．退化期
   E．恢复期

3. "MAN"原则是指（　　　）。
   A．具有购买力　　　　　　　　　B．具有识别产品好坏的能力
   C．具有购买决定权　　　　　　　D．具有对商品的需求
   E．具有建议或反对的权力

三、判断题

1．好客户是指客户本身的素质好，对企业贡献大，至少给企业带来的收入要比企业为其提供产品和服务的成本高的客户。　　　　　　　　　　　　　　（　　）
2．企业应选择比自己级别高的客户提供服务。　　　　　　　　　　　（　　）
3．任何接受或可能接受企业产品或服务的对象皆可称为客户。　　　　（　　）
4．客户越多越好，所有客户对企业都非常重要，因而要重视每一个客户。（　　）
5．选择客户是指企业应该选择什么样的服务对象与之建立客户关系。　（　　）

四、案例分析题

案例一

超市规定惹争议　麦德龙拒绝 1.2 米以下儿童入内

一家人高高兴兴去超市购物，却被保安挡在门外。家住上海龙阳路的市民陆女士反映，麦德龙规定 1.2 米以下小孩不得进入超市，她认为这一规定很不人性化。

某天，陆女士抱着一岁多的女儿来到麦德龙。在门口时，陆女士被工作人员拦住，并被告知"超市规定 1.2 米以下的孩子不能进入，以防运货叉车伤到来回跑动的孩子"。陆女士表示，"孩子还不会走路，我抱着她没事的。我们大老远过来，总不会让我们白跑一趟吧！"双方为此争执了 10 多分钟，陆女士没能抱孩子入内。

当天上午，来麦德龙的客户有多人因此规定与超市工作人员发生争执。陆女士一家最终放弃在麦德龙购物，选择了一家离家较远的超市。

记者来到麦德龙超市，发现进口处贴有一张"1.2 米以下儿童不得入内"的标识，位置很醒目。记者在卖场内看到，几乎所有的货架都高达四五米，为此卖场配备了三辆叉车搬运货物。同时，卖场内很少见到孩童。而在麦德龙其他分店，记者均发现了类似情况。"1.2 米以下孩童不得入内的规定有些不合理。"正在卖场购物的李先生说，"附近只有麦德龙一家大型综合超市，如果大人去购物，孩子根本没地方去，只好带在身边。现在超市规定不让孩子入内，那么孩子去哪里呢？"

记者发现，上海其他的大型综合超市，均没有这样的规定。

麦德龙的这条规定依据何在呢？对此，麦德龙上海分公司负责人回应说，麦德龙不同于普通大卖场，面对的消费群较为特殊，出台这一规定，也是对消费者负责。麦德龙

超市实行会员制，客户定位是中小型批发零售商、餐饮单位和各种企事业单位，并不向个体消费者提供服务，因此，光顾超市的客户基本上都是为单位大宗采购的。

麦德龙是仓储式超市，也就是除具备一般超市让客户挑选商品的功能外，还兼做仓库。大箱的物品会堆放在货架上方，由于采用高货架储备商品库存，需要使用叉车作业补充货品，1.2米以下空间是叉车驾驶员的视觉盲区，难以确保儿童安全。因此超市出于安全角度考虑，规定身高低于1.2米的儿童不得进入。据该负责人说，麦德龙是全球连锁超市，"限高"是公司的全球统一规定。

结合案例分析以下问题：

1. 根据所学客户相关知识，分析麦德龙"禁止1.2米以下儿童入内"的做法是否正确。

2. 如果认为这一做法正确，请陈述理由；如果认为不正确，想一想有没有什么好的替代方式可以解决1.2米以下儿童的安全问题。

案例二

小季的识别客户之道

小季是A银行的理财经理，为了寻找潜在客户，他想尽办法，但收效甚微。此时，北京C广场的阿姨们吸引了他的注意力。

1. 融入角色与阿姨们打成一片

每晚8点都有一群阿姨在北京C广场上演经典舞蹈，阿姨敲打架子鼓甚是惹眼。在阿姨阵中还有一位二十岁出头的小伙子格外显眼，他表演娴熟，每个角色都能"无缝切入"。他就是小季，跳舞的目的是拓展客户。小季一会儿敲打架子鼓，一会儿敲打小擦。哪位阿姨跳累了需要喝水，他就能补位接着跳，直到下一曲阿姨再上场。

2. 跳舞跳出千万级客户

小季是A银行的客户经理，来跳广场舞主要是为了拓展客户。自从一年前无意中听说C广场有一支人气极高的广场舞蹈队后，他几乎每天晚上下班后都来参加活动。"我们的收入主要靠提成，想要增加工资就要多拉客户。"小季说。如今舞蹈队里四分之一的队员都是他的客户，其中不乏金卡客户。

3. 获得阿姨客户推荐

舞蹈队一位阿姨告诉记者，小季这孩子挺好的，待人热情，推荐的理财产品也很适合老年人；成为小季的客户后，这位阿姨也将小季推荐给其他有类似需求的阿姨。对银行来说，阿姨们是非常优质的客户，她们掌控家中"财政大权"，对投资理财也感兴趣，特别青睐稳健的银行理财产品。

4. "阿姨人群"最典型的消费特征

（1）家庭消费决策者。首先，在各类消费场景中，无论是老人用品、女性用品、儿童用品、男性用品，还是厨卫用品等，女性掌握着决策权；其次，她们在家庭中承担奶奶、母亲、女儿、妻子等多种角色，爱操心、爱包办，往往主动担负更多的采购任务，决定着全家人的购买事项，无论消费金额还是消费数量，家庭消费都远大于个人消费。

（2）群体消费。"阿姨人群"的生活半径与生活方式决定了她们的信息来源主要是圈子里的口碑传播或圈中某人的亲身体验，当她们认为某些产品物有所值时，容易形成群体消费。

结合案例分析以下问题：

1. 为什么小季识别客户取得不错的效果？
2. 小季运用了哪些寻找潜在客户的方法？

项目　识别与选择客户

一、实训目的

了解如何识别与选择客户。

二、实训内容

1. 通过实地走访，调查当地某企业的客户，了解该行业及该企业的客户整体状况。
2. 与企业管理者、员工和客户进行访谈。
3. 填写识别与选择客户实训任务单（见表2-1）。
4. 分析该企业客户选择情况，完成客户认知报告撰写。

三、实训要求

1. 按教学班级进行分组，每组5～8人，按组进行调查。
2. 由每组组长负责填写识别与选择客户实训任务单并撰写客户认知报告。

表2-1　识别与选择客户实训任务单

企业名称							
企业简介							
公司规模		成立时间			主营项目		
所属行业		公司地址					
指标	客户类型						
	总客户	潜在客户		新客户		老客户	休眠流失客户
总量							
占比							
客单价							
UV及转化率							

（续）

会员情况					
会员总数		活跃会员数		沉睡会员数	
近7天增加会员		标签数		标签会员数	
访谈情况汇总					
访谈对象	序号	访谈情况			
企业管理者	1				
	2				
	3				
	4				
	5				
员工	1				
	2				
	3				
	4				
	5				
客户	1				
	2				
	3				
	4				
	5				
总结					
优点					
不足					
改善建议					

Chapter 3

第三章
客户开发与客户拜访

学习目标

【知识目标】
- 了解客户开发的思路。
- 熟悉客户开发策略。
- 掌握客户拜访的程序。

【能力目标】
- 能结合实际开发客户。
- 能够运用电话营销的方式顺利进行客户拜访。

【素质目标】
- 培养诚信、实事求是的职业精神。
- 培养坚持不懈、不畏艰难的职业素养。

> **引导案例**
>
> **三顾茅庐**
>
> 　　三顾茅庐是东汉末年刘备拜访诸葛亮的故事。当时,蜀汉主政者刘备为了求得诸葛亮的帮助,三次前往其家乡茅庐拜访。这一事件被后人誉为"三顾茅庐",成为中国文化传统中的经典。
>
> 　　第一次拜访发生在公元207年。刘备派遣骑士赵云前往茅庐邀请诸葛亮出山辅佐他,但被诸葛亮以照顾老母亲为由谢绝。第二次拜访发生在公元208年。刘备亲自前往茅庐,与诸葛亮详谈国家大事,但是诸葛亮仍旧坚持不愿出山。第三次拜访发生在公元209年。刘备再次前往茅庐,表达出对诸葛亮的敬重和信任,最终打动了诸葛亮的心,诸葛亮答应出山辅佐刘备,成为蜀汉的重要军事和政治领袖。
>
> 【引入问题】
>
> 　　结合客户拜访,说一说从三顾茅庐的故事中你能得到的启示。

第一节　客户开发

　　客户的开发就是企业让目标客户产生购买欲望并付诸行动,促使他们成为企业现实客户的过程。

　　对新企业来说,首要任务就是吸引和开发客户;对老企业来说,企业发展也需要源源不断地吸引和开发新客户。根据一般经验,每年客户流失率为10%～30%,企业在努力培养客户忠诚度的同时,还要不断寻求机会开发新客户,尤其是优质客户的开发。这样,一方面可以弥补客户流失的缺口,另一方面可以壮大企业的客户队伍,提高企业的综合竞争力,增强企业的盈利能力,实现企业的可持续性发展。

　　企业开发客户的策略可以分为营销导向的客户开发策略和推销导向的客户开发策略。

一、营销导向的客户开发

营销导向的客户开发

　　《曹刿论战》有云:"不战而屈人之兵,善之善者也"。将这句话应用于客户开发领域,指的是"不求人"的开发是客户开发的首选之策。

　　所谓营销导向的客户开发策略,是指企业通过适当的产品、适当的价格、适当的分销渠道和适当的促销手段,吸引目标客户和潜在客户产生购买欲望并付诸行动。其特点是"不求人",即企业靠本身在产品、价格、分销和促销方面的特色来吸引客户。它的效果是由客户自己完成开发、主动和自愿地接受开发,还很可能是满心欢喜、感激涕零、心花怒放地接受开发。所以，营销导向的客户开发策略既是客户开发策略的最高境界，也是获得客户的理想途径。

> ◆ **素养小课堂**
>
> "绿水青山就是金山银山"与"绿色营销"
>
> 党的二十大报告提出，"必须牢固树立和践行绿水青山就是金山银山的理念，站在人与自然和谐共生的高度谋划发展"。作为习近平生态文明思想的重要组成部分，"两山"理念是我们做好生态文明建设工作的根本遵循与行动指南。习近平总书记强调，"要积极探索推广绿水青山转化为金山银山的路径，选择具备条件的地区开展生态产品价值实现机制试点，探索政府主导、企业和社会各界参与、市场化运作、可持续的生态产品价值实现路径"。我们要深入学习贯彻习近平生态文明思想，积极探索生态产品价值实现路径，统筹推进生态产业化和产业生态化，同步提升发展"含绿量"和生态"含金量"，让绿色成为高质量发展的鲜明底色。
>
> 自"绿水青山就是金山银山"理念提出以来，绿色已成为驱动现代经济持续发展的核心力量，而产品的绿色营销也随之成为不可逆转的发展趋势。"绿色营销"这一概念最早由英国学者肯毕提出，他将绿色营销定义为一种管理过程，旨在识别、预期并满足整个社会的共同需求，为企业带来可持续利益并促进企业的可持续发展。我国学者普遍认为，绿色营销是指以经济的可持续健康发展为主线，以保护生态环境为宗旨，在发展经济效益的同时，兼顾社会效应与生态环境效应，通过绿色价格、绿色分销渠道、绿色促销等营销活动的有效结合，促进资源环境保护，符合广大消费者对于绿色可持续发展的共同要求。
>
> 与传统营销模式相比，绿色营销主要有以下三个显著特点：首先，绿色营销是经济效应、社会效应与生态效应的有机结合体，而传统营销模式仅仅关注企业的经济收益。其次，绿色环保的理念贯穿于营销活动的每一个环节，从绿色产品设计、绿色产品定价、绿色分销渠道到绿色促销，无不体现这一核心理念。最后，绿色营销不仅注重培养生产者的绿色观念，还帮助消费者树立绿色消费理念，从生产者与消费者的角度共同出发，促进绿色发展。

（一）有吸引力的产品或服务

在市场营销组合中，有吸引力的产品或服务是指企业提供给客户的产品非常恰当，能够满足客户需要。它不仅涵盖了产品或服务的功能效果、质量、特色、品牌、包装、外观、规格，还涉及服务、承诺与保证等多个维度。

（1）功能效果。这是吸引客户最基本的立足点，功能越强、功效越大的产品或服务，对客户的吸引力越大。

> **经典新说**
>
> **产品演示:"摔碎"的茅台酒**
>
> 　　1915年,在巴拿马国际博览会上,外国名酒因装在精美的玻璃瓶中而被列为"上宾"。而我国的茅台酒因装在一个不起眼的灰黑色瓷瓶里,起初并未受到西方人的青睐。后来,我国的一位参会者急中生智,故意将一瓶茅台酒打落在地,顿时酒香四溢,其香独具风格,吸引了众人品尝,并纷纷赞誉茅台酒的妙处、绝处。"茅台"酒终于"一鸣惊人",荣获博览会的金奖,被评为世界名酒。
>
> 　　**点评**:产品演示是一种常见的推销接近方法,是指推销人员直接利用所推销的产品引起客户的注意和兴趣。茅台酒属于酱香型白酒,香味丰富且挥发后香味悠长,打碎酒瓶能够凸显产品的特质,达到吸引客户的目的。

（2）质量。质量优异的产品或服务最受客户青睐,在吸引客户方面起到很大的作用。

（3）特色。越有特色的产品或服务越容易被客户认可。

// **实例**

当肯德基遇见泼水节:跨界营销助力云南文旅经济持续"升温"

　　近年来,肯德基立足中国市场,借助城市特色和地域文化的加持,玩转跨界本土化营销,在云南也不例外。此前,肯德基曾在云南结合本地文旅及绿色农业资源,相继推出云花主题餐厅、云南小红罐咖啡主题餐厅、云南昆明蓝花楹主题餐车,此次肯德基与西双版纳泼水节的跨界碰撞,也让更多人发现云南民族民俗文化之美,进一步服务云南文旅资源的传播和推广。

　　4月的云南是"泼水"狂欢的主场。泼水节是中国第一批国家级非物质文化遗产,是傣族、德昂族、布朗族、阿昌族及泰语民族和东南亚地区最盛大的传统节日,也是傣族的新年。2023年云南西双版纳泼水节恰逢西双版纳傣族自治州70周年庆,可谓万众期待。

　　2023年4月10日,肯德基在西双版纳泼水广场、告庄西双景两大当地地标景点同时推出两家泼水节主题餐厅,餐厅充满了傣族风情的节日限定装饰。可爱俏皮的大象、精致秀美的傣楼、盛装的傣族男女敲着象脚鼓、泼洒代表祝福的水花——栩栩如生的主题画面装点餐厅各个角落,充满民族风情的肯德基成为西双版纳新晋的"颜值担当"打卡点。在热闹的节日氛围中,肯德基在云南的首辆移动餐车也亮相泼水节系列活动,参与西双版纳首个原创音乐节。

　　更令人惊喜的是,此次肯德基西双版纳泼水节主题餐厅还推出了限定版泼水节主题套餐及定制"泼水周边"。肯德基经典红白配色加民族风情元素的K记手机防水袋,以及可爱的大象主题设计泼水桶,可谓是泼水节期间必不可少的"重要装备"。肯德基定制款周边仅在主题餐厅随泼水节主题套餐赠送,值得一提的是,肯德基推出的泼水主题套餐在节日期间销量持续走高,这也是一次连锁品牌融入本地文化推广,为旅客提供个性化体验的双赢尝试。

（4）品牌。品牌是识别某一商品或者服务的标志，对客户来说，品牌就是一种保证和承诺。

（5）包装。包装是客户对产品的第一印象，好的包装可以吸引客户的视线，是企业的"无声推销员"。

（6）服务。服务对于产品来说是很重要的，优质的服务可以提升客户的购买欲望，也会使客户对产品的信心大增。企业提供的服务越完备，产品的附加价值就越大。

（7）承诺与保证。购买产品对于客户而言总会存在风险，而企业的承诺与保证体现了对产品的信心和对客户的责任感，卖方的承诺与保证就是一个保险，有利于吸引客户并增强他们的购买信心。

（二）有吸引力的价格或收费

价格指出售产品所期望获得的经济回报，又称为"定价"（Pricing）。对客户而言，价格不是利益的载体，而是一种牺牲。因此，价格既可能表达企业对客户的关心，也可能给客户留下唯利是图的印象。为了与客户建立良好的关系，企业必须采取合理的定价或收费策略。

客户购买产品或服务时都有一个期望价格，当市场价格高于期望价格时，就会有很多客户放弃购买或者减少购买。而当市场价格低于期望价格时，客户又可能产生怀疑，担心"便宜没好货"。可见，定价既不能太高也不能太低。

企业通过价格吸引客户的方式有以下几种。

（1）低价策略（折扣定价）。企业用较低的价格来吸引客户的购买，这不仅是一种销售手段，也是一种品牌推广的方式。

（2）高价策略（声望定价）。针对那些以价格高低来判断产品的质量的客户，尤其是该产品能影响他们的形象、健康和威望时，企业会采用高价策略。

（3）心理定价。企业会根据消费者对数字的敏感程度和不同的联想选择定价技巧，一般分为吉利数字定价、整数定价、零头定价。

（4）差别定价。企业会针对不同领域或不同条件的客户制定不同的定价，一般分为客户差别定价、消费时间差别定价、消费量差别定价。

（5）招徕定价。企业会利用部分客户求廉的心理，通过降低某种产品的价格来吸引客户的注意并促进购买。

（6）组合定价。企业会先为一个产品设定低价，以此来吸引客户的购买，然后通过引导客户以相对高价或正常价购买同系列的其他"互补"产品来获利。

（7）关联定价。这是一种互惠互利的定价策略，企业对其关联企业的客户实行优惠价，以增强合作关系和客户忠诚度。

（8）结果定价。在这种策略下，产品或者服务的价格取决于客户使用或消费产品的效果，企业可以根据客户的使用效果或者服务效果来灵活定价。

(三）方便的购买渠道

合适的销售地点通常称为"分销"（Distribution）或"渠道"（Channel），代表产品进入并抵达目标市场而经由的路径（途径、通道、通路）、环节和场所，以及为此所组织、实施的物流活动，如仓储、运输等。

让客户方便快捷地购买到产品或服务，也是企业吸引客户的一个良好途径。

1. 确保产品或服务购买途径的便利性

古语云："一步差三市"，说的就是开店地址差一步，销量就有可能差三成。还有人说，正确的选址一定意义上是成功的一半。是否方便客户，决定了客户获得的价值和付出的成本，是客户决定选择哪一家企业的产品或服务的重要参考指标。一旦购买的途径不够便利、不够理想，又费力费时，客户就可能会放弃购买。因此，商店、电影院、餐厅等如果能够位于人口密集、人流量大、人均收入高、交通便利的地段，就能够吸引和方便客户的消费，其营业收入和利润也会比较高。

企业为客户提供产品或服务的地理位置不仅影响客户接受服务的便利程度，还表现出企业的市场定位和企业形象，因而设店选址对企业来说尤为重要。

2. 通过技术手段提高产品或服务的可获得性和便利性

随着信息技术和自动化技术的不断普及，自动取款机、自动售货机、网络支付等技术的运用越来越广泛，显著提高了购买或消费的可获得性、便利性。例如，银行面对新的市场和技术环境，推出了网上银行、电话银行等服务，吸引和方便了更多客户。如今，除了现金存取业务以外，诸如转账、余额和明细查询、缴费、基金的申购赎回、个人外汇买卖、个人黄金投资等业务，都可以通过网上银行和电话银行来办理，功能十分强大。

// 实例

自动售货机成为零售业新渠道

自动售货机是可根据投入的钱币自动化付货的设备，是商业自动化的常用设备。它不受时间、地点的限制，可以节省人员、方便交易，又被称作24小时营业的微型超市。

2000年前后，自动售货机开始在中国出现，彼时的自动售货机只接受硬币或小额纸币付款，销售商品种类也比较少。经过二十多年的发展，如今的自动售货机不仅接受二维码、人脸识别等新型的付款方式，机身还配备了广告屏、互动屏，贩售的商品种类也从食品扩展到盲盒等领域。

2017～2021年，我国自动售货机数量从35.08万台增长至92.45万台，2023年则达到近150万台。年均复合增长率约30.3%。其中，饮料自动售货机和综合售货机是主要机型，2021年数量分别达到了37.4万台和30.08万台。自动售货机的传统销售场地包括校园、工厂、交通枢纽，但随着智能货柜的不断渗透和相关技术的创新，办公场所、餐厅等场地的自动售货机数量也在不断增加。

（四）有吸引力的促销方案

有吸引力的促销方案是指企业利用各种信息载体，将企业及其产品的信息传递给目标客户，并与目标客户进行沟通的传播活动，旨在引起客户注意，刺激客户消费，具体来说包括广告、人员推销、营业推广与公共关系等。

这些促销方案各具特色，例如：广告具有传播速度快、覆盖面广、信息量大等优势，随着移动互联网的普及，社交媒体平台如微信、微博、抖音等也成为了广告投放的新阵地，这些平台通过用户画像和算法推荐，能够实现广告的精准投放，提高广告效果；人员推销则通过销售人员与客户进行面对面的交流，能够更直接地了解客户需求，提供个性化的服务；营业推广如打折、赠品、抽奖等活动，可以短期内迅速提升产品销量，增加客户粘性；公共关系则通过赞助、慈善、公益等活动，提升企业形象，增强品牌美誉度。企业可以根据自身情况和市场环境，选择合适的促销方案，以达到最佳的营销效果。

// 实例

昆明春日限定："四叶咖"快闪咖啡车，两天卖出2 000杯

对于很多人来说，四叶草代表着幸运。在云南，有一家以四叶草作为商标的连锁咖啡店——"四叶咖"，至今在云南已经开出了40多家门店。

从品牌名字和诞生地的特点来看，所谓"四叶咖"，意指鲜咖的叶子、鲜花的叶子、鲜果的叶子、鲜茶的叶子。基于"一杯咖啡品云南"的品牌理念，"四叶咖"提炼了四鲜战略即"鲜豆之滇""鲜花之滇""鲜果之滇""鲜茶之滇"四者合一，最终汇聚成"咖啡之滇"。人气咖饮"高原玫瑰拿铁""高原茉莉拿铁""大理青梅冷萃"，更是获得咖友的一致好评。

每年4～5月是昆明蓝花楹盛开的时节，很多游客都会前往种满蓝花楹的教场中路打卡看花。2022年，四叶咖的咖啡车快闪活动就在教场中路开始了。超高颜值的涂鸦咖啡车吸睛又出片，吸引了不少潮男潮女前来喝咖啡并拍照。快闪活动期间，咖啡车提供多款招牌特调，以云南本土咖啡和云南的花、果为原料制作的文创咖啡饮品"蓝楹楹"和"紫噜噜"，成为年轻消费者拍照打卡的网红饮料，两天爆卖了2 000杯。

二、推销导向的客户开发

随着生产力的发展，商品同质化现象越来越明显，有创意的产品、有效的营销渠道、有吸引力的促销方式很容易被模仿和超越。因此，越来越多的企业在这种情况下只能通过推销导向的客户开发来赢得客户。

所谓推销导向的客户开发，是通过人员推销的方式，引导或劝说客户购买，从而将目标客户开发为现实客户，为企业赢得利润。

由于不同客户的学识、修养、个性、习惯、兴趣及信仰不同，自然对人、事、物的反应和看法有着巨大的区别。因此要区分对待不同类型的客户，才能事半功倍。

1. 理智型的客户

这类客户是最成熟的客户，他们客观、明智且理性，对待这类客户应使用富兰克林法则，坦诚介绍产品的优缺点，并提供相关证据证明。

2. 冲动型的客户

这类客户易冲动，情绪不稳定，易反悔。对于这类客户，应该在推销产品时突出产品的特色和实惠之处，以吸引客户的注意并激起购买欲望，促成快速购买。

3. 顽固型的客户

这类客户在消费上不愿意轻易改变原有的消费习惯，不愿意接受新产品。对于这类客户，不要试图在短时间内改变他们，要有足够的耐心，并善于利用有力的资料和数据来说服他们。

4. 好斗型客户

这类客户争强好胜，征服欲强，喜欢将自己的想法强加于别人。对待这类客户，切不可意气用事，为贪图一时痛快而与客户发生争执；相反，适当做些让步也许会使事情变得更容易解决。

5. 孤芳自赏型的客户

这类客户喜欢表现自己、突出自己。与这类客户交流时，应谈论他们熟悉并且感兴趣的话题，向他们请教，为他们提供发表高见的机会，并鼓励他们多发表意见。

6. 优柔寡断型的客户

这类客户缺乏决策能力，没主见，畏首畏尾。对待这类客户，应以忠实、专业的态度取得他们的信任，主动、热情、耐心地为他们提供建议，帮助他们做出购买决策。

7. 多疑型的客户

这类客户疑心重重，不相信别人、不相信产品、不相信服务。对待这类客户，应使用专业数据、专家评论和专业服务等建立起客户信任。

8. 盛气凌人型的客户

这类客户常常自以为是。对待这类客户，应该不卑不亢，成为客户的倾听者，鼓励他们畅所欲言，同时结合适当的激将法找到突破口。

9. 斤斤计较型的客户

这类客户爱讨价还价，贪图小便宜。对待这类客户，首先报价时可以适当提高价格，让客户有讨价还价的空间；其次可使用赠送小礼物的方式，让他们觉得占了便宜。

10. 沉默寡言型的客户

这类客户性格内向，沉默寡言，倾向于与陌生人保持距离。对待这类客户，应主动热情地向其介绍相关情况，以吸引客户的注意。同时，需要投其所好，耐心引导，从而促成销售。

这些客户类型有的单独存在，有的几种类型交互一起，销售人员应该了解每一类客户的性格与心理特征，这样才能针对不同客户类型对症下药，成功说服他们。

第二节　客户拜访

// 实例

两个回合结束的拜访

刚从学校毕业的小李进入了某公司销售 CRM 软件。公司老总是个年轻人，给小李两本资料，并简单介绍了提成分配和考勤制度，就算面试成功了。

小李既没得到培训也没得到指导，想着第一个客户一定得找好。想了半天，小李总算想到一个目标。

第二天，小李拿上资料就冲进了某公司董事长的办公室。董事长被小李吓了一跳，而小李则大大咧咧地坐到董事长的面前，开始了一段"精彩"对话。

"我是来推销 CRM 软件的。老板，你看你们公司需要吗？这个软件是这样的……"花了大概两分钟时间，小李把资料上的重点一股脑地背给了董事长听。

董事长笑眯眯地听完，然后对小李说："你的产品很不错，不过我们不需要。你可以去其他地方试试。"

"你不是老板吗？老板不是说了算的吗？要不你考虑一下吧？"小李急着说道。

"我们没这方面的预算。我还有点事。不能接待你了。"董事长说完，便埋头写起东西来。

小李只有灰溜溜地走出了董事长的办公室……

问题：小李拜访失败的原因是什么？

作为销售人员，在客户拜访的过程中，相关销售技能的培养非常重要。

客户拜访是指营销人员在对客户信息进行分析后，为了建立或深化业务关系，而主动与客户进行面对面接触的一种行为。这一步骤是客户开发过程中至关重要的一个环节，决定着客户开发的成败。客户拜访可以分为电话拜访和见面拜访。这两种拜访形式不同，其作用和目的也有很大的差异。电话拜访通常被视为对客户的一般性预约，而见面拜访则是对客户进行更深层次、更进一步的接触活动。

一、电话拜访

电话拜访是营销人员与客户接触过程中的一种重要预约方式,其主要目的是通过电话拜访赢得面谈机会,而不是通过电话达成交易。因此,营销人员要特别注意拜访流程及在电话中的谈话内容和谈话技巧。

在电话拜访客户时,营销人员首先要进行自我介绍,然后询问关键人是否可以接听电话,如果可以,则说明拜访目的,以激发关键人的兴趣。如果可能,营销人员还要提出面谈的时间建议,并妥善处理关键人提出的异议。最后,营销人员确定需要进一步洽谈的关键问题并礼貌道别。

电话拜访

// 实例

一次成功的电话拜访

销售人员:您好,麻烦转接后勤处陈处长。

后勤处:您好,请问您找哪位?

销售人员:麻烦请陈处长听电话。

后勤处:请问您是……

销售人员:我是××公司业务主管小王,我要和陈处长讨论有关提高文书归档效率的问题。

陈处长:您好,请讲。

销售人员:陈处长,您好。我是××公司业务主管王××,本公司是专注于文书归档处理的专业厂商,我们开发出一款产品,能让用户在10秒钟内找出档案内的任何资料,相信将使贵公司的工作效率大幅提升。

陈处长:10秒钟,很快呀!

销售人员:处长的时间非常宝贵,不知道您下星期二或星期三哪一天方便,让我向处长详细介绍这项产品。

陈处长:下星期三下午两点。

销售人员:谢谢陈处长,下星期三下午两点准时拜访您。

(一)电话拜访前的准备工作

1. 认真收集客户资料

(1)电话号码。电话号码是营销人员进行电话拜访的基础信息。没有客户的电话号码,电话拜访就不可能正常进行。电话号码是客户资料里最重要的信息之一,通过有效的电话号码,营销人员可以获得客户其他的重要信息。

(2)客户姓名。客户姓名是目标客户区别于其他人员的一个重要标志。除此以外,在电话拜访过程中，营销人员如果能正确地称呼客户的姓名，会给客户一种受尊重的感觉，这样很容易引起他们的注意，从而为更深入的交谈打下良好的基础。

（3）职务。拜访对象的职务在重要性上仅次于其名字。这不仅对于关键的决策人来讲是如此，对于一般的接线人也是如此。即使营销人员一开始不知道接线人的姓名和职务，也应在通话的过程中弄清楚，以便为下次联系提供方便。

（4）企业名称。企业名称是营销人员拜访客户的第一张通行证。如果连客户的企业名称都说错，肯定会给客户留下不专业的印象，影响后期的客户开发。

（5）客户需求和业务范围。客户需求是十分重要的客户资料。因为对于企业来说，电话拜访客户的目的通常是希望客户购买自己的产品或服务，或者为他们解答产品或服务在使用过程中出现的一些问题。因此，营销人员需要了解在不同的情况下所产生的客户需求，这是与客户在电话沟通的过程中最基本的切入点。而了解客户的业务范围，也有助于营销人员更好地了解客户的需求。

（6）地址和邮政编码。地址和邮政编码并非必不可少的客户资料，但有时候针对一些特殊的情况或许也会用到这些信息资料。比如，营销人员根据客户企业所在的地区，可以分析该地区的市场行情，从而在与客户沟通的过程中更好地把握主动权。另外，企业所在地区的风土人情也可以作为谈话的切入点，这是营销人员和客户建立关系的一种技巧。

（7）其他客户资料。其他客户资料主要包括客户企业的网址、电子邮件地址以及客户的微信号等联系方式。当然，营销人员对客户的信息资料掌握得越全面、越准确越好。

2. 认真筛选客户资料，选择有效客户

收集到了客户资料，营销人员还要对其进行筛选。因为营销人员所收集的资料会有一些无效甚至错误的信息，因此营销人员一定要去粗取精、去伪存真，确保资料的准确性。营销人员还应当对这些客户进行逐级分类，从最有意向的客户到没有意向的客户逐级分清，判断哪些客户符合自己的要求、哪些客户有更大的开发潜力，以及哪些客户根本就不可能与企业进行合作。对待这些客户资料，营销人员可以用数字序号进行标号分级，然后按照级别的不同具体安排拜访的时间和顺序，这样就能使收集到的客户资料发挥最大的效用。

3. 计划好电话拜访的时间

（1）重要的电话应约定时间。在电话拜访客户的过程中，为了达到成交的目的，营销人员往往需要与客户进行多次沟通。如果营销人员有重要的事情需要与客户沟通，一定要事先约好时间，这样才能保证拜访计划的顺利进行。

（2）节省客户的时间。一般情况下，营销人员应尊重客户的时间。一般来说，问候客户的电话不能超过1分钟，约访电话最多不能超过3分钟，产品介绍或服务介绍电话不能超过5分钟。如果与重要的客户进行谈判或建立客户关系，电话通常不要超过15

分钟，否则应考虑其他沟通方式。

（3）把时间花在决策人身上。电话拜访客户的目的是与客户达成有效的协议，而达成协议的决定权一般掌握在决策人的手中。这些决策人对企业而言主要是指企业的负责人、董事长、总经理、厂长等。营销人员应寻找相关的项目负责人，并在具有决定权的人身上多花些时间。

（4）对拜访过程做好计划和预测。在电话拜访客户的过程中，有很多事情是未知的、具有变数的。为了能够有效地应对这些未知的变化，营销人员一定要对拜访过程做好计划和预测，否则的话，面对拜访过程中出现的意外情况就会显得手足无措。

（二）电话接通后的技巧

1. 印象深刻的开场白

电话接通后，营销人员切忌直接进入主题，这样会让客户感到十分突兀，必须有一个过渡，也就是开场白。通过开场白，营销人员可以赢得良好的第一印象，从而为后续的洽谈奠定良好的基础，并使拜访的成功率大大提高。为给客户留下深刻印象，营销人员应从以下两个方面入手。

（1）强化声音的感染力。电话拜访客户主要是语言沟通，对方只能听到营销人员的声音，这要求营销人员的声音一定要具有感染力，注意声音不宜过大或过小，要给对方坚定的感觉。另外，语速也不宜过快。在电话沟通过程中，应当让对方感受到你的亲切服务，让每一个与你通话的人都能感受到你的热情、自信和真诚。

// 实例

一次失败的电话拜访

由于受到多次拒绝，销售人员小张的积极性受到一定的打击，他对电话沟通产生了消极情绪。

某天，他很不情愿地拿起电话，拨通了号码，电话那边传来了一个声音："喂！你找谁？"

"我找一下你们王经理？"小张有气无力地回答道。

"你是哪里，找我们经理有什么事吗？"

"我是××公司张××，有工作上的事情想与他沟通一下。"

"你有什么事情就直接跟我说吧，我们经理有事出去了。"

"那就算了吧！"小张如释重负地放下了电话，总算结束了一场对话。

点评： 在这个案例中，王经理可能并非真的出去了，只是接线人员从小张的话语中感觉到了他的消极情绪，所以应付了他一下。一次电话拜访就这样结束了，对小张来讲，这是一个典型的无效电话。

（2）利用客户的好奇心。在电话拜访中，营销人员应当善于利用客户的好奇心，从客户需求中发现客户的兴趣点，通过对兴趣点的刺激来激发客户的兴趣。对于客户在电话中提出的问题，营销人员应当抓住机会，提供客户感兴趣的部分内容，引起客户面谈的兴趣，为后续见面沟通奠定基础。在电话沟通的过程中，对于能够给客户带来价值的事项，营销人员不必急于全盘托出，而是应巧妙地表达一部分，进而为今后的面谈奠定基础。

// 实例

如何利用客户的好奇心

情景一

王彪：张总，您好！感谢您在百忙之中抽出时间和我谈话，我是××集团王彪，这是我的名片。我今天是给贵公司送钱来的。

张总：哦？给我们送钱？什么意思？

王彪：我先问您一个问题，提高公司的营业额对您一定很重要，是不是？

张总：对，当然了。

王彪：好，我给您介绍几门课程，这将非常有助于您实现目标。您一定很想通过这些课程提升您员工的执行力，降低企业内耗，对不对？

张总：说来听听。

情景二

王彪：张总，您相信吗？只要您投资3 000元，您公司的中高层及核心员工就可以拥有一个下午的学习和提高的机会。如果您安排1 000名员工来听，每个人您就只需投资3块钱。

张总：每个人只要3块钱啊？！

情景三

王彪：张总，您好！我是××集团的王彪，今天给您打电话主要是感谢您长期以来对我们公司的支持和关注，真诚地向您说声谢谢！

张总：没关系。

王彪：我们公司为答谢一直以来支持我们的客户，特别举办了一次优惠酬宾活动，我想您一定会感兴趣的，所以就把这个消息带给您。

2. 引导客户解决问题

营销人员帮助客户发现需求和兴趣点后，客户是否愿意通过营销人员所提供的产品或服务来解决问题呢？这是不一定的。如果此时客户仍然无动于衷，营销人员不仅需要将问题的后果及其严重性向客户讲清楚，而且还要让客户看到解决这些问题能给其带来哪些正面影响，这样才能激发客户解决问题的欲望。然后，营销人员需要为客户提出解决问题的办法，即通过企业提供的产品或服务能够很好地帮助客户解决问题，从而使客户下定决心购买企业的产品或服务。

> ◆**素养小课堂**
>
> 营销人员职业道德
>
> （1）通晓业务，优质服务。营销人员要博学多才，业务娴熟；牢固树立服务至上的营销理念；善于收集信息、把握市场行情；灵活运用各种促销手段，拉近与客户的距离，成功进行沟通；熟悉经销商品的性能，主动准确地传达商品信息；为客户排忧解难，满足他们的特殊要求。
>
> （2）平等互惠，诚信无欺。这是营销工作者最基本的行为准则。营销工作者在工作中不要耍手腕，不坑蒙消费者，不擅自压价或变相提价；要恪守营销承诺，决不图一时之利损害企业信誉。
>
> （3）当好参谋，指导消费。营销是生产者与消费者之间的媒介和桥梁，营销工作者要在与消费者的沟通中，了解不同对象的不同需求，引导消费者接受新的消费观念。同时，营销工作者又将消费者需求信息传达给生产者，以帮助企业改进和调整生产。
>
> （4）公私分明，廉洁奉公。生产者往往赋予营销工作者一定的职权，营销人员应经得起利益的诱惑，不赚取规定之外的私利，不进行转手倒卖等各种谋私活动。

3. 扩大客户存在的问题

在电话沟通的过程中，有时候客户自己会发现问题，有时候需要营销人员的帮助客户才会发现问题。但这只是发现问题，还不能确定客户一定会与企业进行合作，当客户不能意识到问题的严重性时，营销人员可以将这种问题扩大化，把一般的问题引申为严重的问题，将客户对现状的不满扩大成更大的不满，指出问题的严重后果，从而引起客户的高度重视，增强客户解决这类问题的紧迫性。

（三）电话拜访注意事项

（1）营销人员在电话中应明确使用客户的头衔，如厂长、经理、董事长等。

（2）营销人员先报姓再报名，以便加深客户的印象。如"我姓李，叫李力"，这是尊敬自己、肯定自己的方法。

（3）营销人员要强调自己所在的企业。如果客户比较认同一个企业，就会对这个企业多一些信心。

（4）营销人员切勿在电话里分析市场形势或讨论其他企业的优缺点。

（5）营销人员的坐姿要正确，不要东倒西歪、摇摇晃晃。

（6）营销人员说话的语气要慢且口齿清晰。

（7）营销人员应在工作时间打电话，并避免在打电话时吃东西。

（8）笑声是能感染对方的，营销人员在打电话时一定要保持微笑。

（9）营销人员摆放电话的台面保持整洁，尽量避免在打电话的过程中玩弄物品，如打火机、订书机之类。

二、见面拜访

（一）拜访前的准备

在对客户进行拜访之前，营销人员必须进行全面的调查，尽量多掌握客户的相关信息，从而保证拜访的成功。一般来说，营销人员拜访客户的程序如下。

（1）营销人员拟订拜访计划，包括拜访的地点、时间、方式、谈话的内容等。

（2）营销人员收集和分析潜在客户的资料，包括年龄、性别、婚姻状况、文化程度、职业、收入、健康状况、性格特点、投资经历、爱好、特长、家庭状况等。

（3）做好心理准备。拜访客户之前，心理准备是营销人员拜访成败的关键。如果营销人员在拜访客户之前心理准备比较充分的话，态度也会从容不迫，遇到不顺时也能从容应对。

（二）做好心理建设

拜访客户实质上是与客户之间的一场心理博弈。要想在这场心理博弈中取胜，就必须具备良好的心态。

1. 面对可能受到的冷遇

虽然营销人员是为了服务客户才前去拜访的，但营销人员的拜访对客户的学习、工作和生活多少会有些妨碍，在客户情绪不佳时前去拜访还可能会受到冷遇，因此，营销人员事先要有充足的心理准备。

2. 面对失败的可能

营销人员在拜访客户之前不仅要做好充分的准备，而且要做最坏的打算。如果拜访成功，固然可喜。万一拜访失败，营销人员也要把失败当成是对自己的磨炼，更加发奋努力。

（三）努力消除客户的不友善态度

在拜访客户时，营销人员经常会遭遇不友善的对待，如何消除这些因素呢？

营销人员对自己应有正确的认识，首先应当肯定自己的拜访对于客户、企业和自己都是一件好事，这样才会产生自信心，以不卑不亢的态度应对客户，客户也才会尊重营销人员。

当一个人情绪不佳时，原本极为友善的人也可能会变得不可理喻。聪明的营销人员应有敏锐的观察力，当发现客户的脸色不对时可先行告退，与其约定下次拜访的时间。

虽然此次拜访不是很成功，但是，如果营销人员能给客户留下良好的印象，通常客户会给营销人员下一次拜访的机会。

营销人员要以友善的态度给客户留下良好的印象。表现友善态度的最好方法是真诚的发自内心的微笑。

要消除客户的偏见实非易事，要靠营销人员的耐心、毅力以及锲而不舍的精神。

除上述方法之外，营销人员一定要既迅速又明确地把"我能够给您带来好处"或"我能够替您解决问题"的信息传达给客户。

（四）进一步拜访

1. 锁定拜访对象

拜访对象的选择是见面拜访的重要事项，其正确与否将直接决定后续工作是否能顺利地开展。从确定拜访对象来讲，应注意两条原则。

（1）拜访有决定权的人。一定要找到在决策过程中有决策权的人，只有找到这个人，才能进行下一步的洽谈，这是见面拜访的关键。

（2）不要忽略有影响力的人。无论是企业员工还是家庭成员，任何能对决定权产生影响的人都可能成为决定事情成败的关键因素。因此，在拜访过有决定权的人后，营销人员一定要注意对有影响力的人士的拜访，拜访的先后顺序依据具体情况而定。

2. 慎选拜访时间

拜访时间如果不恰当会引起客户的反感，因此营销人员要慎选拜访时间。对于客户拜访时间的确定，应当遵循工作相关事情工作时间拜访、私人事务私人时间拜访的原则。在工作时间，每周的周一上午和周五下午，以及每天上班的前一个小时都不太适宜，因为这时客户需要处理一些工作上的紧急事情。对于私人拜访，晚上 9:00 以前较为适宜。节假日的前一天或者上班首日也不是最佳的拜访时间。

3. 选择有利的拜访地点

营销人员选择有利的拜访地点可以极大地促成洽谈成功，因此必须遵循两条原则：选择有利于交流而不受外界打扰的地方；拜访的地点以对客户较方便为宜，要尊重客户的意见。

4. 明确拜访的目的

（1）礼节性拜访。礼节性拜访是指没有明确的商业目的，旨在通过礼节与客户加深感情沟通的一般性访问。

（2）取得预约。取得预约是电话拜访的一个主要目的，即通过电话拜访赢得面谈机会，电话拜访的过程中不要谈论商业细节。

（3）正式拜访。针对一个或几个商业问题对客户进行拜访时，营销人员注意一定要向客户阐明此次拜访的目的，这样才能做到有的放矢。

（4）邀请客户到企业参观。这也是一种拜访客户的形式，通过邀请参观企业的形式，营销人员可以达到礼节性拜访和商务洽谈的多重目的。由于是在自己的企业，营销人员可以更好地掌控局面，占据主动地位。

（5）留住客户。所有拜访的目的都是为了留住客户，只是方式不同而已。营销人员明确了拜访目的以后，与客户谈话时就可以做到井然有序，这样不仅可以增强拜访的信心，而且能够抓住重点，在有限的面谈时间里达到拜访的目的。

5. 明确谈话的内容

营销人员在拜访之前必须根据拜访目的准备好谈话内容。为了完成拜访的使命，营销人员最好在拜访之前先进行预演，设想多种可能的拜访情景，并预先构想客户可能提出的问题及其解答。

如何通过电话邀约客户

本章小结

客户的开发就是企业让目标客户产生购买欲望并付诸行动，促使他们成为企业现实客户的过程。对新企业来说，首要任务就是吸引和开发客户；对老企业来说，企业发展也需要源源不断地吸引和开发新客户。

营销导向的客户开发策略既是客户开发策略的最高境界，也是获得客户的理想途径。所谓营销导向的客户开发策略，是指企业通过适当的产品、适当的价格、适当的分销渠道和适当的促销手段，吸引目标客户和潜在客户产生购买欲望并付诸行动。企业靠本身在产品、价格、分销和促销方面的特色来完成客户开发。

客户拜访是指营销人员在对客户信息进行分析后，为了建立或深化业务关系，而主动与客户进行面对面接触的一种行为。这一步骤是客户开发过程中的至关重要的一个环节，决定着客户开发的成败。客户拜访可以分为电话拜访和见面拜访。这两种拜访形式不同，其作用和目的也有很大的差异。电话拜访通常被视为对客户的一般性预约，而见面拜访则是对客户进行更深层次、更进一步的接触活动。

练习题

一、单项选择题

1. 推销人员在拜访客户时，正确的做法是（　　）。

    A．在没有预约的情况下到客户单位拜访

    B．第一次拜访客户时就一定要达到售出产品的目的

    C．在拜访客户前收集并分析客户资料

    D．在客户拒绝自己后就应当放弃这个客户

2. 电话拜访属于客户服务人员与客户接触过程中的一种预约，其主要目的是（   ）。

  A．达成交易   B．收集信息

  C．赢得面谈机会   D．挖掘需求

3. 关于电话拜访，下列哪一项是错误的（   ）。

  A．一般情况下，营销人员问候客户的电话不能超过 1 分钟，约访电话最多不能超过 3 分钟，产品介绍或服务介绍电话不能超过 5 分钟

  B．因为打电话的时间不宜过长，为了尽可能地将所有信息传递给客户，所以一定要语速快、多说话

  C．电话接通后的开场白非常重要

  D．不要在客户的休息时间给客户打电话

4. （   ）开发策略是客户开发策略的最高境界，也是获得客户的理想途径。

  A．营销导向   B．推销导向

  C．关系营销   D．数据库营销

二、多项选择题

1. 营销导向的客户开发策略包括（   ）。

  A．有吸引力的产品或服务   B．有吸引力的价格或收费

  C．方便的购买渠道   D．有吸引力的促销方案

  E．合适的推销人员

2. 见面拜访的程序包括（   ）。

  A．拜访前的准备   B．收集筛选客户资料

  C．努力消除客户的不友善态度   D．做好心理建设

  E．进一步拜访

三、归类题

请将下面的陈述内容序号填在相应的陈述方式中：

A．叶先生建议我打电话给您，他对我们的产品非常喜欢，而且也对我们的售后服务很满意。听说您也需要一些打印机，他就让我和您直接联系。

B．客户使用我们的发动机，两年内都不需要维修，5 年内也不会有大的质量问题，所以他们都非常放心。

C．我知道您属于南方城市的企业协会，我去年搬到这个城市后也加入了这个协会。

D．针对您这样有特殊需要的客户，我们专门有一套特殊的售后服务系统，完全可

以满足您的购后需要。

E. 我们的零件供应商是著名的安特公司，他提供给我们的发动机零件质量都是非常过硬的，我们的供应商都是知名企业，您应该能信任我们发动机的品质。

F. 只在短短一个月里，惊涛公司因为使用了我们的打印机，图片销售量就增加了30%。

① 依靠共同性激发客户的兴趣　　　　　　　　　　　　　　　(　　)

② 通过潜在客户所认识的名字激发客户的兴趣　　　　　　　(　　)

③ 提及介绍人激发客户的兴趣　　　　　　　　　　　　　　(　　)

④ 通过成功案例激发客户的兴趣　　　　　　　　　　　　　(　　)

⑤ 通过特别关注激发客户的兴趣　　　　　　　　　　　　　(　　)

⑥ 通过提高客户所得利益建立客户信任　　　　　　　　　　(　　)

四、案例分析题

XF电器区域经理小陈是个能说会道、性格开朗、做事有激情的人，市场掌控能力不错，可以说做起实务是把好手，可就是与客户处不好关系，换了不少区域还是被客户投诉：说小陈成事不足，败事有余。这令小陈十分纳闷儿，在销售方面，他已经帮助这些客户做得有声有色，为他们赚了不少钱。在市场方面，他也为客户操作得风生水起。客户为什么不领情，还投诉自己呢？小陈在不停地自我反省，寻找着自己得不到客户喜欢的原因。

下面是小陈拜访S市最大分销商时的一段插曲，折射着小陈的处事风格和自我改进的态度。

小陈坐在刚住进宾馆的沙发上，心里犹如打翻五味瓶，自己几乎在每个片区都和客户搞不好关系，被整得灰头土脸，混不下去，领导为照顾自己，又给自己换了个区域。自己说什么也要给领导挣个面子，不能再犯同样错误，想着想着，不由热情澎湃，干脆先给S市最大的客户周总打个电话，一来表示尊重，二来争取给他留个好印象，有利于以后工作的开展，三来显示自己的专业形象。于是拿出手机，打起电话来了："您好，周总，我是XF电器新调来的区域经理小陈，公司最近人事调整，现在由我负责管理S区域的业务开展。我现在已经到达S市，能否约您下午3点钟见个面呢？主要谈一下本月的产品订货、回款情况、库存处理以及您卖场的临促问题，您看怎么样？周总！"周总："噢，你是新来的陈经理啊，真不好意思，我这两天有几个会议要开，事情特别多，改天吧！"小陈："怎么会这样呢？那您说个具体时间吧！"周总："这样吧，你没事就到我办公室门口来看看，如果我在，你就进来和我谈谈吧！"小陈一听就火上心头，心想"刚来就给我个下马威，看我以后怎么整你"。但他又怕和周总发生争吵，影响以后的相处，强忍着不满说："好的，周总，谢谢你，那我准备三顾茅庐了。"

小陈随后两天一直在周总的卖场、办公室附近溜达，希望有机会遇到周总。可是总看不到周总的身影，小陈心中不免急躁，又给周总打去电话："周总啊，真不好意思，又打扰您了，会开得怎么样啦？"周总："陈经理啊，恐怕还要有一天。"小陈："哎呀，周总啊！您总不能让我天天等您吧！周总，这怎么行呢？您得抽个时间，我刚来这里也有很多的事情要做，这已经是月中了，您的货款如果再不办出来，这个月的促销政策可能真没什么指望啦！"小陈还想再表述什么，发觉对方已经把电话挂了，不由破口大骂。

小陈真的好郁闷。

结合案例分析以下问题：

1. 小陈一直得不到客户认可的原因是什么？
2. 对于新手销售人员，应该怎么避免犯和小陈一样的错误？

项目一　客户拜访技巧

一、实训目的

在实训中提升工作中所应具备的关键能力，能够初步掌握与客户联系的原则和步骤，能正确运用客户拜访礼仪。

二、实训内容

1. 每位成员需亲自参与所选定企业产品（或项目）的客户联系及实施情况调查，确保对工作流程有全面而细致的理解。工作情况记录应详尽无遗，涵盖所有关键环节。调研方式可灵活选择，包括登门拜访与电话拜访两种。在进行拜访时，务必严格遵守相关礼仪规范，同时巧妙运用客户沟通技巧，以确保拜访过程的专业性和有效性。

2. 填写客户拜访实训任务单（见表 3-1）。

3. 撰写"××企业某产品（或项目）的客户联系调研报告"。

三、实训要求

1. 按教学班级进行分组，每组 5～8 人，按组进行调查。
2. 由每组组长负责填写客户拜访实训任务单并撰写调研报告。

表 3-1 客户拜访实训任务单

拜访日期：　　年　　月　　日

客户单位名称					
客户单位地址					
合作关系	新拜访□	洽谈中□	已合作□	第几次拜访	
主要拜访对象		职务		联系电话	
客户参与人员					
主拜访人		随行人员			

拜访目的：

携带资料及使用情况：

客户单位概况：

双方沟通情况：

一、我方输出信息

二、客户提供（反馈）信息

三、客户需求与意向

四、双方约定下一步行动

填表人：　　　　　　　　　　　　　　填表日期：　　年　　月　　日

项目二 电 话 拜 访

一、实训目的

寻找潜在客户,赢得面对面交谈机会。

二、实训内容

1. 进行电话拜访,为自己的小组赢得面对面和客户沟通的机会。
2. 灵活运用电话拜访常识,提升电话拜访技巧,有效接近并赢得客户信任。

三、实训要求

1. 按教学班级进行分组,每组 5～8 人,按组展开实训。
2. 由每组组长负责填写电话拜访实训任务单(见表 3-2)和电话拜访评估任务单(见表 3-3)。

表 3-2 电话拜访实训任务单

时间	打电话次数	有效接通次数	有效销售说明次数	寄资料	有兴趣	没兴趣	销售达成
9～10AM							
10～11AM							
11～12AM							
1～2PM							
2～3PM							
3～4PM							
4～5PM							
5～6PM							
合计							

日期:　　　年　　月　　日　　　　　　　　　　　　营销人员姓名:

表 3-3 电话拜访评估任务单

序号	评估内容	A	B	C	D	评语	需改善部分
1	事情准备						
2	找到关键人物						
3	开场白话术						
4	有效询问技巧						
5	有效倾听技巧						
6	推销服务技巧						
7	反对问题处理						
8	有效结束技巧						
9	后续追踪技巧						
10	尝试成交技巧						

注:A=表现出色;B=表现一般;C=表现不佳;D=表现较差。

Chapter 4

第四章
客户沟通

学习目标

【知识目标】
> 了解客户沟通的内容和作用。
> 掌握客户接近技巧,富兰克林说服法,FAB 和 USP 销售法则,客户异议处理方法。
> 熟悉客户和企业,企业和客户沟通的渠道。

【能力目标】
> 能够灵活运用客户接近技巧成功接近客户。
> 能够运用说服不同类型客户的方法成功说服客户。
> 能够运用客户异议处理方法处理客户异议。

【素质目标】
> 培养观察能力及共情能力。
> 培养不怕吃苦、不畏艰难的职业素养。
> 培养诚实守信、义利兼顾的职业道德。

> **引导案例**
>
> **海尔的客户沟通新花样**
>
> 　　海尔的人单合一战略既带来了管理模式和生产模式的创新，也搭上了粉丝经济的快车。通过在社交媒体上的深耕，海尔官微成为人气网红，堪称企业新媒体运营的典范，网友赐名"80万蓝V总教头"。
>
> 　　见过太多高冷的官微，海尔的微博账号却别具一格。海尔官微的一个重要任务就是帮粉丝@大号表白，很多人气偶像都被海尔官微@过。现在很多企业最喜欢做的是抢热点，发借势海报，但是这些已经不合时宜了，海尔官微擅长抢热评。很多热点微博的评论区能看到海尔的身影。某明星公布恋情，海尔评论"啥时候成亲？需要冰箱空调洗衣机吗？"带动了一大波品牌商蹭热点的节奏。如此贴心、诙谐、接地气的官微给粉丝带来了极大的好感。
>
> 　　不仅如此，海尔官微还成功地把粉丝变成了产品设计师。2016年1月，故宫淘宝的一位粉丝@海尔说，海尔能不能生产一款冰箱叫"冷宫"，我吃的剩饭剩菜都可以"给朕打入冷宫"。没想到海尔官微在第一时间转发了他的这条微博，并回复"容我考虑考虑"。这样热心的企业官微还是第一次见，粉丝反响很热烈，纷纷出谋划策，提出了很多宝贵意见。在粉丝的帮助下，海尔官微在24小时内把这款产品的工业设计图晒到了网上，7天内通过3D打印技术把它送到了这个用户面前。这款冷宫冰箱成为海尔官微转型的标志性事件，从此海尔官微便走在了"粉丝定制"的康庄大道上。之后，海尔还为粉丝定制了一款便携式洗衣机——咕咚手持洗衣机，从创意到产品设计，都是粉丝支招儿，产品预约量当天就突破40万，半年之内卖到了20万台。
>
> 【引入问题】
>
> 从这个案例中你获得了哪些启发？

第一节　客户沟通的内容、作用与渠道

　　客户沟通就是企业客户服务人员通过将自己的思想和客户的思想互相交换，实现客户满意度和维护客户关系的过程。通过与客户沟通，一方面可以了解客户的实际需求和期望，另一方面可以向客户描绘合作的前景，拉近和客户的距离，加深和客户的感情。良好的沟通对合作双方来说是双赢的，它包括企业与客户沟通和客户与企业沟通两方面，通过积极有效的客户沟通，有利于巩固和发展与客户的关系。

一、客户沟通的内容

　　客户沟通的内容主要是信息沟通、情感沟通、理念沟通、意见沟通和政策沟通。

1. 信息沟通

信息沟通即企业把产品或服务的信息传递给客户，同时客户将其需求或者要求的信息反馈给企业。

2. 情感沟通

情感沟通即企业主动采取相关措施，加强与客户的情感交流，加深客户对企业的感情依恋。人因为有情绪、情感，具有个人局限和偏好，因此，了解和疏导、调节人的情感必然是客户关系管理的重要工作。

3. 理念沟通

理念沟通即企业把其宗旨、理念介绍给客户，并使客户认同和接受所采取的行动。

4. 意见沟通

意见沟通即企业主动向客户征求意见，或者客户主动将对企业的意见（包括投诉）反映给企业的行动。

5. 政策沟通

政策沟通即企业把有关的政策向客户传达、宣传所采取的行动。

二、客户沟通的作用

1. 客户沟通是实现客户满意的基础

与客户保持双向沟通是至关重要的，收集到的客户信息越多，企业就越能了解客户的实际需求和期望，特别是当客户不满意时，有效的沟通有助于更多地获得客户的谅解，减少或消除客户的不满，企业与客户进行售后沟通还可以减少退货等。

2. 客户沟通是维护客户关系的基础

通过经常与客户进行沟通，向客户传达双方长远合作的意义，描绘合作的远景，才能在沟通中加深与客户的感情，了解客户的需求，稳定客户关系，从而使客户重复购买次数增多，形成忠实客户。如果企业与客户缺少沟通，那么好不容易建立起来的客户关系，可能会因为一些误会没有得到及时消除而土崩瓦解。因此，企业要及时、主动地与客户保持沟通，并且要建立顺畅的沟通渠道，这样才能维护好客户关系，才能赢得大批稳定的老客户。

◆ 素养小课堂

树立大局意识 树立全局观念

2016年1月29日召开的中共中央政治局会议，首次公开提出"增强政治意识、大局意识、核心意识、看齐意识"。大局意识：要求自觉从大局看问题，把工作放到大局中去思考、定位、摆布，做到正确认识大局、自觉服从大局、坚决维护大局。

> 不谋全局者不足谋一域。《中庸》有言:"君子尊德行而道问学,致广大而尽精微,极高明而道中庸",究其根本,意即在于通过修养德行,将自我从深入求知之阶段扩展至"广大"的境地。若将这视角转换到营销人员的身上,便是要培养统筹兼顾、放眼全体的大局观,既精心于本己之本职工作,又要确保细处工作能够配合公司、行业、党和国家的全盘谋划。"善于观大势、谋大事,自觉在大局下想问题、做工作";要"观大势、谋大事,牢牢把握工作主动权";要"增强世界眼光、历史眼光,提高观大势、定大局、谋大事的能力";要"谋划大棋局,既要谋子更要谋势"。要强化风险意识,常观大势、常思大局,科学预见发展趋势和隐藏其中的风险与挑战,做到未雨绸缪。要提高风险化解能力,透过复杂现象把握本质,抓住要害、找准原因。

三、客户沟通的渠道

企业要根据所掌握的客户信息,借助或者利用客户联系卡或客户数据库提供的信息,定期与客户联系,对不同特点的客户进行有针对性的、个性化的沟通。同时企业也需要客户与其沟通,将其需求或意见反馈给企业。因此,客户沟通是双向的,渠道主要分为两方面,一方面是企业与客户沟通的渠道,另一方面是客户与企业沟通的渠道。

(一)企业和客户沟通的渠道

1. 通过业务人员与客户沟通

业务人员可以当面向客户介绍企业及其产品或者服务的信息,还可以及时答复和解决客户提出的问题,并对客户进行主动询问和典型调查,了解客户的意见及客户对投诉处理的意见和改进意见等。业务员与客户之间的直接交流,其优势在于可以及时解决双方的需求。同时在面谈中不仅涉及声音,还涉及形体、环境等方面的信息,内容丰富。其劣势在于成本很高,同时面谈的结果在很大程度上会受到员工以及客户自身特征的影响。

为了提高沟通效果,业务员和客户沟通过程中应注意以下交流礼仪:与客户进行交流时,业务人员要注意说话和倾听的礼仪与技巧,让客户感到被重视、被尊重。说话时始终面带微笑,表情要尽量自然;交流时看着对方的眼睛;保持挺拔的站姿和优美的坐姿。与客户保持合适的距离,既不会感到陌生也不会感到不适;说话时的音高、语调、语速要合适;语言表达明晰,不要含糊不清。身体稍微前倾,仔细、耐心地倾听客户讲话;对客户的观念总结回应,带着同理心去倾听客户,多听少说。业务人员应记住客户的名字,以便加深和客户的感情。

2. 通过信函、电话、电子邮件、微信、体验中心等方式与客户沟通

(1)多种渠道同时进行沟通。无论哪种沟通方式,只有双方能够及时收到和回复才算有效。有时候我们埋怨客户不回复邮件,觉得客户报价之后就没有了消息,我们的邮件是否如期到达到客户那里了呢?因此我们要尽可能采用多种方式与客户保持联系。

// 实例

"招小宝"助力招商银行与客户沟通

2016年,招行原创了消费者权益保护专属品牌——微信公众号"招小宝"。可爱的卡通形象、俏皮的自我介绍,不同于其他官方论调和说教语言,招商银行创新线上平台寓教于乐,普及金融教育。

"招小宝",即"招商银行消费者权益保护与服务监督管理交流平台",取"招""消""保"三个关键字,组成了这个可爱的名字。它有着朋友昵称一般的名字,也代表着招行随时在客户身边保护客户权益的朋友、亲人一般的感情。"招小宝"以紧扣热点且有趣的推文、小游戏和微电影等方式传播金融知识,"招小宝"定期发布关于消费者权益保护工作方面知识的推送,内容包括防范电信诈骗、谨防校园贷侵害、关注信用卡理性使用、增强个人征信保护意识等;形式更是丰富多彩,有微电影、手绘漫画、H5小游戏等。

此前,"招小宝"推送的推文《到底是谁杀了吕布?三国第一猛男早早出局之谜》一度霸屏微信朋友圈,"漫画+幽默语言"的长图文结合体,将生硬无味的"征信"一词诠释得生动有趣、活灵活现,阅读量超过10万;互动小游戏《你在宫斗剧里能活几集?》利用当下流行的电视剧剧情为媒介,将金融风险点融入其中,在角色扮演游戏间提升消费者风险意识和风险鉴别能力。连环漫画《领导不在时,我和同事的私密聊天记录》更是贴近职场人的工作生活,让大家仿佛都在故事里找到了自己。这些全面的金融消费者权益保护知识和别出心裁的展现形式,无不传递出招行对消费者的温暖和专业性,吸引了一批又一批粉丝。

除了"招小宝",招商银行充分利用线上宣传资源。在招商银行手机银行APP、招商银行微信公众号等线上,平台积极通过推送金融知识普及文章或开展金融知识答题互动小游戏等形式宣传消费者权益保护。

(2)根据实际情况选择适合的渠道。不同的客户有各自不同的沟通习惯,只有适合客户的方式,才是有效的沟通渠道。随着技术的进步和沟通实践的发展,新的沟通渠道不断涌现,特别是互联网的兴起彻底改变了企业与客户沟通、交流的方式,企业可以在强大的数据库系统支持下,通过企业网站、微信公众号、小程序、直播间、短视频平台等与客户进行实时沟通,缩短企业与客户之间的距离。

// 实例

兴业银行智能客服

2020年7月,兴业银行的智能语音客服正式上线,在上线不到两个月的时间内,实现了日均处理客户来电4万多通,端到端整体识别率达91%以上,语音转文字整体准确率达93%以上的效果,获得了兴业银行和客户的双重好评。

> 兴业银行的智能语音客服机器人具备可视化多轮对话管理、高精度智能常见问题应答、高效快速的自主学习模式、情感分析等核心功能。智能语音客服机器人不仅语音能力强,还具备良好的感知能力、认知能力、表达能力,从而实现多轮对话、精准回答等更多功能。完善的智能语音客服系统让兴业银行客户服务工作更从容、更高效、更有温度。
>
> 兴业银行的客户只需接通服务电话,便可直接通过智能对话完成相应业务意图场景的智能交互,并在身份核实和业务确认等步骤后快速办理相关业务。同时,客户在办理业务的过程中可随时打断咨询、进行业务跳转等,服务更加智能化、人性化。例如,客户使用智能语音客服机器人查询名下信用卡账务信息,办理时间较以前的按键菜单缩短58%,明显提升了服务效率,节省了服务资源。

3. 通过活动与客户沟通

通过举办活动可以让企业的目标客户放松,从而增强沟通的效果。通过举办活动,发放意见征询表,企业能收集到目标客户最广泛的意见,并倾听客户的想法,为客户提供最满意的服务。

4. 通过广告与客户沟通

广告可对目标客户、潜在客户和现实客户进行解释、说服、说明、提醒等,是企业和客户沟通的重要途径之一。广告与客户的沟通就是企业把产品的信息或企业的信息等融入广告中,通过广而告之的形式向客户传递信息,使客户了解并理解企业本身、企业产品、企业品牌等,最终说服客户选择该企业的产品或服务的过程。广告其实就是企业与客户沟通的形象大使,广告的好坏优劣直接影响到企业与客户沟通的效果。

5. 通过包装与客户沟通

50%~60%的消费者是受包装的影响而产生购买欲望并付诸购买行动的。包装还可以传达企业对社会、对公众的态度,及对自然和环境的态度。

例如,麦当劳所有的包装采用了无污染的、能够生物分解或循环利用的包装材料,这就向客户传达了企业对环境的爱护,从而给客户留下了企业爱护环境、富有责任感的印象。

6. 线上、线下全渠道与客户沟通

移动互联时代,线上渠道和线下渠道各自面临着一些痛点。线上渠道虽然可以提供便捷的购物体验,但无法满足消费者对实体产品的体验需求;而线下渠道虽然可以提供实物体验,但无法提供24小时的购物服务。因此要将线上渠道和线下渠道相结合,为消费者提供全渠道客服平台。

全渠道客服平台可以整合多个渠道，包括电商平台、品牌官网、门店管理系统等，使消费者可以在任何时间、任何地点、通过任何渠道获得一致的服务。这种跨渠道的购物体验，为消费者提供了更多的选择和便利。全渠道客服平台可以实时收集和分析客户数据，了解客户的需求和偏好，为消费者提供个性化的服务。通过实时沟通、个性化服务、问题解决等方式，全渠道客服平台可以提升客户体验，从而提高客户满意度。

// 实例

华为的客户服务中心

在手机维修时，华为客户服务中心会让客户切实体会到宾至如归。进入门店后，就会有服务人员贴心接待。从取号到坐在服务台前接受售后服务，全程都会给予客户周到的服务，哪怕第一次来到门店还不熟悉流程，也不会让客户感觉无所适从。据了解，华为门店为了提升线上线下2万余名一线员工服务能力，在全国建设了9个大型培训基地，各基地配置专业培训教室与模拟服务店，用于各区域员工日常培训与服务实操演练。因此，无论是门口接待人员，还是与客户面对面交流的工程师，都能够亲切而又专业地解答客户的问题。在服务过程中，技术顾问还会用专业工具检测设备，并给出相应的"体检报告"，让客户可以更直观地了解手机状态，也了解维修原理，并得到专业的使用建议。

服务过程中的安心，来源于华为的透明服务流程。首先是"维修透明"。自2017年起，新建成的华为客户服务中心内，工程师都会在透明维修间工作，客户可以在窗外随时查看维修过程。其次是"价格透明"，华为全国所有授权服务中心执行统一标准，客户可以在华为终端客户服务小程序、华为官网以及华为客户服务中心看到，随时、随处可查。最后是"进度透明"。无论寄修、预约维修还是服务中心送修，我们都可以在华为终端客户服务小程序、官网以及服务中心的高清电视上查询维修进度。如果当天无法完成设备维修，门店还可以为大家提供备用机，非常周到地帮大家解决各种不便。

除了服务贴心以外，华为服务中心的环境也非常温暖。整体采用明亮偏暖调的风格，氛围就很舒适，店内还配有沙发、饮水机、咖啡机等设施，为大家提供了一个免费休息场所。考虑到客户对安静环境的需求，店内取消了广播叫号的方式，换为震动式的无声叫号器，既能达到提醒效果，又避免了吵闹。同时，店内也提供电脑、手机充电，以及免费WiFi。

总之，企业与客户沟通的形式多样，其目的是通过经常性的沟通，让客户清楚企业的理念与宗旨，让客户知道企业很关心他们。为了不断满足客户的需要，企业在不断地努力提升产品或者服务的品质及其他一切方面。

（二）客户和企业沟通的渠道

大多数流失的客户从不抱怨，而仅仅是转到另外一家。能把自己的抱怨表达出来的客户少之又少，有的是因为怕麻烦，有的是因为商品价值太低而不愿浪费时间和精力，还有的是因为不知道如何投诉。而如果客户不将心中的不满讲出来，企业很可能不知道自己错在哪里从而引起客户的不满，导致流失更多客户。因此，企业应该主动及时地与客户沟通，并建立顺畅简单便利的渠道，让客户投诉变得简单，增加客户的满意度，稳定关系。

1. 开通客户免费服务电话或者网上投诉渠道等

"客户免费服务电话"为客户提要求、建议、发牢骚敞开了大门。客户只要拨通热线电话，就可以免费与企业进行沟通，得到有关答复或者服务。尤其是互联网已深刻地改变和影响着我们沟通的方式，企业应该和客服一起找寻与客户沟通的最佳方式。随着移动互联网时代的到来，电话、短信、邮件已经远远不能满足客户需要了。他们需要更多、更丰富、更贴合自己生活习惯的反馈渠道，比如微信、微博、App、小程序等。而且，客户希望当提出疑问时，能够得到企业和客服的及时回复。

2. 设置意见箱、建议箱、意见簿、意见表、意见卡及电子邮件等

企业可以在企业门店显眼处公布投诉反馈电话，摆放意见箱或者意见簿，还可以向客户提供评议卡、意见卡。此外，还可以在网站、微信公众号、小程序上公布客户意见反馈渠道。实时监控舆情，对网络上的负面新闻和评价及时做出反应，第一时间处理。

3. 建立有利于客户与企业沟通的制度

企业要积极建立客户投诉和建议制度，让客户清楚企业接受投诉的部门及其联系方式和工作程序。为了鼓励客户提出宝贵意见和建议，企业还可设立奖励制度，鼓励客户与企业沟通。

总之，企业要方便客户与企业的沟通，方便客户投诉和提意见，并且尽可能降低客户投诉的成本，减少其花在投诉上的时间、精力和金钱，创造机会和客户沟通，增强满意客户的忠诚度，使不满意客户转为满意客户。

第二节　客户接近技巧

在接近客户的过程中，销售人员经常遇到态度冷淡的目标客户。初次购买的客户，其心理比较复杂，既有"别信销售人员的嘴"的抗拒心理，也有"见面也好，听听他说什么"的心理，因此凭借销售人员最初的一句话就可决定是拒绝还是听听看。高明的客

户接近方法，可使双方顺利进入到商谈阶段；笨拙的客户接近方法，当时就可能遭到客户拒绝。

打破冷淡的气氛以顺利开展业务工作往往是令新入行的销售人员头疼的问题，甚至经验丰富的营销人员也不能很好解决这一问题。能否成功接近客户，关系到整个客户沟通服务过程的成败，因此在接近客户的过程中给客户留下良好的第一印象，快速拉近双方的心理距离，使用恰当的接近方法和技巧显得尤为重要。

一、说好开场白

要想给客户留下良好的第一印象，首先应说好开场白。好的开场白，就是沟通成功的一半。专家们在研究销售沟通心理时发现，洽谈中的客户对刚开始 30 秒钟所获得的信息，一般比以后 10 分钟里所获得的印象要深刻得多。开场白要达到的目标就是吸引客户的注意力，引起对方的兴趣，使其愿意继续交谈下去。说好开场白一般有以下五个步骤，可为之后顺畅的沟通打下基础。

1. 感谢接见并赞美

为了给客户留下一个好的印象，应该先礼貌地表示感谢，并通过赞美减轻客户的心理压力。

2. 简单坦白地介绍自己

人们之所以不愿意轻信陌生人，常常是因为他们不了解对方的背景，担心太草率的交往会给自己带来麻烦。当面对希望沟通的客户时，销售人员可以暂时放下防备，坦白地向对方介绍自己。

3. 提供有用的信息

对于客户来说，有用的信息是比较有吸引力的。所以，如果销售人员向客户提供一些对他们有帮助的信息，如市场行情、新技术、新产品知识等，往往会引起他们的注意。

4. 突出客户获得的价值

客户之所以选择某种商品或者服务，是因为这种商品或者服务能够帮他解决现实存在的问题。因此，开场的时候，可采用最直白的语言，让客户明白这次见面能够带给他什么样的价值，让客户明白此次沟通是有价值的，甚至物超所值，即通过价值引起客户的兴趣。

5. 探索客户的需求

最后需要将焦点转向探索客户的需求，通过巧妙地设计问题来引导客户分享他们的想法与需求，从而鼓励客户开口说话。

// 实例

一个有效的开场白

电话销售人员：早上好，李经理！我是××，××公司的，我今天打电话给您是有一个好消息要告诉您！

客户：什么好消息？

电话销售人员：这个好消息就是：贵公司的销售业绩明年可能会增加30%，您想听听吗？

客户：说来听听！

电话销售人员：在说之前我有个条件，我需要您配合我，回答几个小问题。

客户：好，请说！

电话销售人员：我想请教一下李经理，作为公司销售部的经理，您非常关注如何提高销售业绩这一问题，是吗？

客户：是的！

电话销售人员：请问业绩是谁做出来的呢？

客户：销售人员啊！

电话销售人员：非常好，不错！是销售人员！请问李经理，销售人员的销售技巧好坏，对业绩有影响吗？

客户：当然有！

电话销售人员：没错，我非常赞同您的观点。如何提高销售人员的业务技巧这个问题，我相信是您一直都在关注，对吗？

客户：对！

电话销售人员：李经理，非常感谢您，贵公司能够拥有像您这样敬业且负责任的领导，真的非常幸运！我想提供一些有助于改善销售人员业务技巧及提高销售业绩的相关资料给您。这些都是免费的，我相信一定能够帮得上您。今天我也不耽搁您太多的时间，以后有需要我的时候，请李经理随时给我打电话，谢谢！

二、赞美接近法

赞美接近法是指推销人员利用客户的虚荣心，通过赞美来引起客户的注意和兴趣。赞美接近法可以很好地满足客户的优越感，减轻客户的心理压力，缩短与客户的距离，使客户心情愉悦，从而收到意想不到的效果。

推销人员使用赞美接近法应注意以下几点：

1. 选择适当的赞美目标

让人产生优越感的最有效的方法，是对于他引以为傲的事情加以赞美。因此，赞美的关键是找到可以赞美的点,而且是客户所具备的一个优点。切忌信口开河,胡吹乱捧,否则必将弄巧成拙。

2. 真诚赞美客户

推销人员赞美客户,一定要诚心诚意,且要把握分寸。事实上,不合实际的赞美、虚情假意的赞美,只会使客户感到难堪,甚至导致客户产生不好的印象。赞美的优点对于客户来说应该是一个事实,并且要用自然、具体的语言来传达赞美之情。

3. 选择恰当的赞美方式

对于虚荣型客户,可以充分发挥赞美的作用。对于严肃型的客户,赞美的语言应自然朴实,点到为止;对于老年人,则用间接、委婉的赞美语言;对于年轻的客户,可以使用直接而热情的赞美语言。切忌使用千篇一律的语言赞美所有客户。

// 实例

赞美话术

话术范例一

导购:"小姐,这是您先生/男朋友吧?真羡慕您,现在愿意在周末陪伴老婆/女朋友逛街的男士可太少了。今天您是想帮先生挑选一些物品,还是为自己看看啊?"(针对情侣或是夫妻类的客户,顺势挖掘客户需求)

话术范例二

导购:"大姐,带着孩子出来逛街,挺累的吧?请先到这里坐下来休息一会儿。这小家伙挺活泼的,一刻也闲不住啊!这样的小朋友,反应能力和动手能力都特别强,长大后肯定会有很大的成就!小朋友,来帮妈妈看看喜欢哪款手机吧?"(对于带有小孩的父母,夸奖他的小孩是最容易打动人心的)

话术范例三

导购:"先生,听您的口音,应该是杭州人吧?俗话说'上有天堂,下有苏杭',杭州是个好地方啊,听说住在那里的人都特别长寿呢!如果有机会,我也一定要去欣赏一下您家乡的美景。先生,今天想看哪个品牌的手机呢?"(根据客户的籍贯进行适当的赞美,并顺势引导客户关注手机品牌)

三、好奇接近法

好奇接近法是指推销人员利用推销对象的好奇心理,达到接近客户的目的的方法。心理学研究证明,好奇心是人类行为的基本动机之一。与客户沟通,可以借助人人皆有的好奇心来激发客户的兴趣,引起客户的注意。比如,先制造神秘气氛,引起客户的好奇,然后在解答疑问时,有技巧地把自己的产品介绍给客户。某地毯推销员对客户说:"每天只花一角六分钱,就可以使您的卧室铺上地毯。"客户对此感到惊奇,推销员接着讲道:"您的卧室12平方米,我厂地毯价格每平方米为24元,您的卧室地毯需要288元。我厂地毯可铺用5年,每年365天,平均每天的花费只有一角六分钱。"

// 实例

寿险销售

寿险销售员:"刘总,假如我这里有10公斤软木,您愿意出多少钱?"

客户:"我不需要软木呀,所以没必要出钱。"(他惊讶地看着销售人员)

寿险销售员:"好的,我再问您,如果您现在坐在一艘正在下沉的小船上,生命遇到了危险,我可以救您,但前提是您必须答应付我10万元的酬金,您愿意答应我这个条件吗?"

客户:"这个嘛……呵呵,你怎么会问我这样的问题呢?"

寿险销售员不急于向客户推销自己的产品,而是问一些似乎无关的问题,这让客户感到非常意外,于是就会产生听下去的欲望,为之后的销售做了很好的铺垫。

采用好奇接近法应该注意下列问题:一是引起客户好奇的方式必须与推销活动有关。二是必须在认真研究客户心理特征的基础上,做到出奇制胜。三是引起客户好奇的手段必须合情合理,奇妙但绝不荒诞。

// 实例

好奇接近经典话术

"有没有兴趣了解一个全世界众多公司验证的方法,该方法可以在未来的3～5个月提升公司50%以上的业绩?"

"为什么有人会比你成功十倍,收入多百倍乃至万倍,难道是他们比你聪明一万倍,运气好一万倍吗?显然不是的。那么,你想不想知道他们是如何做到的?你想不想自己也可以做到?"

"张先生,如果一台电脑可以让你一年节省10 000元,你会不会考虑呢?"

四、求教接近法

求教接近法是指通过虚心向客户请教,利用这个机会,达到接近客户目的的一种方法。求教接近法可以很好地满足客户好为人师的心理,尤其是对有一定学识、身份、地位的专家型客户,尤为适用。例如,"王总,在电脑方面您可是专家。这是我公司研制的新型电脑,想请您指导一下,在设计方面还存在什么问题?"

在运用求教接近法时,有以下几点需要注意:

1. 态度诚恳,多听多记,鼓励客户多说

请教过程中,态度一定要真诚且专注,不可敷衍。

2. 赞美在先，求教在后

先恭维客户，然后再提出已经准备好的求教问题，让沟通愉快地进行下去。

3. 求教在先，沟通主题在后

重点是先求教，在客户回答问题并给予积极的反馈之后，他们的警惕性会有所降低，此时可以顺势引导客户进入沟通主题。

第三节　客户说服技巧

给客户留下了良好的第一印象后，接下来就需要找到足够的理由来说服客户购买。那么如何说服客户呢？首先，需要让客户了解关于企业、产品优点、价格和服务的信息；其次，及时解答客户的疑虑，解决客户的困难；最后，说明客户购买后得到的利益。我们可以使用富兰克林说服法、FAB 销售法则和 USP（独特卖点）销售法则。

一、富兰克林说服法

富兰克林说服法由美国政治家富兰克林发明，其核心在于推销员把客户购买产品所能得到的好处一条一条列出，同时也把不购买产品的不利之处一条一条列出，通过列举事实的方法增强说服力。富兰克林说服法旨在从理智层面帮助客户分析购买行为带来的收益与放弃购买所错失的机会，是打动客户的好方法。

在产品介绍完后，如果发现客户有犹豫不决的情形，聪明的销售人员可以告诉客户："我理解做决定的不易，因为我们都会担心做错了决定，我也不希望卖给您一个您不需要的产品。而您也知道，如果我们购买一种产品的好处多于坏处，那么我们应该买，而如果坏处多于好处，那么我们就不应该买，所以现在我在这张纸的左边写出您购买这种产品会有什么好处（此时销售人员可以逐项写出客户如果购买产品会获得哪些好处，一边写一边说出这些好处，写出的内容越多越好，至少应有 8～10 项）。"写完后请客户来写出购买这种产品可能带来的坏处。通过衡量购买产品的优点和坏处，客户是否购买就一目了然了。

富兰克林说服法的特点是鼓励潜在客户去考虑事情的正反面，便于客户进行利弊比较，方式直观，说服力强。这种方法适合于行事果断且偏好分析的客户，因为这些客户往往更加重视理性思考的过程。

优秀的推销员善于运用富兰克林说服法打动客户。奥诚良治是日本著名的推销员，曾连续 16 年成为日产汽车公司的推销冠军。为了能卖出一辆汽车，他详细地准备了一份资料，这份资料记有客户购买此种汽车后的优点以及不购买的不便。这样，奥诚良治在与客户打交道时就显得胸有成竹，应付自如。

二、FAB 销售法则

（一）FAB 销售法则的含义

FAB 销售法则围绕三个步骤展开，分别对应三个英文单词的首字母：Feature（属性）、Advantage（优点）和 Benefit（利益）。这三个英文字母规划了销售介绍的顺序，首先把产品的属性介绍给客户，其次分析产品的优点，最后描述产品带来的利益。通过一系列循序渐进的阐述，旨在说服客户，让客户相信你的产品是最好的。

客户说服技巧
——FAB销售法则

1. 介绍产品的属性（Feature）

属性，即产品本身所固有的、客观存在的特性。任何一种商品都有其独特的属性，作为推销员应熟悉这些属性，尤其是对于主营商品的核心特点，需要做到烂熟于心。例如，这件衬衣是由 55% 的棉和 45% 的麻混纺制成的。

2. 分析产品的优点（Advantage）

当介绍完产品的客观属性，客户得到的仅仅是一些枯燥的数据，接下来要进入第二个步骤——优点阐述。通过优点阐述，进一步来诠释属性能带来的用处，把枯燥的数据或属性转化为客户能理解的信息。例如，这件棉麻混纺的衬衣优点是透气、垂感好、环保。

3. 介绍产品的利益（Benefit）

客户了解了产品属性及其优点，但尚未产生购买欲望时，需要进入最后一个步骤——介绍产品的利益，即把商品的特点与客户的消费需求、购买心理结合起来，使我们诉求的利益与客户所需要的利益相吻合，形成完整的劝说。例如，这件棉麻混纺的衬衣能让你在炎热的夏天穿起来格外清爽和凉快。

（二）FAB 销售法则的用法

在与客户互动的时候，销售人员一定要明确告知产品为客户带来的具体益处。无论销售何种商品，归根到底销售的都是产品对客户的好处，而不仅仅是产品本身。如果没有掌握这个精髓，那么很多时候，销售人员在进行产品介绍的过程中，便很难拉近与客户的距离。只有说明益处，客户才会去寻找你的产品与他的需求之间的切合点。FAB 所要做的就是将产品的功能、特点、属性展示给客户，从而引申出对于客户的益处。FBA 销售法则示例如图 4-1 所示。

销售人员一定记住：初级销售员讲产品特点；中级销售员讲产品优点；高级销售员讲产品利益点。销售人员卖的不是产品，而是产品带给客户的利益。正确地使用 FAB 销售法则，为客户着想，了解客户的需求，找到客户在意的方面，便可以事半功倍；如自以为是，把个人认知或偏好强加于顾客，只会是适得其反！

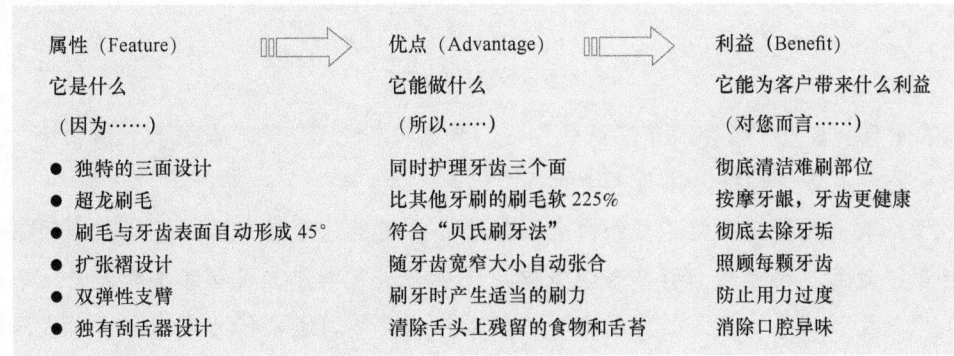

图 4-1　FBA 销售法则示例

三、USP（独特卖点）销售法则

"独特卖点"又叫作"独特销售主张"（Unique Selling Proposition，USP）。这一概念基于对产品和目标消费者的深入研究，旨在寻找产品特点中最符合消费者需要且竞争对手所不具备的独特之处。换句话说，独特卖点就是产品与众不同并且超越竞争者的优点。

USP 销售法则认为，每个产品都应向消费者传达一个独特的卖点，让消费者明白购买这个商品可以得到什么具体的利益。USP 的传达必须单一且明确，因为消费者只能记住一条核心信息。例如，雀巢咖啡广告以"味道好极了"作为 UPS，这样一个简洁有力的广告诉求，立刻引起大众消费者的注意和兴趣。

1. 唯一性、独特性、差异性

追求产品的唯一性、独特性和差异性，意味着你所采用的方法别人没有，并且不能仿制。例如，三得利广告最初强调采用天然矿泉水酿制，后来改成强调采用现代化酿酒工艺和全面质量管理（TQM）体系。这些卖点并未真正凸显其独特性，因为啤酒生产商都在强调矿泉水酿制、工艺和设备先进、采用 TQM 体系。后来三得利的广告又改成强调选用加拿大麦芽，德国啤酒花，日本新鲜酵母，才真正找到了产品的唯一性、独特性和差异性，明确了商品的独特卖点。

2. 创新性

USP 销售法则不仅追求唯一性和独特性，更要注重创新。根据营销学原理，消费者对第一名的印象总是最为深刻。因此你要塑造并强调你的产品或服务在某方面的领先地位。如宝洁公司的"海飞丝"，第一个提出了"去屑"这个概念。"海飞丝"的包装让人联想到蔚蓝色的大海，从而产生清爽的视觉效果；而"头屑去无踪，秀发更出众"的广告语则进一步在消费者的心中树立起"海飞丝"去头屑的理念，给消费者留下深刻的第一印象。海飞丝因此大获成功，牢牢占据了中国消费者的心。

因此，销售人员要能准确说出自己产品或服务的独特之处，并找到一个与消费者利益相契合的卖点，用细节打动和吸引消费者。

// 实例

脑白金的UPS理论

在中国，提及"今年过节不收礼"，几乎无人不晓其下句"收礼只收脑白金"。脑白金已经成为当时中国礼品市场的第一代表。

作为单一品种的保健品，脑白金以极短的时间迅速启动市场，并登上中国保健品行业"盟主"的宝座，引领我国保健品行业长达五年。其成功的主要因素在于找到了"送礼"的核心概念。中国素有礼仪之邦的美誉。送礼行为渗透到日常生活的方方面面，如年节、探亲、访友、公关、婚嫁等，礼品市场相当庞大。脑白金的成功，关键在于定位于庞大的礼品市场，而且先入为主地得益于"定位第一"法则，第一个把自己明确定位为"礼品"，以礼品定位引领消费潮流。

第四节 客户异议处理

销售过程中，我们遇到的客户几乎不可能全盘接受我们的产品或服务，即使这正是他们所需要的。我们会遇到来自客户的怀疑、抱怨或否定意见，因此销售人员只有针对性地处理客户异议后，才可能最终与客户达成交易。

一、客户异议的含义

客户异议是指销售人员在销售过程中所遇到的各种障碍，即客户的反对意见。在销售活动中，客户经常对销售人员、销售产品或销售活动提出各种反对意见，客户异议会自始至终地存在于整个销售过程中，是销售过程中的一种正常现象，正确处理这些意见，是保证交易成功的前提。销售人员应该正确地认识和理解客户异议，对销售而言，可怕的不是异议，而是没有异议，不提任何意见的客户通常是最令人头疼的客户。因为客户的异议具有两面性：既是成交障碍，也是成交信号。有异议表明客户对产品感兴趣，有成交的希望。因此，面对异议不仅要接受，更要欢迎。销售人员通过对客户异议的分析，可以了解对方的心理，知道他为何不买，从而有针对性地解决问题；而对客户异议的满意答复，则有助于促成交易。客户常见异议的表现见表4-1。

表4-1 客户常见异议的表现

语言表现	非语言表现
太贵了，其他家的同类产品比你们便宜	开始要求打折
我暂时不需要这个产品	销售人员进行产品介绍时选择离开
听说你们的产品很容易坏	对销售人员的介绍没有回应
这个事情我妻子说了算	迟迟不做出购买决策
我没有时间	不停看表或接电话
我考虑之后再答复你	举棋不定

二、处理客户异议的原则

"嫌货才是买货人""褒贬是买主,无声是闲人",因此喜欢挑剔的客户,往往都是诚心要购买的,而要想有效地化解客户异议,销售人员必须把握以下原则。

1. 做好准备工作

在销售中常常会遇到客户异议,在销售拜访之前,销售人员事先要做好充分的准备工作,既要做好应付异议的心理准备,也要做好具体的准备工作。最好的方法是找一张纸,在纸的中央从上向下画一条直线,在直线的左边把客户可能提出的异议列举出来,在纸的右边把自己认为最好的解决方案写下来。然后分别去请教同事、业务负责人、老客户,向他们征求更好的处理方法。销售人员可以在这张表格上不断补充修改,通过模拟练习做好充分准备,一旦客户提出异议,就可以给出满意的答复。

2. 正确看待

销售人员应该认识到异议是必然存在的,听到客户异议后,无论异议有无道理和事实根据,都应保持冷静,认真听取,永远不把客户异议看成失败的预兆,而把它看成学习与获得反面信息的机会,实践技术和完善心理素质的考验。同时应正确理解异议的内容和根源,寻找有效的解决方法,让客户觉得受到尊重,赢得客户的好感,促成交易。

3. 准确分析客户异议

首先可以重述客户的异议,以免曲解客户异议的内容,向客户证明自己了解并明确了客户的异议;其次,对客户提出的异议,应该辨别真实的异议和心理的异议,通过认真分析、细致观察,找出异议的真正原因,然后帮助和说服客户,达成交易。

4. 选择恰当的时机

对于客户提出的异议,应选择适当的时机处理,销售人员可以立即答复,也可以延迟答复、不答复或预先答复。优秀销售员之所以遇到的客户严重反对情况较少,是因为他们善于选择最佳时机对客户的异议提供满意的答复。在恰当时机回答客户异议,便是在消除异议负面性的基础上发挥了其积极的一面。有的异议是销售人必须答复的,如果没有给消费者一个满意的答复,则会影响销售,应立即处理,即"热处理";对于偏离主题或善意的玩笑等异议,可不必马上答复,甚至可不予理睬,即"冷处理";对于预料之中的异议,可在客户尚未提出前就给予解答,以消除客户的疑虑,争取客户的信任。

5. 避免争论,尊重客户

与客户保持融洽的关系是销售人员应遵循的原则。即使客户错了,销售人员也应避免与客户争辩,更不可与之争吵。满足受尊重的需要,是客户愿意接受推销的心理基础。提出异议的客户不是应当与之抗争的竞争者,而是合作伙伴,秉持这一理念才能与客户建立友好融洽的关系。为维持销售洽谈的良好氛围,销售人员要尊重客户的意见,讲话时面带微笑、正视客户，听对方讲话时要专注，站在客户的立场来理解客户的异议，回答客户问话时语气不能生硬。切勿使用"你错了""你不懂""你没明白我说的意思，我是说……"这样的表达方式贬低客户，抬高自己，以免挫伤客户的自尊心。

三、客户异议的处理

销售人员面对的客户异议是多种多样的。就异议是否真实，还可以把客户异议分为有效异议和无效异议两大类。有效异议就是那些真实的、可靠的、正常的、有根据的异议。对这类异议，必须认真分析、妥善处理。无效异议是指那些虚假的、不可靠的、不正当的、无根据的异议，一般是客户提出的各种借口。对这类异议要耐心说服、有效引导。常用的异议处理方法如下。

1. 忽视法

所谓"忽视法"，即当客户提出一些反对意见，并不是真正想要获得解决或讨论时，销售人员只要面带笑容表示同意就好了。对于一些"为反对而反对"或"只是想彰显自己的看法高人一等"的客户意见，你如果认真地处理，不但费时，还有旁生枝节的可能。因此，满足了客户的表达欲望后，就可采用忽视法迅速转移话题。常用的"忽视法"有微笑点头（表示"同意"或表示"听取了你的意见"），以及用"你真幽默""嗯，高见"等话语来回应。

2. 补偿法

当客户提出异议且有事实依据时，销售人员应该承认并欣然接受，强力否认事实是不明智的举动。要设法给客户一些补偿，让他取得心理上的平衡，即让客户产生两种感觉：产品的价值与价格一致，产品没有的优点对客户而言较不重要。世界上没有十全十美的产品，人们会认为产品的优点越多越好。其实，真正影响客户购买决策的关键点并不多，补偿法能有效地弥补产品本身的弱点。补偿法的运用范围非常广泛，效果也很好。例如，某汽车出租公司以"我们是第二，因此我们更加努力！"的广告语，巧妙运用了补偿法。又如，客户嫌车身过短时，汽车销售人员可以告诉客户"车身短便于停车"，以此作为补偿。

3. 太极法

太极法应用于销售领域的基本做法是，当客户提出不购买的异议时，销售人员能立刻将客户的反对意见，直接转化为促成购买的理由。若客户表示"我已经有了类似的产品，不需要了"，销售人员可以回应："正因为您已经有了类似的产品，才更应该体验一下我们这款产品的独特之处，或许能为您带来意想不到的惊喜。"

// 实例

保险行业常见异议处理话术

我不需要

分析：客户不是真的不需要，而是没有意识到潜在需求。需要充分了解客户信息，在沟通中应多提问，多引导客户表达，注意在沟通过程中应保持微笑和诚恳的语气。遇到客户反驳的时候，也不要着急驳回，应委婉引导。

参考话术："我非常理解您的想法！您是非常有主见且注重实用的人！通过和您沟通，了解到您是家庭主要的经济支柱，随着年龄增长，收入可能会受影响。赡养老人，小孩上学、结婚等，都是一笔不小的开销，仅仅依靠单一的收入来源，抗风险渠道太单一。如果能有其他的渠道帮助您分散风险，您觉得怎么样？"

保险都是骗人的

分析：这类客户可能之前有过不愉快的保险经历，或者通过身边朋友和新闻了解了一些负面信息。销售人员的首要任务是把这个问题解决掉。

参考话术："请问您之前买过保险吗？""您为什么觉得保险是骗人的呢？"很多情况下，客户可能是因为买了分红型保险没能达到预期收益而感到不满，因此销售人员要把当时客户购买的保险类型和自己推荐的保险类型区分开，强调保险的正规性，合同当中写明的收益要明确指出，以打消客户疑虑。不能欺瞒客户，要引导客户根据他目前的资产结构来配置保险。

我和家人再商量一下

分析：客户觉得有些动心，但还是很犹豫；或者客户只是找一个借口。所以一定要清楚是什么情况。

参考话术："您觉得它对您是否必要呢？""您觉得它是否能够帮助到您？""您还有哪些疑虑呢？""早买早受益，您今天决定，今天/明天就可以受益，很简单的，只要在这里签个字就可以啦。"（及时递出保单）

我没有钱

分析：首先要了解客户是否真的没有钱。

参考话术："假如不需要钱，免费送给您，您会不会接受？""您是否觉得它是必要的？""您是否认为它能够帮助到您？"通过询问，销售人员可以进一步了解客户对于产品的认识，以及客户是否真的没有钱购买保险。如果确实没有购买能力，销售人员可以转换产品，向客户推荐适合其当前经济状况的产品。

4. 询问法

询问法在处理异议中扮演着两个角色。首先，通过询问，可以把握客户真正的异议点。在没有确认客户异议点及严重程度前，直接回答客户的异议可能会引出更多的异议，从而使销售人员自困愁城。销售人员的字典中有一个非常珍贵的词汇"为什么"，请不要忽视这个利器，也不要过于自信，认为自己能猜出客户为什么会这样或为什么会那样，要让客户自己说出来。当销售人员问为什么的时候，客户会做出以下反应：回答自己提出反对意见的理由，说出自己内心的想法；再次检视自己提出的反对意见是否妥当。此时，销售人员能听到客户真实的反对原因，明确异议的具体内容，也能有较多的时间思考如何处理客户的反对意见。其次，通过询问，直接化解客户的反对意见。在某些情况下，销售人员通过向客户提出反问，能够巧妙化解客户的异议。

5. 转移法

人有一个共性，即当自己的意见被别人直接反驳时，内心总会感到不快，甚至会很恼火，尤其是当这种反驳来自一位素昧平生的销售人员时。屡次正面反驳客户会让客户恼羞成怒，就算你的反驳都正确，而且没有恶意，也会引起客户的反感。因此，销售人员最好不要开门见山地直接提出反对意见。在表达不同意见时，尽量采用"是的……如果……"的句式，以更柔和的方式提出异议。

6. 直接反驳法

直接反驳客户容易导致双方陷入无谓的争辩，往往事后懊恼，但已很难挽回，但有些情况下直接反驳是很必要的，可以纠正客户的错误观点。例如，当客户对企业的服务、诚信有所怀疑或当引用的资料不正确时，就必须直接反驳。因为客户若对企业的服务、诚信有所怀疑，成交的机会几乎为零。如果客户引用的资料不正确，销售人员若能以正确的资料佐证自己的说法，客户会很容易接受，反而对你更加信任。

第五节　客户投诉

客户投诉是指客户对产品、服务等产生不满而引起的抱怨。客户之所以会提出投诉问题或者对产品和服务进行抱怨，主要是因为满意度不够。客户的投诉可为企业提供重要的线索，因此企业应该正确对待客户投诉，提高客户满意度和减少客户流失。

一、分析客户的抱怨与投诉

客户意识到不满之后产生抱怨情绪，这就是潜在投诉，而如果进一步恶化则会导致投诉。

（一）客户抱怨和投诉产生的原因

1. 产品或服务的质量问题

产品或服务的质量问题是引起客户投诉的一个重要原因。这主要表现在以下四个方面：①产品本身质量没有达到规定的标准，如发霉等。②产品包装不当，如外包装变形损坏或者包装分量不足等。③产品质量存在小的瑕疵，如配件不齐等。④客户没有按照操作说明进行操作而导致故障，如衣服洗后变形等。

2. 服务态度或服务方式问题

服务人员缺乏正确的推销技巧和工作态度不好可能导致客户的不满并产生投诉。此类问题的主要表现如：对客户冷漠、恶语伤人、不尊重客户、不礼貌、缺乏耐心，面对客户的提问和要求时，显得烦躁不安，缺乏主动服务的意识；专业知识匮乏；服务态度不真诚等。

3. 客户期望管理不当

当客户的期望值过高时，其满意度就会降低；反之，则满意度会提升。因此，当期望管理失误时，就会导致客户投诉。客户期望管理失误主要体现在两个方面：①过度承诺。例如，某手机厂商承诺包退包换，但却在客户实际提出时，总找理由拒绝和为难客户。②隐匿信息。例如，商家在广告中过分宣传产品的某些性能，故意忽略某些关键的信息，引诱客户上当，造成客户预期落空，让客户失望，乃至让客户产生上当受骗的感觉，从而产生抱怨，甚至进行投诉。

// 实例

投诉数据

据中国消费者协会网站消息，根据全国消协组织受理投诉情况统计，2023年上半年，根据投诉性质统计，售后服务问题占36.77%，合同问题占23.68%，质量问题占19.04%，价格问题占4.74%，虚假宣传问题占4.21%，安全问题占2.81%，假冒问题占1.35%，人格尊严问题占1.20%，计量问题占0.70%，其他问题占5.50%。

资料来源：中国消费者协会官网

（二）正确看待客户抱怨和投诉

// 实例

微博明星投诉案例

2023年6月18日，某明星在自己的微博发视频投诉××航空公司。他在视频中称自己是××航空的白金会员，50万积分被航空公司一夜清零。在发现积分被清零后，他立刻打电话尝试与航空公司沟通，却被告知已经短信通知了。该明星不认可这种简单的通知方式，但××航空十分傲慢，称不会电话联系，只会发短信提醒。在沟通无效后，该明星选择发视频吐槽××航空的霸王条款及服务态度傲慢，并提醒网友慎重选择航空公司，特别是持有××航空会员卡的网友，应密切关注自己的积分变动。

这一事件迅速在网络上引起了网友的热议，登上了微博热搜。

××航空在投诉当天迅速做出回应，顺利解决了问题，维护了企业形象。18日晚，该明星工作室发布微博回应，表示××航空已在第一时间与其详细说明了积分

> 规则。回应中称,该明星作为××航空常旅客的建议,以及各位朋友们的意见和建议,××航空都已经认真听取,并称希望××航空越来越好。××航空官方微博也转发该则回应称:精彩的旅程,离不开每一位旅客的理解与支持,我们会专注倾听,持续提升,让每一段旅途更加美好。

企业在面对客户的投诉时,应该视之为客户对企业的商品或服务不满的正常表现,它揭示了企业经营管理中存在的缺陷。因此,客户投诉实际上是为企业提供帮助,企业应该看到自己从中获得的益处,从这个角度出发帮助客户解决问题。

1. 客户投诉的收益价值

企业要从客户投诉中受益的前提是正确看待客户的投诉,并从中挖掘出有价值的信息。

(1)客户投诉可使企业及时发现并修正产品或服务中的缺陷,帮助企业开发新产品。如企业通过客户免费服务电话倾听客户的意见,并且对其进行整理、分析和研究,来不断开发企业的新产品。

(2)客户投诉可使企业获得再次赢得客户的机会。投诉的客户是忠诚的客户,有期望才有投诉,客户肯花时间来投诉,表明他们对企业有信心,他们期待着企业从错误中吸取经验,在未来发展得更好。不满意的用户中,有相当一部分用户要投诉。通过较好地解决用户投诉,可挽回大多数的客户,而尽最大努力去解决了用户投诉的,绝大多数客户还会继续接受企业的服务。

(3)客户投诉可以帮助企业建立和巩固自身的形象。可持续的客户关系来源于客户忠诚,而优化投诉处理流程能够直接促进客户满意度的提升,进而增强品牌忠诚度,最终转化为更优异的企业业绩。

2. 不投诉并非客户满意

研究者将客户投诉比作冰山现象,其中已投诉的客户是冰山周围的水,它只是很小的一部分,而准备投诉和未投诉的客户才是冰山的主体,即客户投诉问题冰山模型,如图4-2所示。

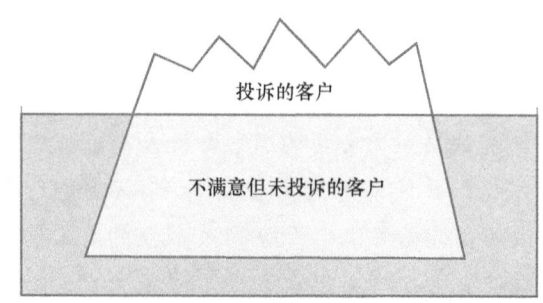

图4-2 客户投诉问题冰山模型

只有在矛盾激化时,不满的客户才会浮出水面,变成准备投诉的客户,而大量的不满客户则潜伏在水底,并不想把不满告知企业,而只是停止购买或转向其他竞争品牌,与企业的竞争对手交易,而且还会散布对企业不利的信息,根本不给企业解决问题的机会。

二、处理客户投诉

在客户服务工作中，客户的不满往往因为产品设计没有达到预期，或者后续的服务体验未达到理想水平。在处理客户投诉之前，首先应了解什么是客户满意度。客户满意度是客户体会到的他所实际"感知"的待遇和"期望"的待遇之间的服务落差。正是有了这样的差距才会导致投诉，因此，在处理客户投诉时要时刻牢记"客户至上"的服务理念，处理投诉要从心开始。一般来说，处理客户投诉有以下四个步骤。

（一）让客户发泄，虚心接受投诉

在接到客户投诉时，应该热情地接待他们，真诚地对待每一位前来投诉的客户，虚心冷静地接受投诉，并且体谅对方的言辞表达。人在愤怒时，最需要的是情绪的宣泄，只有将心中的怨气宣泄出来，情绪才会平静下来。所以，企业要让投诉的客户充分发泄心中的不满乃至愤怒，认真倾听客户，保持冷静、同情、理解并安慰客户。在让客户发泄时，要注意倾听和认同两个环节。

1. 倾听

在处理客户投诉时，要注意七分客户说，三分客服说，要让客户感受到他的问题已经受到重视甚至已经被安排优先处理，这样与客户之间的沟通才会变得更顺畅。让客户发泄的重点在于倾听，注意在处理投诉时不反复说同样的话，并提前识别无关信息，正确总结复述客户的话，不带入不具体的信息，关注客户的情绪变化，鼓励客户说出心里话，最终协助问题的解决。

2. 认同

在为客户提供情感宣泄的渠道时，要积极地给予客户认同。"您的心情我非常能够理解，如果换成我，可能比您还生气。"类似这样的话语会表明你对客户的投诉感同身受，情感的天平朝他倾斜，即便在之后的业务处理中你无法提供最好的解决方案，也能让客户对你产生一定的信任。特别是对于抱怨型客户，客服人员更要耐心倾听，学会换位思考，结合业务问题和投诉点进行原因分析。在可以提供合理解决方案的情况下，若客户比较认同，则要及时执行并跟进实施，以确保客户的投诉问题得到解决。

（二）记录投诉要点，迅速应对

应该先记录投诉要点，要记录的内容有投诉人、投诉对象、投诉内容、投诉时间、购买时间、客户的使用方法、客户希望解决问题的方式和客户的联系方式等。记录投诉要点的同时，应该判断投诉是否成立，理由是否充分，要求是否合理。如果投诉合理，则应该迅速承认错误，告诉客户企业了解了问题并会及时去处理。即使投诉不能成立，也要用委婉的方式使客户消除误会。

（三）提出解决方案并迅速实施

客户心情平静很多，但是问题依然亟待解决，因此道歉之后，就要着手为客户解决问题，要站在客户的立场来寻找解决问题的方案并迅速采取行动。

首先，迅速处理，表明企业在严肃、认真地处理这件事，拖延时间只会使客户感到自己没有受到足够的重视。

其次，根据投诉的类别和实际情况，参照客户的处理要求，提出解决投诉的具体方案供客户选择，如退换货、维修、赔偿等，并向客户说明解决问题所需要的时间及其原因。提出解决方案时，要注意用建议的口吻，然后向客户说明好处。当客户对处理方案不满意时，向客户讨教解决方案。

最后，迅速实施客户认可的解决方案，及时将需要处理的投诉记录传递给相关部门处理。

// 实例

胖东来超市客户投诉处理标准（见表4-2）

表4-2 胖东来超市客户投诉处理流程

分类	出现类型	处理办法	法律依据
服务原因	未按照岗位服务标准为顾客服务	向顾客表示歉意，经核实针对该件事情给予500元服务投诉奖	无
	严重影响公司形象的恶劣行为	向顾客表示歉意，经核实针对该件事情给予2 000元投诉奖	
工作失误	多收、多扫、重扫、称错、发错商品现象等	向顾客表示歉意，经核实针对该件事情给予500元投诉奖	《中华人民共和国消费者权益保护法》第五十五条：经营者提供商品或者服务有欺诈行为的，应当按照消费者的要求增加赔偿其受到的损失，增加赔偿的金额为消费者购买商品的价款或者接受服务的费用的三倍；增加赔偿的金额不足五百元的，为五百元。法律另有规定的，依照其规定
价格原因	商品价格与小票不符		
	商品出现两个不同价签		
	重量、标示不符		
商品原因	食品、药品类	1. 非农产品出现异物，给予1:10补偿 2. 非农产品出现变质、日期不符，给予1 000元补偿 3. 非农产品出现过期现象，给予2 000元补偿 4. 卤肉类、油炸类、凉拌类二次加工的熟食商品出现腐烂，给予5 000元补偿；出现变质导致的生虫，给予10 000元补偿 5. 食用农产品出现异物、变质、日期不符现象，给予顾客退货，并赠送同等商品一份 备注： 1. 食用农产品包括粮食、蔬菜、水果、茶叶、水产品、肉类产品、蛋类、蜂类产品、中药饮片农产品，以及面粉、腌菜、分割肉、松花蛋等初级加工的农产品 2. 食用农产品因外在磕碰出现品相不好给予退换货处理 3. 食用农产品特价商品出现品相不好给予退货处理 4. 因顾客储存不当造成的食品质量问题给予退换货处理 5. 如果顾客食用该商品后身体有不适应的情况，协助去市级以上医院检查治疗	《中华人民共和国食品安全法》第一百四十八条：生产不符合食品安全标准的食品或者经营明知是不符合食品安全标准的食品，消费者除要求赔偿损失外，还可以向生产者或者经营者要求支付价款十倍或者损失三倍的赔偿金；增加赔偿的金额不足一千元的，为一千元。但是，食品的标签、说明书存在不影响食品安全且不会对消费者造成误导的瑕疵的除外 《中华人民共和国农产品质量安全法》相关规定

（续）

分类	出现类型	处理办法	法律依据
商品原因	非食类商品质量问题（异物、变质、过期等）引发的客诉	按照《消费者权益保护法》经国家授权单位或厂家授权机构进行鉴定，胖东来按照三包规定（包退、包换、包修）政策予以处理，并向顾客致歉。退换标准参照各部门《退换货标准》执行	《中华人民共和国消费者权益保护法》第二十四条：经营者提供的商品或者服务不符合质量要求的，消费者可以依照国家规定、当事人约定退货，或者要求经营者履行更换、修理等义务。没有国家规定和当事人约定的，消费者可以自收到商品之日起七日内退货；七日后符合法定解除合同条件的，消费者可以及时退货，不符合法定解除合同条件的，可以要求经营者履行更换、修理等义务
	商品使用过程中造成的意外伤害或纠纷	1. 首先按照胖东来《退换货标准》给予办理 2. 参照胖东来《质量伤害事故或纠纷处理流程标准》	
备注	\multicolumn{3}{l}{1. 征求顾客意见，主动上门为顾客办理。顾客坚决不要投诉奖的，赠送给顾客同等价值有纪念意义的礼品。2. 卖场环境伤害事故：参照胖东来《卖场伤害事故处理流程》；物品丢失：向顾客致歉，协助报警，并协助顾客在国家法律范围内处理。3. 以上出现类型，对顾客均按照胖东来《客诉处理标准》处理，对员工均按照胖东来《各项管理制度》处理，对供应商按照胖东来《商品采购合同》中的供应商管理规定处理}		

（四）跟踪回访，监控执行

解决问题之后，企业应及时对处理后的情况进行跟踪，调查客户对投诉处理方案实施后的意见，并监控方案的实际执行情况。跟踪回访体现了企业对客户的诚意，让客户感受到企业的重视和尊重，从而感动客户通过回访，企业还能向客户展示基于投诉所采取的改进措施，以避免类似的投诉发生，提高客户对企业的满意度和忠诚度。跟踪回访应把握下列三个要点：

（1）严格遵守处理时限的要求，注意跟进投诉处理的进程。

（2）及时将处理结果向投诉的客户反馈。

（3）询问客户对处理结果的满意程度。

企业应始终将客户投诉视为公司的一面镜子，通过这面镜子随时随地审视、改进自己的工作。

// 实例

妥善处理客户投诉

2020年5月6日，某脱口秀演员在微博发长文指责××银行泄露其个人账户交易信息。

该脱口秀演员在微博长文中透露，在他与原公司解约的案件材料中，包含其在××银行的个人账户交易明细。对此，该脱口秀演员称其打电话给××银行，××银行回复说这是配合大客户的要求。"我已经向公安局报案，我也同时向银保监会等政府监管机关投诉。没想到××银行这么大的银行，会配合做这种事。我以后不会用××银行的任何服务，希望给大家鸣个警钟。"该脱口秀演员写道。

相关话题迅速冲上了热搜，"××银行泄露客户隐私"已成为微博热门话题。多位网友表示，××银行涉嫌侵犯个人隐私的行为不可接受，将注销其信用卡等服务。

5月7日凌晨，××银行连夜在官方微博发布致歉信，称经该行核实，近期上海某文化传媒有限公司（该脱口秀演员前公司）联系开户支行，要求查询其为员工支付劳务工资记录时，支行员工未严格按规定办理，提供了该脱口秀演员的收款记录。××银行向该脱口秀演员道歉，并称已按制度规定对相关员工予以处分、对支行行长予以撤职。

5月7日下午，上海银保监局正式介入调查。此后，银保监会下设的消费者权益保护局也对××银行泄露客户信息事件进行了全行业通报，并称对××银行启动立案调查，将严格依法依规进行查处。

2021年3月19日，银保监会披露的一则行政处罚决定书显示，××银行因客户信息保护不到位等问题，被处以罚款450万元。据多家媒体报道，此次处罚与该脱口秀演员控诉××银行擅自泄露其个人流水事件有关。

本章小结

客户的沟通就是企业客户服务人员通过将自己的思想和客户的思想互相交换，实现客户满意度和维护客户关系的过程。客户沟通的内容主要是信息沟通、情感沟通、理念沟通、意见沟通和政策沟通。客户沟通是实现客户满意的基础，也是维护客户关系的基础。客户沟通是双向的，渠道主要分为两方面，一方面是企业与客户沟通的渠道，另一方面是客户与企业沟通的渠道。

通过人员推销的方式，有效引导或劝说客户购买，必须先打破和客户之间的冷淡气氛，给客户留下良好的第一印象，快速拉近双方的心理距离，使客户相信销售人员并对其说的话感兴趣。因此要会使用一定的客户接近技巧，要说好开场白，用好赞美接近法、好奇接近法、求教接近法。

给客户留下了良好的第一印象后，接下来就需要找到足够的理由来说服客户购买。那么如何说服客户呢？首先，需要让客户了解关于企业、产品优点、价格和服务的信息；其次，及时解答客户的疑虑，解决客户的困难；最后，说明客户购买后得到的利益，可以使用富兰克林说服法、FAB销售法则和USP（独特卖点）销售法则。

当在推销中遇到客户异议时，切勿曲解客户异议的内容。通过对客户异议的分析，可以了解对方的心理，知道他为何不买，从而有针对性地解决问题；而对客户异议的满意答复，则有助于促成交易。

客户投诉是客户沟通的一种方式，当客户对产品、服务等产生不满时，就会以较为激烈的方式来与企业进行沟通。对企业来说，客户沟通是有益的，可使企业及时发现并修正产品或服务中的缺陷，帮助企业开发新产品；可使企业获得再次赢得客户的机会；可以帮助企业建立和巩固企业自身的形象。

处理客户投诉时要时刻牢记"客户至上"的服务理念，按照以下四个步骤来进行：让客户发泄，虚心接受投诉；记录投诉要点，迅速应对；提出解决方案并迅速实施；跟踪回访，监控执行。

练习题

一、单项选择题

1. 企业把产品或服务的信息传递给客户，同时客户将其需求或者要求的信息反馈给企业是客户沟通内容中的（　　）。

   A．情感沟通　　　B．理念沟通　　　C．信息沟通　　　D．意见沟通

2. （　　）就是企业客户服务人员通过将自己的思想和客户的思想互相交换，实现客户满意度和维护客户关系的过程。

   A．客户识别　　　B．客户开发　　　C．客户沟通　　　D．客户挽回

3. 当客户有失误时，应该（　　）。

   A．直接对客户说"你搞错了"

   B．用"我觉得这里存在误解"来间接地说明客户的错误

   C．直接对客户说"这不是我的错"

   D．对客户说"怎么搞的，重新填"

4. （　　）的特点是鼓励潜在客户去考虑事情的正反面，便于客户进行利弊比较，方式直观，说服力强。

   A．富兰克林说服法　　　　　　B．MAN 法则

   C．FAB 销售法则　　　　　　　D．USP（独特卖点）销售法则

5. "独特卖点"又叫作"独特销售主张"，英文简写是（　　）。

   A．CRM　　　B．USB　　　C．RFM　　　D．USP

6. 销售商品过期投诉是由于（　　）原因产生的。

   A．产品质量问题　　　　　　　B．服务态度问题

   C．客户期望管理问题　　　　　D．服务方式问题

二、多项选择题

1. 企业与客户沟通的途径有（　　）。

   A．通过业务人员与客户沟通

   B．通过信函、电话、电子邮件、微信、体验中心等与客户沟通

   C．通过活动与客户沟通

   D．通过广告与客户沟通

   E．通过包装与客户沟通

   F．线上、线下全渠道与客户沟通

2. FAB 销售法则包括（　　）。

   A．产品属性　　　B．消费金额　　　C．产品优点　　　D．消费频率

   E．产品利益

3. 处理客户投诉的四个步骤包括（　　　　）。
   A. 让客户发泄，虚心接受投诉　　B. 记录投诉要点，迅速应对
   C. 提出解决方案并迅速实施　　　D. 跟踪回访，监控执行
   E. 通过信函、电话、网络、电邮、呼叫中心等与客户沟通

三、判断题

1. 客户不投诉就表示客户满意。　　　　　　　　　　　　　　　　（　）
2. 在客户关系管理中，企业和客户之间的互动应当是双向沟通的。　（　）
3. 客户沟通的作用是实现客户满意和维护客户关系。　　　　　　　（　）
4. 有异议的客户是可以放弃的客户。　　　　　　　　　　　　　　（　）
5. 在推销过程中，客户异议是可以杜绝的，只要有技巧。　　　　　（　）

四、模拟情景对话

孙阳来到营业厅柜台前说：您好，我已经投诉多次了，到现在都没有帮我处理，我现在要补打5月份和6月份的发票。

柜台小姐对这位先生说：请稍等，我会立即为您查询具体情况。

孙阳将自己的手机号码和身份证资料交给了柜台工作人员。工作人员查询后发现，孙阳当时是在网上办理的业务，而且办理业务时已经交了费用，但由于系统至今没对他的话费作销账处理，所以没办法打印出孙阳这两个月的话费发票。

柜台工作人员把上述原因告知孙阳了。

孙阳生气地说：为什么没有销账呢？我是要拿发票回单位报销的。这是你们公司的问题，我现在要拿回发票，错过了这个时间，单位就不给报销了。你们要是不给，找经理出来见我。

柜台工作人员：你这个发票打不了啊，公司制度就是这样规定的。你见谁都没有用的。

请运用所学知识处理客户的问题，模拟对话，让客户满意地离开。

五、案例分析题

外资银行客户经理的一天

初冬的上海，天气微冷。陆家嘴某金融机构中层管理人员苏君，与汇丰上海分行的专属理财师安吉约定下班后会谈理财计划。

在安吉与苏君见面之前，她已经非常忙碌了一整天。这一天的早上，银行投资顾问召集理财顾问，召开了一个短会，分享市场变化、产品销售情况等信息。此时，理财顾问也会把自己与客户沟通时遇到的问题讲出来，大家帮助分析解决。这对安吉来说是每天必需的"充电"时间。优秀的理财师需全面掌握银行、证券、保险等产品，以制定合理、全面的理财规划。

晨会之后，安吉打开电脑，将所有的老客户按照投资偏好在脑子里过了一遍，然后将年龄在35～45岁、已经购买了保障性投资计划的客户筛选出来，利用手机短信告知他们汇丰刚刚推出的"成长型一年期股票挂钩"产品。她知道，这些客户最有可能将富

余的资金投在风险和回报较高的产品上。

临近中午,一位首次拜访汇丰的"潜在客户"提出投资需求,希望投资本金在30万元左右的收益稳定的产品,另外的10万元则希望可以有比较高的回报,但是每个月投入的金额不能超过3 000元。安吉不到5分钟就给出了一个合理的组合方案,同时提供了几份银行产品介绍和自己的名片让她回去再考虑一下。

下午,安吉查看她负责的客户是否有账户情况的特殊变化,发现老客户刘某的申请大额资金转出。她给刘某发了一封电子邮件,邮件是从系统推荐的"挽留模板"中选择的,但是安吉修改了开头,增加了问候他抱病太太的内容,然后介绍了几种短期低利率保本产品,整封邮件都没有直接提到正在申请转出的资金。随后,安吉处理了关于"成长型一年期股票挂钩"产品的电话咨询。处理一位用户的购买要求,处理其他客户的风险条款要求,并记录经朋友推荐的新客户联络信息。

之后,安吉按照约定的时间赶到一位重要客户的办公室,收取他已经签署好的购买100万元理财产品的认购书。

这些都忙完了之后,才到了与苏君约定的见面时间。在见过苏君之后,当天工作结束前,安吉和其他理财顾问又会聚在一起,讨论当天工作中遇到的问题。投资顾问会整合大家提供的客户反馈,决定下一步的行动。

某外资银行培训理财顾问至少需要6个月的时间。包括两个星期的培训课程、考取银行投资领域的证书及"实战"阶段。理财顾问第一次服务客户时,投资顾问会在旁边指导。同时,投资顾问会对理财顾问的工作进行评价。

安吉利用了多种手段和客户进行沟通。对于新客户,有专门的电话顾问和他们保持联系并定期邮寄资料;对于前来拜访的新客户,通过面对面的沟通打消其顾虑。Email和手机沟通都是方便的沟通手段,但是只适合那些不要求紧急回复的沟通,对于重要客户,安吉会选择"上门释疑"。

支撑安吉在一天之内完成与不同客户有效互动的是庞大的计算机系统。这些系统可以提醒她哪些客户的交易是值得关注的,也可以帮助她完成很多自动的日常联络,比如定期邮寄账户余额存单。系统的另外一个重要的作用是帮助管理者获得统计报表。记录这些沟通的方式和内容已经成为每位客户经理的习惯,他们不仅是因为绩效考核的要求才这么做的,而是因为系统的确也为他们的每一次沟通提供了足够的指导和帮助。

结合案例分析以下问题:
1. 客户经理安吉和客户沟通的手段有哪些?
2. 一个合格的客户经理应该具备哪些素质?

项目一　寻找商品的FAB

一、实训目的

加深学生对商品的认识

二、实训内容

学生分组讨论，每组需深入分析商品，明确其特性（Feature）、优势（Advantage）及带给消费者的益处（Benefit），并将这些要点记录在纸上。此活动限时30分钟，以分组讨论的形式进行，所需道具包括白纸、笔以及若干商品样本。

三、实训要求

1. 按教学班级进行分组，每组5～8人，各小组独立进行商品FAB的探索。
2. 每组组长上台向全体同学汇报本组的FAB分析成果。

项目二　调研企业客户沟通现状

一、实训目的

本次实训旨在通过深入调研企业的客户沟通工作实际状况，使学生全面理解和掌握企业与客户之间有效沟通的重要性及实践方法，旨在提升学生的市场调研能力、问题分析能力以及提出解决方案的能力。

二、实训内容

1. 联系2～3家企业，对其客户沟通工作的开展情况进行调研。
2. 如果你认为某个企业的客户沟通工作开展得很好，总结其主要做法。
3. 如果你认为某个企业的客户沟通工作已开展，但效果很差，请帮助诊断其中的原因，并根据本项目所讲知识，给出一些合理化的建设性建议。

三、实训要求

1. 按教学班级进行分组，每组5～8人，按组进行调研。
2. 由每组组长负责完成调查分析报告的撰写。

项目三　客户投诉调查

一、实训目的

本实训旨在帮助学生深入理解消费者投诉行为及其背后的动机，同时掌握企业应对投诉并实施服务恢复的有效策略。

二、实训内容

1. 基于现实生活中的不满体验，选择一家服务不佳的公司进行模拟投诉。投诉方式可选电话或电子邮件。为确保调研的真实性，请不要透露这是教学项目的一部分。
2. 每位同学需提交一份简短的报告或视频，详细记录投诉过程，包括投诉的具体情况、投诉性质分析、个人期望的解决措施以及对当前公司服务的感受。

1）若公司给予回应，需如实记录回应内容，并从客户角度评估其充分性。

2）若公司未予回应，则需分析可能的原因，并代表公司撰写一封回复信给自己，明确公司应采取的改进措施。

3. 最后，学生需进行小组总结讨论，分享个人从这次模拟投诉经历中学到的知识和感悟。

三、实训要求

1. 按教学班级进行分组，每组 5～8 人，按组进行投诉模拟与调研。
2. 由每组组长负责完成调查分析报告的撰写。

项目四　客户投诉处理

一、实训目的

掌握处理客户投诉的步骤。

二、实训内容

1. 学生分组扮演客户与服务人员角色，模拟真实客户投诉情境。通过角色扮演，实践从接收投诉、理解问题、安抚情绪到提出解决方案的完整流程。
2. 填写客户投诉处理实训任务单，给出适当的解决方案。

三、实训要求

1. 按教学班级进行分组，每组 5～8 人，按组进行模拟。
2. 由每组组长负责完成客户投诉处理任务单（见表 4-3）填写。

表 4-3　客户投诉处理任务单

投诉人				投诉时间		
投诉分类	□服务质量		□产品质量	联系电话		
投诉渠道	□来电	□来访	□网店	□公众号	□App	□其他
投诉产品名称			数量	生产日期		

投诉问题内容：

记录人：

责任处理部门/人		处理时限	□当天　□3日内　____日内

处理措施：

处理结果：

客户意见回访调查					
及时解决	□及时	□不及时	如未及时解决,是否向对方解释原因	□已解释	□未解释
客户满意度			□满意　□较满意　□一般　□较差		
备注					

Chapter 5

第五章

客户信息管理

学习目标

【知识目标】
- ➢ 了解客户信息的组成。
- ➢ 掌握搜集客户信息的渠道。
- ➢ 掌握客户档案分类的方法。

【能力目标】
- ➢ 能够建立和使用客户档案。
- ➢ 能够运用客户数据库管理客户信息。

【素质目标】
- ➢ 树立诚实守信、严守客户秘密的意识。
- ➢ 培养学生与客户沟通、和善相处的意识，增强团队协作能力、语言表达能力、问题分析能力。

引导案例

大数据是怎样为你服务的？

某一天，你刚刚看完一部电影，对女主角的衣着打扮念念不忘。于是，你忍不住打开淘宝，输入"某某明星同款"几个字。没错，接下来，你将得到一系列有关你喜欢的大衣、包包、发饰、口红的信息。但是，你知道在这次搜索背后，大数据是怎么为你服务的吗？

首先，你输入的"某某明星同款"这几个字，会被翻译成机器能听懂的语言，这样"数据先生"才知道你想要什么。

在没有大数据的概念之前，也许找出来的是格式图片、文字资料等。如果是这样的话，你往往需要翻上好几页，才能看到一个你想要的大衣或者包包。但有了大数据之后，"数据先生"会先根据你以往的购物经历来判断你是一个什么样的人。

（1）你个人资料明明填的是"男"，为什么买的都是女性用品？比如化妆品、女士衣服等。好吧，你一定是想忽悠"数据先生"，但是很遗憾，"数据先生"认定你就是"女汉子"！

（2）你之前买的都是欧美风格的衣服，那么日韩风格的衣服就不给你推荐了。

（3）以前你买的都是XL码的！看来只有大码的才适合你，那些小号衣服都靠边儿站吧。

（4）不好意思，知道你的年龄了……30岁，正当年！上个大气的风衣。

（5）你最近是不是迷恋起彩妆了？买了那么多眼影和粉底，给你配个口红吧，2025年最新款！

（6）你不喜欢圆领上衣吗？那再给你去掉。

（7）再来看看跟你有相同品位的人都买了什么。

应该差不多了？不，别忘了，你来自上海，为了省点运费，优先给你看本地的卖家。这样一番操作下来，"数据先生"已经先帮你筛除了一大堆你不需要的东西，并且将适合你的自动优先匹配。

你以为这样就算结束了？当然不是，"数据先生"还要考虑你的生活习惯。比如，这个时间你应该跟男朋友去吃饭了。为什么今天没有去吃饭而是来上网了？是心情不好还是男朋友在加班？总而言之，"数据先生"需要给你一点正能量，优先展示你喜欢的店铺，并且告诉你，产品降价啦！

也许到现在你终于明白了大数据是怎样为你服务的。在体验完这次服务之后，你又添上了一组新的数据。

【引入问题】

在生活中，你遇到过类似的情况吗？对于企业来说，这些数据信息有何作用？

第一节　客户信息的构成

随着人类社会迈入大数据时代，信息管理开始影响社会的各个领域。

企业的客户有多少？企业的客户是谁？企业的重要客户是谁？他们买多少？隔多长时间购买一次？他们怎样购买？他们去哪里购买？他们通过什么途径了解你的企业？他们对企业的产品或者服务有什么意见或建议？他们想要企业提供什么样的产品或服务？要回答这些问题，企业需要花费大量的时间、精力和财力去收集客户信息。

客户信息是企业决策的基础，企业若想维护与客户建立的关系，就必须掌握客户信息，像了解自己的产品那样了解客户。客户信息是企业对客户分级管理的基础，企业只有全面收集客户的信息，特别是客户与企业的交易信息，才能根据客户对企业的价值和贡献大小对客户分级管理。如果不了解客户，不掌握客户信息，客户沟通就很难实现，更谈不上客户满意和忠诚了。因此，企业必须重视和掌握客户信息。

数字经济环境下，企业如何通过综合创新的方式，改进业务模式，以适应时代背景下用户需求的发展变化，最基础的就是从收集客户信息做起。

客户信息的构成

> **经典新说**
>
> ### 内联升名扬北京城
>
> "头戴马聚源，身穿瑞蚨祥，脚蹬内联升，腰缠四大恒"的顺口溜曾风靡了老北京的大街小巷。老字号"内联升"鞋业声名远播，一个小小的鞋厂为何有着如此大的名气呢？
>
> 其实，这都源于内联升鞋业的创始人赵廷。赵廷十几岁起就在鞋铺当学徒，学得一手好活计。出师后，他开办了自己的鞋店，取名"内联升"，"内"指皇宫大内，"联升"指穿上他做的千层底布鞋就会连升三级，准确地把客户群定位为朝廷官员。
>
> 内联升的朝靴深受朝中大员喜爱，逐渐在达官贵人圈中口碑相传，京城文武百官买鞋必到内联升，来京官员送礼或自用也会到内联升选购朝靴。于是，《履中备载》应运而生，这是有证可考的国内第一本VIP客户档案。赵廷在内联升内建立了一套完善的经营和服务体系。三品以上大员做鞋是不会亲自到鞋店的，内联升派伙计过去量尺寸、试样子。天长日久，内联升积累了朝中显贵的靴鞋尺码，赵廷将官宦的靴鞋尺寸、式样、特殊爱好一一整理登记在册，取名《履中备载》。官宦需要靴鞋，只需家人到内联升通报一声，内联升自会做好送到府上。

> 有趣的是，《履中备载》专记王公贵族和知名的京官、外省大吏的靴鞋尺寸、样式和特殊脚形。那时各地进京的举子为讨好在京为官的"恩师"，或贫寒京官为谋得外放的美差，常常到内联升打听上司、恩师的靴鞋需求，花重金为上司、恩师定制几双朝靴以表忠心，借此博得青睐和赏识，以求飞黄腾达。为此，内联升生产的朝靴身价倍增。
>
> 内联升根据《履中备载》中所记客户的不同需求、爱好，制定适合客户的靴鞋，虽然设计上并无多大创新，倒也可以称为中国高级定制的启蒙。清朝灭亡后，内联升的招牌在北京城依然响亮如故。
>
> **点评**：内联升的成功在于精准定位客户群、详尽掌握客户资料，并站在客户的立场满足其实际需求。一个能够如此周到地为他人着想的鞋店，生意怎能不兴隆呢？

一、个人客户信息

个人客户是企业产品或服务最主要的消费者，个人客户的信息包括以下几个方面。

1. 基本信息

个人客户的基本信息包括姓名、户籍、籍贯、血型、身高、体重、出生日期、性格特征、身份证号码、家庭住址、手机、电子邮箱、所在单位的名称、职务、单位地址、工作电话、传真等。

2. 消费情况

个人客户消费情况包括工资收入、消费种类、消费金额、消费频率、每次消费规模、消费档次、消费偏好、购买渠道与购买方式偏好、消费高峰时点、消费低峰时点、最近一次消费时间等。

3. 事业情况

个人客户事业情况包括以往就业情况、曾就职的单位名称、地点、职务、年收入，目前单位的职务、年收入、对目前单位的态度，以及个人对事业的态度、事业目标等。

4. 家庭情况

个人客户家庭情况包括婚姻状态、结婚纪念日、配偶姓名、生日、血型、教育背景、兴趣、专长、嗜好、有无子女、子女姓名、子女年龄、子女生日、子女教育背景、对婚姻的看法、对子女教育的看法等。

5. 生活情况

个人客户生活情况包括病史、目前的健康状况、是否饮酒（若饮酒，需了解饮酒的种类和数量）、对饮酒的看法、是否吸烟（若吸烟，需了解吸烟的种类和数量）、对吸烟的看法、喜欢在何处用餐、喜欢吃什么菜、对生活的态度、有没有座右铭、休闲习惯、度假习惯、喜欢哪种运动、喜欢聊的话题、最喜欢的媒体、个人生活的中期目标及长期目标等。

6. 教育情况

个人客户教育情况包括就读学校、最高学历、所修专业，以及高中、大学、研究生阶段的起止时间。此外，主要课程、学校所在地等都可作为信息收集。

7. 个性情况

个人客户个性情况包括最喜欢的娱乐活动、曾参加过哪些俱乐部或社团、对政治活动的热衷程度、宗教信仰或态度，以及喜欢看哪些类型的书、忌讳与重视哪些事、固执程度、对他人意见的重视程度，以及待人处事的风格等。

8. 人际情况

个人客户人际情况包括亲戚情况、与亲戚相处的情况、最要好的亲戚，朋友情况、与朋友相处的情况、最要好的朋友，邻居情况、与邻居相处的情况、最要好的邻居，以及客户对人际关系的整体看法等。

// 实例

投其所好促合作，500元的裙子换来了订单

在某影视剧中，面对迟迟不做决定的客户，销售人员想到了从其家人入手促进成交。销售人员得知客户的妻子刚刚生了孩子，要办满月酒。考虑到刚刚生产完的宝妈面临身材恢复期的穿衣难题，加之照顾新生儿无暇外出购物，销售人员特意买了一条没有其他装饰的 A 字版、高腰线、垂感好的长裙来送礼。这种款式的裙子遮肉不显胖，并且裙子没有装饰也方便照顾宝宝。这条裙子果然得到了客户妻子的认可，进而顺利促成了订单成交。

二、组织客户信息

组织客户主要是指各类组织机构，包括各类生产企业、中间商和政府机构等。与个人客户相比，组织客户的购买量非常大，但购买行为更加复杂，需要收集的信息也更多。

企业客户的信息包括以下几个方面。

1. 基本信息

组织客户的基本信息包括企业名称、地址、电话、创立时间、组织方式、业种、资产等。这部分信息一般可以通过网络完成收集。

2. 客户特征

企业或者组织的规模、服务区域、经营理念、经营方向、运营特点、品牌形象、声誉等都可作为组织客户特征进行信息收集。

3. 业务状况

组织客户业务状况包括企业或组织的销售能力、销售业绩、发展潜力与优势、存在的问题及对策等。

4. 交易状况

组织客户交易状况包括企业订单记录、交易条件、信用记录及过往信用问题、双方关系及态度、客户对企业及竞争对手的产品或服务评价、客户建议与意见等。

5. 负责人信息

组织客户负责人信息包括企业所有者、经营管理者及法人代表的个人详情，包括姓名、年龄、教育背景、个性、兴趣爱好、家庭情况、专业能力及综合素质等。负责人信息的收集可以参照个人客户信息收集的内容来进行。

长期以来，客户信息分散在企业的各个部门，分散的、不连贯的客户信息为企业分析客户需求带来了很多不便。随着市场竞争的日益激烈，客户信息越显珍贵，拥有准确、完整的客户信息，就可以在把握客户需求特征和行为偏好的基础上，有针对性地为客户提供个性化的产品或者服务，满足客户的特定需求，从而提升客户满意度，这对于维持良好的客户关系，促进客户忠诚度提升具有十分重要的作用。

第二节 搜集客户信息的渠道

客户信息可以为企业提供很多有价值的内容，从而有效指导企业的生产和销售。客户信息是多种多样的，收集客户信息的渠道也是多种多样的。

一、直接渠道

直接收集客户信息的渠道，主要是指客户与企业的各种接触机会。如从客户购买前的咨询开始到售后服务，包括处理投诉或退换产品，这些都是直接收集客户信息的渠道。以通信业为例，客户信息的直接收集渠道包括营业厅、体验中心、呼叫中心、官方网站、客户经理等。也有很多企业通过展会、市场调查等途径来获取客户信息。

具体来说，直接收集客户信息的渠道如下。

1. 通过调查获取客户信息

这种方法主要是调查人员通过面谈、问卷调查、电话调查等方法得到第一手的客户资料,也可以通过仪器观察被调查客户的行为并加以记录而获取信息。

例如,我国的收视率就是通过调查直接获取的。在我国,收视率记录主要有两种方式。一种是日记法,日记法是指通过由样本户中所有 4 岁及以上家庭成员填写日记卡来收集收视信息的方法。样本户中的每户都有一个记录收视情况的日记卡,要求被收集数据的用户将收看的节目情况填写到日记卡上。日记卡法的记录时段设定为 15 分钟,即以 15 分钟为一个记录单位,当样本人员在 15 分钟内收看某一频道的累计时间超过 8 分钟时就可记录。另一种是人员测量仪法,样本户中会有一个人员测量仪的手控器,当收看电视节目时要按一下按钮,收看结束时也按一下按钮,这样收看信息就会被监视器记录下来,这样就可以得到家庭、个人收视偏好的信息。

华为始终秉持着与客户紧密沟通的原则,积极倾听客户的需求,深入了解客户信息。华为曾要求全员(包括副总裁以上的高管)以客户为核心,每周最少见客户 5 次,并将拜访情况统一汇报到客户关系管理部进行考核。华为还成立了一个"挖土豆"团队,专门在地市本地网寻找机会点,或者与运营商一线市场人员一起寻找业务增长点。在运营商投资下滑的情况下,华为业绩还在增长,这都得益于华为获取客户信息能力的构建。

2. 在服务过程中获取客户信息

在服务过程中,客户通常能够直接并且毫无避讳地讲述自己对产品的看法和期望,对服务的评价和要求,对竞争对手的认识,以及其他客户的意向和销售机会,其信息量之大、准确性之高是在其他条件下难以实现的。

服务记录、客户服务部的热线电话记录以及其他客户服务系统能够收集到客户信息。此外,客户投诉也是企业了解客户信息的重要渠道,企业可将客户的投诉意见进行分析整理,同时建立客户投诉的档案资料,从而为改进服务、开发新产品提供基础数据资料。

例如,商场可以要求客户在办理会员卡时提供个人基本信息,如住址、电话、邮编、性别、年龄、家庭人数等。当客户付款时,只要刷一下会员卡,就可以将采购信息记录在数据库中。商场据此可以分析客户的消费习惯,包括商品档次、品牌、数量、消费金额、采购时间、采购次数等,进而大致勾勒出客户的消费模式、生活方式、消费水平以及对价格和促销活动的敏感程度等。

// 实例

酒店员工如何收集客户信息

迎宾员和引领员是最早接触客人的岗位之一,优秀的迎宾员能够在客人到来时准确地用姓氏尊称客人,同时能够将宾客的详细信息,如特殊喜好、生日、联系电话、喜爱的菜品、爱喝的酒水等准确地传达给值台服务员或点菜员。在与客人交流的过程中,引领员可以委婉地询问客人的姓氏,并做好传递和记录工作。

点菜员的工作内容是营养搭配与用餐指导，业务娴熟的点菜员有一定的权威性，她可以做宾客的向导，也是酒店产品对外宣传的桥梁。因此，在点菜过程中，可运用婉转的语言与客人沟通，并进一步了解客人的姓氏及喜好。

值台服务员和楼层服务员也是获得客人信息的重要渠道。楼层服务员可以通过细心服务，借询问茶水、酒水等机会，及时与客人沟通，及时记下客人的姓氏，在服务中注意客人的举动，特别是对某一菜品的爱好等。

酒店管理人员要具有良好的沟通能力，在餐厅巡检过程中随机拜访客人，征求客人意见。用姓氏尊称客人是管理人员与客人交往应具备的基本能力，这样会使客人产生一种受照顾的感觉。对于不熟悉的新客人，管理人员可以采取意见征询表的形式征询客人意见，同时运用婉转的语言与客人沟通，询问客人姓氏并即刻使用，然后形成文字记录备用。

总台接待员和吧台收银员也是接触客人最多的岗位之一，优秀的收银员、接待员应熟悉客人的姓氏、结账方式、特殊需求、联系电话等。总台预订、宴会安排、客人出示证件等环节，都提供了记忆客人姓氏、获取信息的宝贵机会。

3. 在营销活动中获取客户信息

有效的营销活动在为商家赚得盆满钵满的同时，也是一个有效获取客户信息的渠道，通过这一渠道获取信息较为容易，而且信息的真实性比较高。例如，广告发布后，潜在客户或者目标客户会与企业联系，或者打电话，或者寄回剪下的优惠券，或者参观企业的展示厅等，一旦有所回应，企业就可以把他们的信息添加到客户数据库中。

另外，企业可以启动频繁营销方案，或者实行会员制度，或者成立客户联谊会、俱乐部等，也可以收集有效的客户信息。例如，麦德龙是一家实行会员制的企业，会员入会不需要交纳会员费，只需填写"客户登记卡"，主要项目包括客户名称、所属行业、地址、电话、传真、邮编、税号、账号和授权购买者姓名等。此卡记载的资料输入计算机系统，就有了客户的初始资料，当购买行为发生时，系统就会自动记录客户的购买情况。

此外，由于博览会、展销会、洽谈会针对性强且客户群体集中，因此可以成为迅速采集客户信息、达成购买意向的场所。

4. 大数据成为收集客户信息的有效渠道

随着线上、线下获客成本的日益增长，各企业对于精准数据信息的需求也与日俱增，低成本且精准稳定地获取信息的方式也成为行业共识。各企业都紧跟时代潮流，依靠大数据和人工智能技术来快速获取客户信息。

大数据是一个数据的集合，通过一定的运算，能够找到事物运行的规律，反映一段时间内一件事物的活动趋势，是现代社会一种具有重要价值的信息资产。大数据让我们的消费习惯、消费偏好、上网痕迹等变得透明化，任何企业都可以通过后台数据分析出每位消费者的购物频率、购买能力以及购物偏好等。就好比我们刷购物软件时，会发现软件似乎能听到自己的心声一样，推荐的商品刚好都是我们所感兴趣的，这就是大数据对信息的收集。

利用大数据进行全面的网络信息数据采集，是指利用信息采集软件，对搜索引擎、新闻网站、论坛、微博、短视频平台等各类网络媒介网页的页面信息进行采集。通过要素采集、关键词抽取、全文索引等方式，将采集到的各类数据进行自动去重和分类归档存储，为下一步数据分析和使用奠定基础。

◆ **素养小课堂**

保护客户信息　筑牢职业道德底线

在快递、装饰装修、房屋中介等行业大量接触公民个人信息的背景下，相关行业监管及员工制约机制仍不完善，行业"内鬼"泄露客户隐私的情况频频发生，已不仅仅是违反职业道德，更是上升到刑事犯罪的严重程度，对公民的人身、财产安全及正常工作造成了严重威胁。

2021年11月1日起施行的《中华人民共和国个人信息保护法》明确将个人信息保护纳入检察公益诉讼法定领域，非法泄露公民个人信息不仅是民事侵权行为，严重的还将被追究刑事责任。无论身处哪个岗位，都要遵守职业道德规范，筑牢道德底线，时刻不得懈怠，共同为广大客户提供优质服务，更好地服务经济社会发展。

二、间接渠道

间接收集客户信息的渠道，是指企业通过获取公开信息或者购买途径获取客户信息，一般可通过以下渠道实现。

（一）公共媒体信息

企业信息可以从多种渠道获得，如各种电话黄页、企业网站、国内外权威报纸杂志、图书，以及国内外各大通讯社、互联网平台、电视台发布的有关信息。此外，还包括各个协会的企业名录、国资委监管企业名单、国家百强企业名单，以及各地工商局、税务局的企业名单等。

这类信息的特点是容易获得，信息量较大，筛选工作难，效率较低。因此，尽管公共媒体信息是企业获得客户信息资源的一个重要途径，但对于这部分公开的信息，要学会鉴别时效性和真实性，并学会顺藤摸瓜，找到信息源头发布者。

> **// 实例**
>
> **影视剧中收集信息的间接渠道实例**
>
> 在某影视剧中有这样一个片段，一直未开单的房屋销售新手在发传单时偶遇一位穿着低调朴素的大叔。大叔提出要买房，但得知大叔没有上海户口时，房屋销售新手便未将其视为潜在客户，继续去发传单了。而经验老到的房屋销售员一眼就认出大叔是身价几十亿的富豪，向大叔推荐了价格不菲的老洋房，最终拿到了高额的佣金。剧中经验老到的房屋销售员之所以能够认出大叔，正是因为他平时关注了公共媒体上出现的潜在客户信息。

（二）政府信息

1. 工商和税务信息

工商和税务信息一般属于保密信息，企业可以通过合法途径访问工商和税务的计算机档案系统，获取详尽的企业分类信息，如新注册的企业信息、行业客户的完整信息等，然后进行全面筛查。

2. 政府信息中心

随政府机关信息化建设的不断推进，各部委、厅、局成立了信息中心。这些机构之间没有上下级的隶属关系，却非常了解其职能管理范围内的企业信息化情况，因此也是重要的信息获取渠道。

3. 国家统计局统计年鉴

统计年鉴是各城市统计局根据国家数据统计的要求对地方企业经济进行汇总分析的文献资料，它有企业销售、产值、利税等各种统计数据分析，是一个非常好的信息筛选资料。企业可以通过地方的图书发行机构购买这类资料。

（三）经济组织信息

1. 城市经济开发区内的企业信息

每个城市根据经济的特点设立了不同规模和行业特色的经济开发区，每个经济开发区均有管理机构——开发区管理委员会，企业可以通过开发区管理委员会获取相关信息，然后进行筛查，其效果较好。

2. 各行业协会、俱乐部、社会团体的分类企业信息

政府部门正逐步将行业协会的管理权交给行业内有影响的企业群体。行业协会的职能也在转变。这些行业协会非常了解行业内企业信息化状况和需求，可以重点进行调查。

3. 大型集团企业的机构信息

大型集团企业均有信息中心，可以通过对集团公司的信息进行调查，了解近期和远期的企业需求。

4. 权威数据库及专业项目网站

企业应经常关注相关企业网站、政府网站及招投标公司、设计院、科研院所、质量检验部门的官方网站，要学会创新信息渠道。例如，利用工商行政管理部门及驻外机构的资源，获取客户的注册情况、资金情况、经营范围、经营历史等可靠信息。

（四）相关组织

1. 国内外金融机构及其分支机构

一般来说，客户常与各种金融机构有业务往来，因此，通过金融机构调查客户的信息，尤其是资金状况，获得的信息往往是比较准确的。

对国外客户，可委托我国驻各国大使馆、领事馆的商务参赞帮助了解。另外，也可以通过我国一些大公司的驻外业务机构帮助了解客户的资信情况、经营范围、经营能力等。

2. 国内外咨询公司及市场研究公司

国内外咨询公司及市场研究公司具有业务范围广、速度快、信息准确的优势，可以充分利用这个渠道对指定的客户进行全面调查，从而获取客户的相关信息。

（五）其他渠道

1. 城市的各种会议、活动信息

城市中的各种会议、活动是高效的情报调查途径，它将为企业提供非常有价值的商机信息情报。企业应关注城市内酒店、宾馆、大型会议展馆等场所举行的各种展览、会议、贸易活动、市场推介会、促销会及培训活动，及时收集参与企业的相关信息。

2. 从客户渠道挖掘客户信息

具备二次购买可能的老客户是企业最宝贵的资源之一。企业还可以通过老客户收集新客户和供应商名单，并再次进行跟进。这种客户信息获得渠道是最为有效的，并且客户信息比较准确和翔实，有利于企业对新客户的开发。

3. 向已建立客户数据库的公司租用或购买

小公司由于实力有限或其他因素的限制，无力自己去收集客户信息，此时可通过向已经建立客户数据库的公司租用或者购买来获取客户的信息，这种方式往往要比自行收集客户信息的成本更低。

由于客户信息比较多元，收集客户信息的渠道其实也是多种多样的。例如，从战略合作伙伴或者老客户，以及行业协会、商会等渠道也可以获取相关的客户信息。另外，还可以与同行业中不具有竞争威胁的企业交换客户信息。

总之，客户信息的收集有许多途径，在具体运用时要根据实际情况灵活选择，有时也可以把不同的途径结合在一起综合使用。

应当强调的是，客户信息是企业的宝贵财富，不管收集信息的渠道如何，企业都必须对客户负责，对客户的信息严格保密。

第三节 建立和利用客户档案

企业收集到足够的客户信息之后，需要由专人对收集到的信息进行必要的筛选和整理，去除其中的不实信息、过期信息之后，分门别类地进行汇总，储存于企业的客户数据库中。对于没有进行计算机管理的企业，可将客户信息填表，编制成册，发放到企业相关部门，方便及时查阅。

一、建立客户档案

（一）客户档案的基本内容

客户档案的内容取决于多种因素，包括客户关系管理的对象、目的与企业决策需要，以及企业获取客户信息的能力和档案管理成本等。一般而言，客户档案包括以下三个方面的内容。

1. 客户基本信息资料

客户基本信息资料具体包括两方面内容。

（1）个人和组织资料。个人资料包括客户名称、通信地址、电话号码、电子信箱、年龄、教育水平、家庭状况、偏好、收入、生日、使用商品等。组织资料包括组织名称、组织性质、总部所在地、往来的银行、通信地址和电话号码、开业时间、注册资本、职工人数、经营管理者、经营范围和业绩等。

（2）交易记录。开始取得联系或对企业信息响应的时间和方式（如第一次打电话询问产品情况）、会谈记录、信函（如投诉信）、购买和复购的时间、地点、条件、价格、付款和送货方式等。

2. 统计分析资料

主要通过客户调研或向信息咨询机构购买获得，包括客户对企业的态度和评价、经营管理者经营能力、员工素质、行业竞争状况、企业形象及声誉、财务状况、履行合同情况与存在问题、信用情况、与其他竞争者交易情况、需求特征和潜力等。

3. 企业投入记录

企业与客户进行联系的时间、地点、方式（如访问、打电话）和费用开支，提供的优惠措施（价格折扣、购物券等），产品和服务的供应记录，合作与支持行动（如共同研发配套产品、联合广告等），以及为争取和保持每个客户所做的其他努力和费用投入。

以上所列三个方面是客户档案的一般性内容。同时应注意到，无论企业自己收集资料，还是向咨询机构购买资料，都需要一定的费用，各企业收集信息的能力也是不同的。所以，客户档案应设立哪些内容，不仅取决于客户管理的对象和目的，而且也受到企业费用开支和收集信息能力的限制。各企业应根据自身管理决策的需要、客户的特征和收集信息能力，选择确定不同的客户档案内容，以保证档案的经济性和实用性。

（二）客户档案的基本形式

在建立客户档案的过程中，必须确定采用何种形式。目前，国内外企业所采用的客户档案主要有三种形式，即客户名册、客户资料卡和客户数据库。这些客户档案各有其特点，建档要求、适用条件和作用各有不同。

1. 客户名册

客户名册，又称交易伙伴名册，是有关企业客户情况的综合记录。客户名册是一种初级的客户档案形式，一般由客户信息表和客户一览表构成。管理对象一般只针对直接客户，记录合同签订条款和执行情况等。具体操作方法是：在一项合同签订之后，由企业销售人员填写客户信息表，并将新客户增补到客户一览表或名册中。客户名册的对象分类和内容也比较单一，所以比较容易建立保管和查找使用。特别是客户一览表可以简单明了地反映当前客户情况，非常适合管理层决策时使用。

客户名册的优点是简便易行、费用较低。客户信息表是由销售人员负责的，受外界限制不大，而且存档期间费用支出很少。但是，客户名册也有明显的不足之处，主要是缺乏全面性、客观性和动态性。把档案管理对象局限在现有交易伙伴，不利于潜在客户的识别和新客户的开发，同时这种档案的分类和内容也难以全面反映客户的情况。由于这类档案资料全部由销售人员填写，就受到销售人员掌握资料的多少和主观认识的限制。在动态反映客户情况方面，尽管对这种档案也进行定期修订，但是间隔期比较长，当销售人员很忙或外出时，难以保证及时填写新客户信息表。

客户名册是客户档案管理中的初级和简单形式，对于小型企业和客户群体较单一的情况比较适用。此外，由于建立这种档案费用低，受客观条件限制小，对于尚未建立客户档案的企业，无论规模大小，都可以从这种形式起步。通过建立客户名册，企业能够收集、整理分散在企业各方面的资料，逐步建立起客户档案的各项制度，并在实践中不断积累经验。但是，由于这种客户档案在适应管理需要和反映客观实际等方面存在不足，企业还要在此基础上考虑向其他客户档案形式发展。客户信息表见表5-1。

表 5-1 客户信息表

一、客户基本情况

客户单位名称			详细地址		注册时间	
邮政编码			电话号码		传真号码	
网址			Email			
法人代表姓名			性别		民族	
籍贯			家庭住址		联系电话	
经营组织	□股份公司	□个人经营	□有限公司	□有限责任公司	□合资公司	
在同行中的地位	□领先	□居中	□末流			
同行评级	□很好	□较好	□普通	□差	□很差	
经营方针	□积极	□保守	□坚实	□平常	□零乱	□投机
业务状况	□兴隆	□渐盛	□常态	□衰退	□危险	
经营模式	□连锁	□总代	□第三方	□驻办	□批零	□其他
业务发展规划	目前规划			一年规划		
	三年规划			长远规划		
面临竞争	主要对手			竞争状况		
	客户对策					
主要合作方						

二、客户产品情况

主要经营产品	
经营产品产地分布	
经营产品发站、到站	
经营产品市场占有率	主要产品运量
月均销售量	库存量

三、客户财务情况

注册资金				银行往来	
银行信用	□很好	□好	□一般	□差	□很差
资金状况	□充足	□一般	□不足	□紧张	
同行信用评价	□很好	□好	□一般	□差	□很差
付款态度	□爽快	□一般	□迟缓	□为难	□习惯性欠款
财务账簿	□完备	□不完备			

四、客户负责人

姓名		性别	
民族		生日	
家庭主要成员		学历	
专业		家庭住址	
性格		婚姻状况	
兴趣		名誉职务	
籍贯		工作经历	
语言表达		思维方式	
嗜好		特长	
优势		劣势	
最近经营决策内容		组织中的影响力	
组织中的分工		业务	
办公电话		移动电话	
传真电话		Email	

2. 客户资料卡

使用客户资料卡也是建立客户档案的一种简便易行的方法。目前，许多企业已经开始重新建立和实施客户卡制度，并采用不同类型的客户卡，以相互配合使用。

与客户名册相比，客户资料卡管理对象复杂、涉及内容繁多。所以，要求针对不同客户设计不同的资料卡；而且不仅包括客户基础性资料，还要增加业务进行中的动态资料，使客户资料卡随着时间推移逐步充实、完善。同时，每类资料卡必须统一制定，必要时提供范例供填写参考，以利于进行资料的统计、分析、比较和利用。客户资料卡见表 5-2。

表 5-2　客户资料卡

客户名称				往来银行		账号		
公司所在地			金融情况	现金情况				
工厂所在地				资金周转情况				
子公司名称								
负责人	法人		付款情况	承办付款人		住址		
	厂长			付款态度				经营者性格及嗜好
	经办人			付款日期				
	实权者			付款支票				
				使用支票				
业别		组别		日期	搜集变更资料	登记事项		经办付款人性格及嗜好
等级		公司电话						
开始交易日期			变更及其他登记					
使用主要产品								
营业概况	营业项目							
	营业范围							
	营业性质							
	营业状况							
	销售能力							备注
	员工人数							
	营业旺季							
	最高购买额							
	月均购买额							

目前，使用客户资料卡也遇到了一个普遍性的问题，即随着档案中客户卡的长期积累，加之企业业务的发展及客户的增加和变化，资料卡数量成倍增加，档案管理费用上升，查阅和分析使用档案的难度越来越大。这说明传统的书面档案已不能满足现代企业客户管理的需要，由此，一些实力雄厚的大企业开始在已建立的客户档案的基础上发展一种新的形式，即客户数据库。

3. 客户数据库

客户数据库是国内外大型企业中比较流行的客户档案管理方式。运用现代计算机技术发展成果建立客户数据库，在客户信息存储内容、规模和咨询使用等方面都是前两种方式所不能比拟的。首先，客户数据库使建立大规模客户档案成为可能。过去很多企业是针对中间商等客户建立客户档案，因为这类客户的数量总是有限的，而认为要建立成千上万的个人消费者档案几乎是难以企及的。由于计算机存储信息的高密度性，客户数据库已将不可能变为现实。

同时，由于电子档案信息易于更改、复制、调阅和传输，也使客户档案管理发生了根本性的变化。通过数据库，企业可以随时了解客户变动情况，不断获取新信息，进行原有资料的充实、调整，动态地反映客户实际情况，大大提高了查阅和使用信息的效率和方便性。

更为重要的是，客户数据库还带来了营销方式的变化。企业可以通过客户数据库发送营销信息，直接影响客户及收集客户反馈，调整营销策略，提供针对不同客户的特定服务，这就是数据库营销的出现。

当然，建立客户数据库难度也比较大。数据库必须使用用户友好系统，并且能给品牌管理、产品生产和客户服务等各部门提供信息支持。建立数据库需要以发展完备的客户卡系统为基础，并结合科学的客户档案管理分类方法和丰富的实践经验等。此外，与前两种方式相比，建立客户数据库也要求更多的投资，用于配置计算机硬件、进行软件设计及支付管理人员费用等。

二、客户档案的使用

收集客户资料、建立客户档案都是为了使用这些信息，使其在实现企业的客户导向中发挥真正作用，实现信息的价值。企业在运用客户档案时，必须严格遵守建档规范，妥善保存资料，实时更新，并加以有效管理，以提高销售业绩。很多企业建立客户档案后，并未取得预想的效果，就认为客户档案没用。其实不是客户档案不好用，而是企业没有用好客户档案。档案设计不合理、资料收集不全，特别是资料长期不更新，影响了客户档案的使用效果。因此，要在建立客户档案的基础上，不断开发与利用档案信息内容。客户档案不仅在客户关系管理中具有举足轻重的地位，而且在企业面向客户服务的各项工作中也发挥着广泛而重要的作用。

1. 利用客户档案资料提供有针对性的营销

企业需要根据对客户资料的分析，确定不同客户群对企业的价值、重要程度，针对不同客户群的消费行为、期望值等，制定不同的销售、服务策略。中国移动的成功及其业务开发历程就是一个很好的例子。中国移动公司通过分析客户资料，发现了不同客户群体之间的特点和需求：26～45岁的中产阶层，注重的是通信的服务和业务问题；15～25岁的年轻人，注重的是通信的新业务和资费问题；其他广大社会基础人群，注重的是通信的资费问题。在此基础上，移动公司采取有针对性的营销对策，成功地提出了三大品牌服务于客户：针对 26～45 岁的中产阶层，推出"全球通"品牌，该品牌是国内网络覆盖最广泛、国际漫游国家和地区最多、功能最为完善的移动通信客户品牌。"全球通"品牌的主要特色服务是积分计划、10086 专席接入服务、邮寄账单、国际漫游服务、跨区服务、专属 SIM 卡服务。针对 15～25 岁的年轻人，推出"动感地带"品牌。"动感地带"品牌的主要特色服务是：M 计划，即动感地带积分计划，M 计划和 M2.0 卡构成动感地带的新一轮"特权升级行动"。M 计划中的重要概念就是 M 值，M 值的积累与客户的话费或数据业务消费多少紧密相关。M 值越高，回馈也就越多。M 值的回馈主要有：业务类、物品类、公益类和活动类。针对其他广大社会基础人群，推出"神州行"。"神州行"品牌支持全国漫游，是目前中国移动通信客户数量最多的品牌。

2. 利用客户档案做好客户关系维系工作

在很多企业中，经常会发生因为销售人员的离职而带走大量企业客户的现象，从而给企业带来巨大的损失。因此，要解决因销售人员的离开而导致企业客户流失的问题，企业就必须学会利用客户档案资料定期与客户进行沟通交流，维系与客户的关系。如在一些客户的重要日子或节假日，给客户发送信函、贺卡或祝福短信等。

3. 利用客户档案指导企业营销工作的改进

在客户档案中，往往会记载着不同客户类型对产品和服务的需求、客户的销售情况记录、客户的反馈信息、售后维修记录等内容，这些信息都很好地代表了现有客户的需求特点，通过对这些信息的归类、研究与分析，可以为企业开发新产品、改变企业营销策略等提供较好的参考，同时也为企业开发、吸引更多的新客户提供有用信息。

4. 利用客户档案提高销售人员的工作效率

利用客户档案，销售人员可以更好地了解、掌握客户的个人信息、特点、需求、地域、销售情况等，为销售人员开发客户、联系客户、拜访客户、制订销售计划、调整客户销售政策等提供很好的指导依据，从而提高企业销售人员的工作效率和工作成效。

5. 及时补充、更新客户档案

客户档案初步建立后，并不意味着客户档案建立工作就完成了。企业要及时对变化或不完整的信息进行补充和更新，这是因为大部分客户资料会随着时间的变化而产生变化。因此，企业必须及时更新和完善客户信息，保证客户信息的真实性和时效性。同时，企业各部门的信息补充、更新和管理必须保持同步，企业内部信息互动共享，只有这样才能有利于企业开展良好的客户关系管理。

通过实施客户档案信息管理，利用企业所掌握的客户信息，可以加深对每位客户的了解和认识，并在此基础上提供让客户满意的产品及服务，可以大幅度提高企业经营业绩及客户满意度。

第四节　运用客户数据库管理客户信息

　　数据库是信息的中心存储库，由一条条记录所构成，记载着相互联系的一组信息，许多条记录连在一起就是一个基本的数据库。数据库是面向主题的、集成的、相对稳定的与时间相关的数据集合，能够及时反映市场的实际状况，是企业掌握市场的重要途径。

　　客户数据库能反映出每个客户的购买频率、购买量等重要信息，并保存每次交易的记录及客户的反馈情况，通过对客户进行定期跟踪，可使企业对客户资料有详细全面的了解，利用"数据挖掘技术"和"智能分析"可以发现盈利机会，继而采取相应的营销策略。

一、运用数据库分析客户行为

　　客户数据库是企业经过长时间对客户信息（客户的基本资料和历史交易行为）的积累和跟踪建立起来的，剔除了一些偶然因素，因而对客户的判断是客观、全面的。客户数据库可以帮助企业了解客户过去的购买行为，而客户过去的购买行为是未来购买模式的最好指示器，因此，企业可通过客户数据库来推测客户未来的购买行为。

> // 实例
>
> **SHEIN（希音）**
>
> 　　全球快时尚品牌里，很长一段时间没有来自中国的名字，直到SHEIN（希音）——一家来自中国却深耕海外市场的快时尚服装公司——被国内外媒体发现并争相报道。国内默默无闻，海外风生水起，很能够描述SHEIN的现状。2024年，由胡润发布的最新"全球独角兽榜"中，SHEIN位列第四，已经是仅次于字节跳动、SpaceX和蚂蚁集团的巨头。这家中国跨境电商企业凭借极高的性价比和快时尚模式，夺得全球消费市场，将同类竞品远远甩到了后面。
>
> 　　SHEIN是为数不多成功做到"数智化转型"的企业，实现了全流程"数智化"覆盖，并将营销与研发紧密融合、相互赋能。
>
> 　　SHEIN的设计并非仅仅依靠设计师的灵感，更不是凭空臆想，而是有一支专业队伍在海量网站与各类用户行为数据中搜寻蛛丝马迹，再使用算法推算"夺人眼球"的潮流趋势，并将这些想法发送给设计师团队。设计完成后，这些服装被小批量地生产，如100～200件，而不是传统的上千件。销售随之通过移动端App进行，SHEIN能够掌握每件产品的实时表现数据。因此，销售不仅是销售，更是试错——一件单品是否受到欢迎、是否好卖，1～2天就可以由实时数据给出答案。优秀的产品会被迅速再次下单、大量生产，而不好卖的单品则止步于百件，不再多产。这就是SHEIN的"小单快返"模式。

> SHEIN 还打造了一个透明高效的供应链信息系统，涵盖了商品、运营、生产等多个不同部门与子信息系统。前端销售与后端各环节数据共享，SHEIN 的所有供应商都被要求接入 SHEIN 的供应链管理软件。如此多端联动，大幅提高了响应速度与生产效率。从设计到成衣只需 5～7 天，最短甚至达到 3 天，每天甚至能推出多达 2 000～3 000 件新款，将快时尚直接提速到"实时时尚"。
>
> SHEIN 营销也是"数智化"的。SHEIN 使用社交媒体推广产品，拥有一套推荐算法，能够将服装根据不同消费者的喜好为他们推荐服装，从而实现个性化营销的效果。同时，SHEIN 还会找到关键意见消费者为自己的产品"代言"，这些代言人包括各个平台上知名的网红、博主。而 SHEIN 在 Ins、TikTok 等社交平台上的官方账号也拥有大量具有购买力的粉丝。这种"数智化"的营销又产生了海量用户数据，反哺 SHEIN 的设计团队，形成了一个不断更新的运营闭环。

通过客户数据库对客户过去的购买和习惯进行分析，企业还可以了解到客户是被产品所吸引还是被服务所吸引，或是被价格所吸引，从而有根据、有针对性地开发新产品，或者向客户推荐相应的服务，或者调整价格。例如，美国航空公司建立了一个"重要旅行者"的数据库，其中存有 80 万名旅客的资料。这部分人虽然占该公司每年乘客总数的比例不到 4%，但他们每人每年乘坐该公司飞机平均约 13 次，对公司总营业额的贡献在 60% 以上。美国航空公司每次举行宣传活动，总是把他们作为重点对象。又如，饭店通过数据库建立详细的客户档案，包括客户的消费时间、消费频率以及偏好等一系列特征，如客户喜欢什么样的房间和床铺、喜爱哪个品牌的香皂、是否吸烟、有什么特殊的服务要求等。通过这个客户数据库，饭店可使每一位客户都得到满意的服务，从而提高营销效率，并降低营销成本。

最常用来分析客户行为的，其实是 RFM 模型。RFM 模型通过客户最近一次消费、消费频率以及消费金额三项指标来描述该客户的价值状况。

1. 最近一次消费

最近一次消费（Recency）是指客户上一次购买的时间，它是维系客户的一个重要指标。一般来说，上一次消费时间越近越理想，客户最近一次消费的时间越近，其忠诚度越高，再次购买的可能性也越大。吸引几个月前购买过本企业产品或服务的客户，比吸引几年前购买过的客户要容易得多。

如果最近一次消费时间离现在很远，说明客户长期没有光顾，就要调查客户是否已经流失。最近一次消费还可反映企业目前业务的进展情况——如果最近消费的客户人数增加，则表示企业发展稳健；如果最近消费的客户人数减少，则表明企业的业绩可能滑坡。

2. 消费频率

消费频率（Frequency）是指客户在限定的时间内购买本企业产品或服务的次数，反映一个客户的忠诚度。一般来说，购买频率越高，F值越大，客户忠诚度越高。最常、最频繁购买的客户，往往是满意度最高、忠诚度最高的客户，也是最有价值的客户。增加客户购买的次数，意味着从竞争对手那里争夺市场占有率，增加企业的营业额。

3. 消费金额

消费金额（Monetary）是客户购买本企业产品或服务的总额，反映客户的贡献度。通过比较客户在一定期限内购买本企业产品或服务的数量变化，可以了解客户购买态度的变化。如果购买量下降，企业应给予足够的重视。

上述指标可帮助企业识别最有价值的客户、忠诚客户和即将流失的客户。将最近一次消费、消费频率结合起来分析，可判断客户下一次交易的时间距离现在还有多久。将消费频率、消费金额结合起来分析，可计算出在一段时间内客户为企业创造的利润，从而帮助企业明确谁才是自己最有价值的客户。当客户最近一次消费离现在很远，而消费频率或消费金额也出现显著萎缩时，提示这些客户很可能即将流失或者已经流失，从而促使企业采取相应的对策，如对其重点拜访或联系等。

二、运用数据库开展一对一营销

客户数据库是企业内部最容易收集到的营销信息，通过对客户基础信息和交易信息进行加工、提炼、挖掘、分析、处理和对比，可以在海量数据中探求客户现有及潜在的需求、模式、机会，从而直接针对目标客户进行一对一的营销，而无须采取面向大众宣传的手段，因而减少了竞争对手的注意度，有效地避免了"促销战""价格战"等公开的对抗行为。

例如，纽约大都会歌剧院设立了一个可容纳140万人以上的歌迷资料数据库，歌剧院运用电脑分析各种类型消费者的特点，从中找出了潜在客户，然后用直接通信的方式宣传推销歌剧票，结果在歌剧票正式公开发售之前，70%以上的入场券就已经利用数据库销售出去了。

某品牌牛奶于2001年初进入上海市场，一开始想采取进入连锁超市的销售方式，但是这些体系的"门槛"太高，于是找到了麦德龙公司。麦德龙利用其强大的客户数据优势，将该品牌牛奶的样品免费送给经过分析、精心挑选出的4 000户家庭品尝，随后跟踪客户的反馈信息，同时在网上及直邮单上发布该品牌牛奶促销的消息，从而促进了该品牌牛奶在上海的销售，从一开始每月只有几万元的销售额一下子增加到几十万元。就这样，该品牌牛奶没有投入大量资金进行广告宣传，也没有投入巨额的超市"入场费",而是在仅仅投入了数千盒样品的成本下,就顺利地打开了上海市场。这一切,没有麦德龙庞大的客户数据系统的支持是不可能做到的。难怪有营销专家说:"没有数据支撑,就像在沙漠中迷失了方向一样,会付出惨痛的代价。"

三、运用数据库实现客户服务及管理的自动化

客户数据库还能强化企业跟踪服务和自动服务的能力,使客户得到更快捷和更周到的服务,从而有利于企业更好地保持客户。通过对客户历史交易行为的监控、分析,当某一客户购买价值累计达到一定金额后,系统可以提示企业向该客户提供优惠或个性化服务。

// 实例

抖音的短视频推荐机制

抖音是由字节跳动孵化的一款音乐创意短视频社交软件,深受年轻人喜爱。抖音短视频会基于用户个性化兴趣和行为,通过分析用户的观看历史、点赞、评论、分享等行为数据,以及用户的个人信息和关注列表等信息,为用户推荐最符合其兴趣和偏好的短视频内容。

一、用户画像和兴趣模型

抖音通过用户的个人信息、关注列表和行为数据等,建立用户的画像和兴趣模型。用户画像包括用户的年龄、性别、地理位置、职业等基本信息,而兴趣模型则是通过分析用户的观看历史、点赞、评论、分享等行为数据,对用户的兴趣和偏好进行建模。

二、内容特征和标签

抖音对短视频的内容进行特征提取和标签打标。内容特征包括视频的主题、风格、时长、音乐、剪辑手法等,而标签则是对视频的内容进行分类和描述,例如美食、旅行、音乐、搞笑等。通过对内容特征的提取和标签打标,抖音可以更好地理解和分析视频的内容。

三、协同过滤和推荐算法

抖音采用协同过滤和推荐算法来实现个性化推荐。协同过滤是一种基于用户行为的推荐算法,通过分析用户的行为数据,找到与其兴趣相似的其他用户,然后将这些用户喜欢的视频推荐给当前用户。推荐算法则是通过分析用户的兴趣模型和内容特征,结合协同过滤的结果,为用户推荐最符合其兴趣和偏好的短视频。

四、实时排序和个性化推荐

抖音的推荐系统是实时排序和个性化推荐的。实时排序是指系统会根据用户的行为和兴趣模型,对当前可推荐的短视频进行排序,将最符合用户兴趣的视频展示在前面。个性化推荐则是指系统会根据用户的个人信息和行为数据,为不同用户提供不同的推荐结果,以满足用户的个性化需求。

五、多样性和新颖性

抖音的推荐系统注重多样性和新颖性。多样性是指系统会尽量避免将相似的视频连续推荐给用户,以保证用户在观看过程中能够接触到不同类型和风格的视频。新颖性则是指系统会不断地更新和推荐新的短视频内容,以保持用户的兴趣和参与度。

六、用户反馈和数据分析

抖音的推荐系统会根据用户的反馈和数据分析,不断优化和调整推荐结果。用户的反馈包括点赞、评论、分享等,系统会根据这些反馈数据,对推荐算法进行调整和优化,以提高推荐的准确性和用户的满意度。

通过对客户数据库的数据挖掘,企业还可以发现购买某一商品的客户的特征,从而可以向那些同样具有这些特征却没有购买的客户推销这个商品。

例如,沃尔玛在 20 世纪 80 年代建立客户数据库,用于记载客户的交易数据和背景信息。利用客户数据库,沃尔玛对商品购买的相关性进行分析,意外发现:跟尿布一起购买最多的商品竟然是啤酒。原来美国的太太们常叮嘱她们的丈夫下班后为小孩买尿布,而丈夫们在买尿布后又随手带回两瓶啤酒。既然尿布与啤酒一起购买的机会最多,沃尔玛就干脆在它的一个个商店里将它们并排摆放在一起,结果是尿布与啤酒的销售量双双增长。

另外,企业建立客户数据库后,任何业务员都能在其他业务员的基础上继续发展与客户之间的亲密关系,不会再出现由于某一业务员的离开造成业务中断的情况。

四、运用数据库实现对客户的动态管理

拥有客户数据库的企业还可以了解和掌握客户的需求及其变化,可以知道哪些客户何时应该更换产品。例如,美国通用电气公司通过建立详尽的客户数据库,可以清楚地知道哪些客户何时应该更换电器,并时常赠送一些礼品以吸引他们继续购买公司的产品。

由于客户的情况总是在不断地发生变化,所以客户的资料应随之不断地进行调整。如果有一套优质的客户数据库,就可以对客户进行长期跟踪,通过调整,剔除陈旧或冗

余的资料，及时补充新的资料，就可以使企业对客户的管理保持动态性。此外，客户数据库还可以帮助企业进行客户预警管理，从而提前发现问题客户，具体体现在以下几个方面。

1. 外欠款预警

企业在客户资信管理方面给不同的客户设定一个不同的授信额度，当客户的欠款超过授信额度时系统就会发出警告，并对此客户进行调查分析，以便及时回款，避免出现真正的风险。

2. 销售进度预警

根据客户数据库记录的销售资料，当客户的进货进度和计划进度相比有下降时，系统就会发出警告，并对此情况进行调查，拿出相应的解决办法，防止问题扩大。

3. 销售费用预警

企业在客户数据库中记录每笔销售费用，当销售费用攀升或超出费用预算时，系统就会发出警告，并及时中止销售，防止陷入费用陷阱。

4. 客户流失预警

根据客户数据库记录的销售资料，当客户不再进货时系统就会发出预警，使企业及时进行调查并采取对策，防止客户流失。

客户数据库是企业运用数据库技术，收集现有客户、目标客户的综合数据资料，追踪和掌握他们的情况、需求和偏好，并且进行深入的统计、分析和数据挖掘，而使企业的营销工作更有针对性的一项技术措施，是企业维护客户关系、获取竞争优势的重要手段和有效工具。

五、利用 CRM 系统打造企业核心竞争力

1. 什么是 CRM 系统

CRM 系统即客户关系管理系统，是利用信息科学技术，实现市场营销、销售、服务等活动自动化，是企业能更高效地为客户提供满意、周到的服务，以提高客户满意度、忠诚度为目的的一种管理经营方式。客户关系管理既是一种管理理念，又是一种软件技术。以客户为中心的管理理念是 CRM 实施的基础。

CRM 系统整合了客户、公司、员工等资源，实现了对资源的有效、结构化分配和重组，便于在整个客户关系生命周期内及时了解、使用有关资源和知识；简化了各项业务流程，使得公司和员工在销售、服务、市场营销活动中能够集中精力改善客户关系、提升绩效，提高了员工对客户的快速反应和反馈能力；CRM 系统也为客户带来了便利，客户能够根据需求迅速获得个性化的产品、方案和服务。

2. CRM 系统的构成

（1）客户管理。主要功能包括：客户基本信息；与此客户相关的基本活动和活动历史；联系人的选择；订单的输入和跟踪；建议书和销售合同的生成。

（2）联系人管理。主要功能包括：联系人概况的记录、存储和检索；跟踪与客户的联系情况，如时间、类型、简单描述、任务等。

（3）时间管理。主要功能包括：日历；设计约会、活动计划；进行事件安排（如待办事项、约会、会议、电话等）；备忘录；进行团队事件安排；查看团队中其他人的安排，以免发生冲突；把事件的安排通知相关的人；任务表；预告/提示；记事本；电子邮件；传真。

（4）潜在客户管理。主要功能包括：业务线索的记录、升级和分配；销售机会的记录和提醒；潜在客户的跟踪。

（5）销售管理。主要功能包括：组织和浏览销售信息（如客户、业务描述、联系人、时间、销售阶段、业务额、可能结束的时间等）；生成各销售业务的阶段报告并给出业务所处阶段、还需时间、成功可能性，以及历史销售状况评价等信息；对销售业务给出战术、策略上的支持。

3. CRM 系统的作用

首先，企业通过实施 CRM 系统形成了统一的客户联系渠道和全面的客户服务能力，将成为企业核心竞争力的重要组成。企业细心了解客户的需求、专注于建立长期的客户关系，并通过在企业内实施"以客户为中心"的战略来强化这一关系，通过统一的客户联系渠道为客户提供比竞争对手更好的客户服务。优质的服务可以促使客户回头购买更多的产品或服务，企业整个业务也将从每位客户未来不断的采购中获益。

其次，CRM 系统为企业创造了先进的客户智能和决策支持能力，这为打造企业核心竞争力中的战略决策能力和总体规划起到重要的保障和促进作用。CRM 能够使企业跨越系统功能和不同的业务范围，把营销、销售、服务活动的执行、评估、调整等与相关的客户满意度、忠诚度、客户收益等密切联系起来，提高了企业整体营销、销售和服务活动的有效性；同时对客户信息和数据进行有效的分析，为企业商业决策提供支持，这将从根本上保障企业投入足够且适当的资源建设其核心竞争力。

再次，CRM 系统保证企业核心竞争力的持续性提高。因为 CRM 在功能方面实现了销售、营销、服务、电子商务和呼叫中心等应用的集成，其目标是持续提高企业运营和管理的先进化、自动化水平。CRM 系统自身具有持续进步的能力，将保证企业不断根据其资源状况和市场竞争情况，调整竞争战略、突出产品或技术优势，在拥有良好而稳定的长期客户关系的基础上获得不断的市场成功。这些能力对于企业核心竞争力中的相关构成要素将起到持续的推动和促进作用。

最后，CRM 为创建企业基于互联网的管理应用框架，使企业完全适应在电子商务时代的生存和发展。CRM 将推动企业在互联网环境下的高速发展。企业只有通过全面的改革、通过实施和应用 CRM，才能具备在互联网环境下适应变化、不断创新、不断超越的能力。这也是互联网和网络经济赋予企业核心竞争力的新含义。

// 实例

苏宁电器的CRM系统

苏宁电器作为中国 3C（家电、电脑、通信）家电连锁零售企业的领先者，率先在国内商业领域构建了以 SAP/ERP 为核心的信息化平台。苏宁基于 ATM 专网实现采购、仓储、销售、财务、结算、物流、配送、售后服务、客户关系的一体化实时在线管理，能够适应管理和处理日益庞大的市场数据要求，建立全面、统一、科学的日常决策分析报表、查询系统，并有效控制物流库存，大幅度提高周转速度，减少库存资金的占用，及时有效地进行盘点。B2B、B2C、银企直联构筑的行业供应链，实现了数据化营销。与索尼、三星等供应商建立了以消费者需求和市场竞争力为导向的协同工作关系。

苏宁在全国有 100 多个城市客户服务中心，利用内部 VoIP 网络及呼叫中心系统建成了集中式与分布式相结合的客户关系管理系统，建立 5 000 万个客户消费数据库。此外，苏宁还建立了由视频、OA、VoIP、多媒体监控组成的企业辅助管理系统，具备图像监控、通信视频、信息汇聚、指挥调度、情报显示、报警等功能，能对全国连锁店面及物流中心实施实时图像监控。总部及大区远程多媒体监控中心负责实时监控连锁店、物流仓库、售后网点及重要场所的运作情况，全国连锁网络实施"足不出户"的全方位远程管理。

苏宁实现了会员制销售和跨地区、跨平台的信息管理，统一库存和客户资料，实行一卡式销售。苏宁实现 20 000 多个终端同步运作，大大提高了管理效率。各地的客服中心都以 CRM 系统为运作基础，拥有一套庞大的信息系统。该 CRM 系统将自动语言应答、智能排队、网上呼叫、语音信箱、传真和语言记录、电子邮件处理、屏幕自动弹出、报表、集成中文 TTS 转换、集成 SMS 短消息服务等多项功能纳入其中，建立了一个覆盖全国的对外统一服务、对内全面智能的管理平台。

依托数字化平台，苏宁会员制服务全面升级，店面全面升级为会员制销售模式，大大简化了消费者的购物环节。会员积分可以冲抵现金，成为苏宁吸引消费者的一个重要因素。苏宁针对会员消费者，推出会员价产品、会员联盟商家、会员特色服务等专项服务内容。

本章小结

客户信息在客户关系管理中非常重要，客户信息是企业决策的基础，也是进行客户分级的基础，没有客户信息，客户沟通就无法有效进行，更不可能实现客户满意。

客户信息涉及多方面的内容，以个人客户信息为例，客户信息包括基本信息、消费情况、事业情况、家庭情况、生活情况、教育情况、个性情况、人际情况等。而对于组织客户来说，基本信息、客户特征、业务状况、交易状况和负责人信息都是必须收集的信息。

收集客户信息的渠道分为直接渠道和间接渠道。直接渠道是指客户与企业的各种接触机会，包括调查、服务过程、营销活动（博览会、展销会、洽谈会等）、大数据；间接渠道则更多，有各种公共媒体、政府、权威数据库和专业项目网站、国内外金融机构、国内外咨询公司、从已建立数据库的公司租用及其他渠道等。总之，客户信息的收集有许多途径，在具体运用时要根据实际情况灵活选择，有时也可以把不同的途径结合在一起综合使用。

企业收集到足够的客户信息，经过筛选和分析整理后，就要建立企业的客户档案。客户档案主要有三种形式，即客户名册、客户资料卡和客户数据库。这些客户档案各有其特点，建档要求、适用条件和作用各有不同。客户名册是最初级的客户档案形式。客户数据库由于借助计算机进行客户信息管理，再加上电子信息易于更改、复制、调阅和传输，也成为目前企业比较流行的客户档案管理方式。

客户信息的收集不是一劳永逸的，企业必须及时更新和完善客户信息，保证客户信息的真实性和时效性。

客户数据库除了能够存储海量客户信息外，更重要的是，通过客户数据库对客户过去的购买和习惯进行分析，进行精准营销。运用数据库可以深入分析客户的消费行为；可以对客户开展一对一的营销；实现客户服务及管理的自动化；还可以对客户进行动态管理。

练习题

一、单项选择题

1. 客户信息一般包括（　　）。

　　A. 基本信息　　　B. 个性特征　　　C. 业务状况　　　D. 以上都是

2. （　　）是客户档案管理中的初级和简单形式，对于小型企业和客户群体较单一的情况比较适用。

　　A. 客户名册　　　　　　　　　　B. 客户信息卡

  C．客户数据库   D．客户信息一览表

3．客户档案的基本内容包括客户基本信息资料、统计分析资料和（　　）。

  A．经营能力分析   B．行业竞争状况

  C．合同履行情况   D．企业投入记录

4．以下关于数据库的说法，不正确的是（　　）。

  A．数据库能够及时反映市场的实际状况，是企业掌握市场的重要途径

  B．数据库是企业经过长时间对客户的基本资料和历史交易行为的积累和跟踪建立起来的

  C．数据库中的信息不能轻易修改、复制、调阅和传输

  D．数据库可以在海量数据中探求客户现有及潜在的需求

二、多项选择题

1．小王得知某中学要购买一些教学用具，请问在小王前往开发客户之前，必须收集到该学校哪几方面的信息？（　　）

  A．基本信息   B．客户特征   C．业务状况   D．交易状况

  E．负责人信息

2．下列收集客户信息的渠道中，属于间接渠道的有（　　）。

  A．问卷调查   B．新闻报道

  C．统计年鉴   D．与同事交换客户信息

  E．到工商局进行查询

3．利用RFM模型，可以帮助企业判断以下哪些内容？（　　）

  A．客户下一次购物的时间

  B．客户是否会流失

  C．客户一段时间内为企业创造的利润

  D．客户忠诚度

  E．客户的喜好

三、判断题

1．传统的书面档案已不能满足现代企业客户管理的需要，所以客户数据库应运而生。（　　）

2．由于客户的情况总是在不断地发生变化，所以客户的资料应随之不断地进行调整。（　　）

3．数据库营销是在客户信息卡的基础上发展起来的。（　　）

四、案例分析题

案例一

"千人千面"的个性化推荐系统

"嘀嘀嘀……"每天早晨，小王总会在手机智能助手根据他的作息习惯设置好的闹铃声中起床，洗漱完出发去上班，在路上听着网易云推荐的歌曲，唤起一天的好心情。工作中的闲暇时间，小王打开了大麦看看最近的演出，在首页就发现了感兴趣的音乐节活动，赶紧买了票。吃完午饭打开淘宝查看之前买的闪光灯物流信息，发现首页推荐的"ND滤镜"不错，下单了。不知不觉一天过去了，睡前阅读豆瓣推荐的《百年孤独》，不久便睡了……

这是小王日常生活中的一天，个性化推荐在其中扮演着重要的角色。

那么，什么是个性化推荐呢？

个性化推荐，本质上是在客户购物意图不明确的情况下，利用机器学习（深度学习）结合客户特征、物品特征和场景特征（时间、空间等）来构建客户兴趣模型，从海量的商品中找到客户感兴趣的商品，缩短客户到商品的距离，提升客户购买效率和产品体验。

在当今的电商时代，个性化推荐已经成为提升客户体验和业务效果的关键手段。淘宝作为中国电商市场的领军者，其"千人千面"的内容推荐策略备受关注。

淘宝个性化推荐系统通过收集客户的基本信息和行为数据来构建客户画像。客户基本信息包括性别、年龄、地域和职业，而行为数据涵盖浏览记录、购买记录、搜索记录以及客户的收藏和加购行为，这些数据帮助系统理解客户的兴趣和需求。

商品数据的整理也是推荐系统的关键部分，包括商品属性、销售数据和商品之间的关系。这些信息用于描述商品特征，分析商品受欢迎程度，并发现商品间的搭配和互补关系。

此后，系统通过分析客户特征如兴趣偏好、消费能力和行为习惯来创建客户画像模型。客户被赋予各种标签，如"运动爱好者"或"时尚达人"，并且这些画像会根据客户行为的实时更新进行动态调整，确保推荐内容始终符合客户的最新兴趣。

与此同时，淘宝通过包括协同过滤、内容推荐和深度学习算法等推荐算法和模型应用。通过实时收集客户行为反馈，如点击和购买，不断调整推荐策略，优化算法参数，并更新模型以提升推荐准确性和客户满意度。

基于以上努力，淘宝在内容推荐上实现了"千人千面"。

结合案例分析以下问题：

1. 结合案例说一说淘宝是如何做到千人千面的个性化推荐的？
2. 你认为大数据在客户信息管理中起到了什么作用？

案例二

信息收集助力企业开发客户

某知名的摩托车企业人力资源部培训主管L先生打电话给培训公司，要求培训公司提供销售类课程清单以便选择培训课程。看到客户主动上门，培训公司的销售代表先是惊喜一番，然后迫不及待地将课程清单传真给L先生。有的销售代表只发了课程清单，有的销售代表在课程清单以外还附上了公司简介、师资概览及公司品牌影响力等证明资料。尽管他们都运用了一些技巧，如产品呈现、促成交易等，结果却未能促成合作。

在公司众多销售代表中，A先生的做法显得尤为独特。他敏锐地意识到，这是一个大客户，可能有长期的培训合作可能，因此他并没有急于这样做，而是对L先生说："我们非常理解您想得到培训课程清单，不过，根据我们的经验，在没有了解贵公司的需求之前，我们担心发给您的资料会浪费您的时间；另外，课程清单并不能让您了解课程本身的价值。不如这样，我先给您发一份营销培训需求调查表，您填好后给我，我安排我们的资深老师与您深入交流，然后再确定后续步骤，如何？"听到销售代表这么一说，L先生颇感意外，但觉得这样好像很有道理，所以很快就同意了。A先生很快就收到L先生发回的营销培训需求调查表。接下来，培训公司的老师根据营销培训需求调查表提供的信息进行了初步需求分析，建议与L先生及他的人力资源主管做一下电话访谈，L先生再次同意。电话访谈结束后，培训公司以书面传真的形式给L先生做了回复，谈到现有的信息对形成较高水准的营销培训建议书仍然不够，提出进一步进行面对面访谈的计划与请求，这次面对面访谈要求对方的销售部经理、市场部经理、受训对象代表（分公司经理）等参加。做完本次面对面访谈后，培训公司提交了一份营销培训建议书给L先生。最终，双方很快就签订了合作协议。

结合案例分析以下问题：

1. 客户信息收集对企业有什么作用？

2. 在不了解客户需求的情况下做产品介绍合适吗？培训公司为什么提出面对面访谈的请求？

项目　收集客户信息

一、实训目的

了解客户信息的构成内容，掌握如何有效地收集客户信息，并编制客户档案。

二、实训内容

1. 请在大学城附近选择一家企业，分析该企业的客户群体特征、需求、偏好等。

2. 挖掘企业的客户信息，包括客户姓名、联系方式、购买历史、消费习惯等，填写客户信息表（见表5-3）。

3. 对收集到的客户信息进行整理与分析，编制成客户档案，包括客户基本信息、购买记录、服务评价等。

三、实训要求

1. 按教学班级进行分组,每组 5～8 人,按组展开实训。
2. 每组组长需承担起协调与监督的职责,指导组员共同整理收集到的客户信息,填写客户信息表并完成客户档案编制工作。

表 5-3 客户信息表

编号:

日期:　　年　　月　　日

个人信息:

姓名		性别		出生日期	
民族		籍贯		学历	
手机		宗教信仰		婚姻状况	
住宅电话		传真/E-mail			
家庭住址					
公司名称				所属行业	
工作年限		所属部门		公司职务	
公司规模		年薪收入		办公电话	

家庭信息:(选填)

配偶姓名		出生日期		籍贯	
学历		联系方式		职务	
兴趣爱好		工作单位			

子女姓名		出生日期		联系方式	
兴趣爱好		学校/工作单位			

特殊信息:

结婚纪念日 ____月 ____日　　结婚 ____周年

是否喝酒	□是 □否	□白酒	□啤酒	□红酒	□其他_____
是否抽烟	□是 □否				
兴趣爱好	□旅游 □电影	□爬山 □股票	□社交 □收藏	□唱歌 □美食	□看书 □其他_____
关注的新闻	□财经 □教育	□时政 □其他_____	□娱乐	□体育	□民生
最看重企业的要素	□规模 □产品质量	□员工素质 □口碑	□企业文化 □管理结构	□服务态度 □其他_____	
感兴趣的投资方式	□股票 □证券	□房产 □收藏	□基金 □期货	□信托 □外汇	□贵金属 □其他_____
其他					

消费信息:

购买记录	购买的商品/服务类别: 购买日期: 消费金额: 购买渠道:
消费习惯	偏好商品/服务: 消费频率: 消费金额范围:
服务评价	最近一次服务评价: 整体满意度:

第六章
客户体验管理

---学习目标---

【知识目标】

> 了解客户体验的含义。
> 掌握体验式营销的特点。
> 熟悉吸引和维护客户体验阶段的策略内容。
> 掌握客户体验的特点及如何构建企业体验链。

【能力目标】

> 能够设计不同客户体验主题。
> 能够灵活运用吸引和维护客户体验阶段的体验创造策略。

【素质目标】

> 培养客户体验意识。
> 培养客户体验主题及体验点设计能力。

> **引导案例**

东方文化再演绎，《王者荣耀》里的中国故事

《王者荣耀》作为时下热门游戏，一直备受中国玩家们的喜爱。除了易上手、氛围好等优点外，游戏中浓厚的东方元素也是吸引玩家的原因之一。作为行业领跑者的"国民级游戏"，《王者荣耀》也积极通过游戏这一形式，以自身的影响力不断引导年轻人在"玩"的同时"学"中国传统文化，更多地感受和关注中国文化之美。

《王者荣耀》里的东方元素，就包括以中国文化主题为背景所做的设定。就拿游戏中人气颇高的"长城守卫军"来说，"长城守卫军"在设定上是王者大陆中万里长城的守备军团，长年驻扎在长城之上，抵御外来入侵。《王者荣耀》不仅在背景设定上结合了我国的名胜古迹进行创作，同时也启动"长城保护计划"为现实中认捐1 000米的长城修复费用，在游戏内外都向玩家传递中国文化里的"长城精神"。

除长城这样的名胜古迹之外，《王者荣耀》也在游戏中致敬了我国古都长安。在长安赛年的首个赛季中，《王者荣耀》先以盛世长安的繁华之景搭建起宏大的世界观，进入第二赛季后，再用贴近生活细节的描绘填充长安区域的日常百态，并为长安城接下来的故事发展留下极大的想象空间。通过宏观与微观两种视角，向玩家呈现了一个恢宏且充满烟火气、生活味十足的长安城。

《王者荣耀》不仅在剧情设定中讲述东方故事，还在皮肤设计上对传统文化进行再演绎。2018年国庆期间上线的京剧皮肤——"霸王别姬"取材于经典京剧曲目《霸王别姬》，英雄人物以虞姬的京剧装扮搭配京剧唱腔，讲述了项羽与虞姬的离别之殇；2019年周年庆期间，推出戏曲皮肤系列续作"游园惊梦"甄姬，以此致敬国粹昆曲艺术经典曲目《牡丹亭》的著名桥段《游园惊梦》；而梦奇的"国宝熊猫荣荣"皮肤则是川剧文化的另一种呈现方式，展现极具京剧特色的变脸艺术；杨玉环"遇见飞天"、瑶的遇见神鹿皮肤，让4 000多万玩家一起见证敦煌的千年历史……

除了皮肤设计，《王者荣耀》还有一个新的动作，那就是荣耀中国节。通过以游戏内外联动活动的形式，在中国的传统节日，如清明、端午、七夕、中秋等节日，推出一系列的线上线下活动，邀请所有玩家一起重温并弘扬中国的传统节日与习俗。

就以端午来说，《王者荣耀》携手端午源头、龙舟故里的湖南汨罗，共庆端午佳节，推出了一系列的游戏内外活动，首先是一幅融合了传统元素与现代审美的峡谷上河图画卷进入了玩家视野。在峡谷河上图中你可以看到：周瑜、小乔载着雄黄酒的龙舟，载满粽子的龙舟，孙尚香载满艾草的龙舟，孙策、大乔载满鸭蛋的龙舟，四艘龙舟正在比赛，很多传统元素如龙舟、粽子、艾草、鸭蛋等与游戏巧妙结合，更有游戏彩蛋藏在本次活动当中，让玩家去发掘，更增添玩家的积极性和互动性。

不难看出,《王者荣耀》一直致力于通过游戏的形态来再现中国传统文化,努力用心打造一个具有文化内核的王者世界。不仅在剧情设定上表达传统文化,更是通过创新的数字化表达使得传统文化更加鲜活,并以更容易被年轻玩家接受的方式实现文化上的传承共建,带领玩家在游戏中感受传统文化,这便是王者荣耀里的东方故事。

【引入问题】
王者荣耀中的中国文化传承与共建给了你哪些启示?

第一节 客户体验与客户体验管理

客户体验管理已日益成为企业管理者。亟须掌握的一项新型技能,同时也是主流咨询公司提供给客户的主要知识资产之一。客户体验是什么?体验式营销具有哪些特点?为什么需要管理客户体验?本章将围绕这些问题展开论述。

要了解客户体验管理的内涵,让我们从什么是体验说起。

一、客户体验

(一)客户体验的概念

体验是指给个人留下深刻印象或者对个人产生深刻影响的互动事件或过程。从中文语义上看,体验就是"体会""验证""以身体之,以心验之"。简而言之,体验就是人通过身体的感官去获得"经验数据",从而得到最直观的感受,它贯穿使用商品和接受服务的整个过程。比如,当我们走进一家奶茶店,想要购买一杯当季热销的奶茶。从寻找店铺、浏览菜单、与店员交谈、扫码支付,到手持小票就座、取得饮品离开……这些短暂且密集的互动就是体验,他能使消费者快速产生对该品牌的整体感受。

在商业领域中,客户体验是指企业以服务为舞台、商品为道具,围绕着目标客户,为其创造出值得回忆的活动,是印刻在人们心里的深刻记忆。人们通过体验对品牌产生寄托,从而成为品牌的忠实客户。

有关客户体验的研究已经覆盖到旅游(包括线上云游)、娱乐(如迪士尼主题乐园)、教育培训、高科技(涵盖人工智能、虚拟现实技术等前沿领域)及房地产等多个行业。

// 实例

从科技角度看故宫的创意之举!

从综艺节目到咖啡馆,再到彩妆,故宫多次成为热点话题。中国从来没有哪家博物馆能像故宫这样频繁出圈。作为国内最有分量的文化IP,故宫的存在感只增不减,凭着一股软萌又不失趣味的魅力,与年轻人打成一片,不仅俘获了大众的眼球,更激进了深层的文化共鸣。接下来,我们一起从科技的角度聊聊故宫这些年的创意之举!

1. App：移动故宫

从2013年至今，故宫自主研发出品的App有10余个，包括《每日故宫》《故宫展览》《皇帝的一天》《韩熙载夜宴图》《紫禁城祥瑞PRO》等，在欣赏和教育的基础上，增添了很多有趣的互动。以《每日故宫》为例，它每天推荐一款藏品，每一件藏品对应一个日期，类似于每日一句的逻辑。

2. 线上游故宫：全景故宫+藏品展览

线上展品馆，突破时间与空间的限制，让你无须亲临现场，就能实现穿越古今的对话。故宫藏品一一展列，每一件藏品，均附有详细介绍。登录故宫官网，把鼠标放到图上，向各个方向拽动，便能720°全景欣赏美景了，仿佛身临其境。数个高清真实场景、轻松的语音解说、精彩的图片特写和详尽的地图导览，将带给您最震撼和奇妙的旅游体验！

3. 身临其境：VR故宫

利用VR（虚拟现实）技术将紫禁城里的宫殿数字化，让人们足不出户就能"走进"故宫，为大家带来逼真、有趣的体验。

4. 穿越时空：AI智能

AI技术帮助我们穿越时空。在奏折批阅区，配有古文翻译为中英文的功能。旁边有手写笔，可以拿起来像皇上一样进行朱批！AR换装功能只需按提示挥动左右手就可以换装完成！还可以换场景，皇帝大臣随意切换！用数字馆小程序扫描，就可以召见大臣或王公贵族，然后选择一些设定好的语言跟他对话。

点评：近年来故宫将年轻客户作为自己的目标客户。对于年轻人而言，网络、线上的体验感更强，也更容易突破时间和空间的限制，因此，结合高科技，加强线上体验是故宫的必然选择。通过文化和科技的融合、创新，在内容上更加生动有趣。体验形式上多了很多让大家接触、体验故宫文化的新路径，对活化文物遗产具有良好的教育意义。

（二）客户体验的内涵

"体验"作为一种新的经济提供物，是否可以带来可观的价值？为了更好地分析客户体验的属性，我们从客户体验的特点来思考其内涵。

1. 触点和场景打造是客户体验的载体

"场景"是指客户对所处环境的感知，包括所有行为和感知发生的背景环境。触点，也称接触点，是指用户在完成一项任务的过程中，与产品发生交互的关键点。在体验营销之下，商家不再需要"王婆卖瓜，自卖自夸"，而是从前台转移到了幕后，通过设计和打造接触点和体验场景，引导用户进行现场体验。通过看、听、用、参与等手段，使客户在体验过程中感受产品或服务的优势所在，充分刺激和调动用户的感性和理性因素，达成购买。

在品牌间竞争越发激烈的今天，消费场景的营造对于消费者的吸引和留存愈发重要。有特色、有记忆点的消费场景的营造，能帮助客户迅速识别品牌、记住品牌。好的场景打造，能给客户带来更好的体验感，爆火的文和友以及一些网红店的出圈也正是做到了对消费场景的营造和重视。

2. 客户参与和交互是客户体验实现的前提

参与和交互是体验中的另一个重要因素，它是发生在场景中的，指企业与客户进行各种形式的双向互动和相互影响的行为，包括各种有形和无形的互动。

没有客户的参与，体验就不会发生。企业搭建的体验交互平台需要客户的参与才能实现其价值，只有当客户真正参与到体验过程中才能收获自身的经验数据，才能对品牌、产品或服务有识别效应和深刻的记忆。

我们所熟知的迪士尼乐园就是一个重视用户交互和参与感的典型代表，各式的花车巡游、精彩纷呈的表演，以及卡通人物的互动等环节都让游客有了更多的"沉浸式"体验和参与感。随着技术的发展，品牌与用户交互的渠道和方式除了现场的交互外，有了越来越多的图文、语音等新的交互方式，也越来越受到客户的偏爱。因此，企业在设计体验时，需要梳理清楚企业与用户的交互点，找出体验的"关键时刻"，打造更多的惊喜时刻。

3. 客户体验设计要重视客户感知

"感知"即在某一场景下，主体通过与组织的交互行为产生的主客观感受。感知既包含"眼耳鼻口舌"这五感的客观感受，也包含在此过程中产生的主观感受。

客户所经历的每一个体验都是独一无二的。客户自身的个体差异，如年龄、经历、性格、兴趣等的不同是产生体验差异的原因之一。而企业的管理方法、实施的措施与渠道、产品和服务的综合表现、营销宣传的方式与效果等，在不同时间、空间的作用下，为客户营造出的每一次体验自然也不会相同。因此，企业需要找准目标客户的需求点，挖掘兴趣、关联想象，定制能满足诉求的商品，才能使用户不会轻易流失。

不同于有形的产品、固有模式的服务，体验最终表现为心理的留存印象。没有料想到或者是超出事前预期的体验才是我们研究的客户体验。如果抱有相同目的去经历相同的体验，那么边际效用递减是必然的，审美疲劳、兴趣缺失，最终只会减少或消除客户的需求点。但如果体验的结果是难忘的愉快记忆，留存在客户心里的良好体验就会构建一个关于产品、服务、品牌的优质形象，为下一次深入与多角度的体验打好基础，有利于提高客户对企业的忠诚度。

二、体验式营销

科学技术发展日新月异，产品和服务的基础属性日趋同质化，物质文明不断进步，客户的消费需求和消费能力都在快速升级。由此，企业围绕客户需求和欲望的变化，在自己的商品或服务中不断挖掘客户的消费体验，设计和创造出了很多体验式产品来满足客户，体验营销随之兴起。

哥伦比亚大学商学院教授伯德·施密特（Bernd H. Schmitt）是率先提出体验营销概念的学者，他称其为"体验式营销"，是一种为体验所驱动的营销和管理模式，将在未来完全取代把功能价值居于核心地位的传统营销。体验式营销这一系统理论于1998年由美国战略地平线（Strategic Horizon LLP）公司的两位创始人约瑟夫·派恩二世（B. Joseph Pine Ⅱ）和詹姆斯·吉尔摩（James H. Gilmore）正式提出。他们对体验式营销的定义是："从消费者的感官、情感、思考、行动、关联五个方面重新定义、设计营销理念。"他们认为，消费者消费时是理性和感性兼具的，消费者在消费前、消费中和消费后的体验，是研究消费者行为与企业品牌经营的关键。

传统的营销观念认为客户的决策是理性地解决问题的过程，通过分析、对比、定性评价后做出购买决策。重点关注客户的标准化和定制化需求，突出商品的功能、价格的优势及客户的利益。体验式营销则认为客户是理性和感性共存的决策者。它不但关注产品本身，如产品的属性、品类和在市场中的定位，更关注客户的感官享受和情感共鸣，注重消费者个性化需求的满足，从而吸引客户的注意力，获得他们的价值认同和归属。

客户的主动参与造就了体验营销的对象主体，这些理性与感性并存的客户所具有的需求成为场景设计、产品开发、品牌塑造、渠道拓展、组织建设的内驱力，所能动用的方法和工具也日趋多元化。这些关键的特点都让体验式营销成为更加适应潮流的营销方法。

通常，体验式营销表现出以下四个基本特点。

1. 以客户需求为核心

体验营销的过程是围绕客户需求来展开的，包括客户自己的体验、与营销人员的沟通（咨询产品和服务的相关问题）等。例如，试穿服装、试驾新车等，都能为客户更深入地了解产品属性和特征打好基础，并能为营销人员收集客户兴趣点、引出关联画面提供有利条件。

2. 场景是体验式营销实现的载体

在商业场景中，企业的角色发生了转变。企业不再是前台的主角，不需要通过大嗓门（广告）、大动作（企业活动）来取悦客户，而是从台前走到幕后，成为商业场景情景剧的导演。真正的主演是客户，他们不用只是坐在台下观赏演出。客户需要参与其中，利用企业为客户准备的各种各样的道具和情节丰富的剧本，演绎自己的故事。

3. 围绕客户需求的互动是体验式营销实现的方法

体验式营销强调企业与客户之间的互动，通过充分利用客户体验后的意见和建议，优化产品的规划和设计，从而更精准地为企业的市场运作服务。当今，利用互联网技术实现营销人员和目标客户之间的互动是最好的互动营销体现方式之一。例如，微信、微博等平台的推送广告，可以通过选择对其"是否感兴趣"来进行筛选实现了精准定位和良性互动。又如，客户一进入宜家家居，就能方便地获取商品信息单、纸笔以及尺子等小工具，能够参与并体验商场内的各种商品。这种相互学习、相互启发、彼此改进的"换位思考"式体验策略，充分利用数据资源分析客户的实际需求，为实现商品的个性化、实用性创造条件。

4. 通过完善体验链来实现品牌营销

一个好的品牌体验链，并不是孤立的某个点（如只了解产品的价格），而是由多个具有画面感、代入性和情感寄托的体验点串联而成。就像一个故事或者一段经历一样，可能来源于自身的使用体验、朋友的口耳相传、广告宣传等渠道。这些体验点串联成的一条体验链，能在客户心中勾勒出鲜明的企业品牌形象。

体验式营销只是整体企业体验战略的一个组成部分，它和商品及服务设计、体验定位、客户终端体验、客户系统、体验管理机制及管理素养共同构建了体验策略层。

◆**素养小课堂**

体验驱动营销：带给消费者正确的消费引导。

正确的消费引导应该包括以下几个方面：

尊重消费者：这是正确消费引导的基础，包括尊重消费者的个性、需求、选择、意见、反馈等，不强迫、欺骗、误导、侵犯他们。

了解消费者：这是正确消费引导的前提，包括了解消费者的特征、行为、心理、动机等，以及他们对商品或服务的期望和评价。了解消费者可以帮助品牌提供更符合消费者需求和偏好的商品或服务，以及更个性化和差异化的体验。例如，星巴克通过会员卡、手机应用、社交媒体等渠道收集和分析消费者的数据，从而提供更多样化和定制化的咖啡产品和服务。

满足消费者：这是正确消费引导的目标，包括提供符合消费者合理需求和偏好的商品或服务，以及优质的购买和使用体验，让他们感受到价值和满意。满足消费者可以增加他们对品牌的忠诚度和推荐度，也可以促进他们的再购买行为。例如，奥利奥通过不断推出新口味、新形态、新包装等创新产品，满足消费者对多样化和个性化的需求。

保护消费者：这是正确消费引导的责任，包括保障消费者的合法权益，防止他们受到损害或风险，以及提供有效的投诉和维权渠道，让他们感受到安全和信赖。保护消费者可以维护品牌的声誉和公信力，也可以避免品牌陷入法律纠纷或舆论危机。例如，海底捞在发现其部分门店存在食品安全问题后，及时向公众道歉，并采取整改措施，恢复消费者对其品牌的信心。

三、客户体验管理与企业竞争优势

客户体验管理（Customer Experience Management，CEM）以提高客户整体体验为出发点，注重与客户的每一次接触，通过协调整合售前、售中和售后等各个阶段，各种客户接触点，或接触渠道，有目的、无缝隙地为客户传递目标信息，创造匹配品牌承诺的正面感觉，以实现良性互动，进而创造差异化的客户体验，实现客户的忠诚，强化感知价值，从而增加企业收入与资产价值。

客户体验管理是战略性地管理客户对产品或公司全面体验的过程，也是一种注重客户参与、动态、系统性的客户关系管理模式。为什么需要管理客户体验？我们用以下两点来回答。

1. 客户体验是提升客户附加价值的原动力

客户所收获的价值大小取决于其自身的需求偏好，评价是否物超所值的关键在于客户自己的感知与观念。通过研究马斯洛需求层次理论的递进需求关系，产品和服务可以满足中低层次的需求（生理、安全），而客户体验则可以实现较高层次的需求（成就感、自我实现）。可支配收入日趋提高、决策时间越来越少的客户，已不能满足于产品和服务只具备基本属性，能带来更多提升期望、更多附加价值的体验将成为客户的首选。

再者，如果客户的中低层次需求能通过产品和部分服务的基本属性得到满足，而对于高层次的需求点，企业又能"对症下药"或是"双管齐下"，那么无论客户的需求是某一个层次还是一整个"金字塔"，都能被超前洞察并且能超越期待的被满足，客户根本没有理由拒绝这样的企业。企业也因此找到产品增值的原动力，成为客户愿意多花钱的对象。

2. 客户体验为企业积累用户数据资产

用户资产和数据资产是体验经济时代下最具竞争力的资源，它们是洞察商业先机的风向标。

这里的资产不是会计中狭义的资产，用户资产指的是客户的数量、客户与企业的关系、体验参与者的信息、用户体验场景以及用户活动等。营销额与营业利润不再是衡量企业价值的唯一标尺，比如亚马逊这样的企业，即使亏损，市场仍赋予其他上千亿的市值，这就是因为它拥有庞大的用户资产，是大数据时代下商家必争的资源。在当今互联网模式下的任何一家企业，多元化的客户体验发生，必然激活更多的交互活动，为企业构建丰富的数据素材库，在制定战略、设计产品、打造品牌、管理组织、发展渠道时提供分析和决策依据。与此同时，也将客户体验的规划根植于企业运营的日常活动中。

第二节　吸引客户阶段的体验创造策略

体验营销旨在展现一种集丰富内容、实用功能、可操作性及情感于一体的产品形态，使客户通过感官、能效、情感、文化等方面的体验产生共鸣，进而赢得客户认同，使客户融入其中。

一、常见体验策略

1. 感官体验策略

人类通过视觉、听觉、嗅觉、味觉和触觉这五感来认知世界，并借此来构筑自己的世界观，这是体验营销策略的基础层。因此，感官刺激让客户可以直观感受到体验式服务为自己带来的利益,感受到精神上的愉悦和满足,成为企业制定体验式营销策略的首要任务。

企业需要将人们的"五感"体验融入产品的营销活动,刺激客户兴趣点和关联画面的产生。现代生理学、心理学的研究证明,在人们接收到的外界信息中,83%以上是通过视觉,11%要借助听觉,3.5%依赖触觉,其余的则源于味觉和嗅觉。视觉体验的重要性可见一斑。颜色就是视觉的映射对象,不同的色彩和造型能带来不同的视觉效果体验,不同的客户群体也会有不同的偏好,可以利用图片、动画、文字等形式营造出想要的氛围。

声音是听觉感知的对象。人们热衷于听令人愉悦的声音。以迪士尼乐园为例,精心编排的音乐在整个公园里萦绕,甚至连鸟叫声都是经过设计的。迪士尼这些标志性的声音有效地"控制"了游客的心情与思绪。

除了视觉、听觉,还有感知气味的嗅觉、感受滋味的味觉和感受原料质地的触觉。有效搭配"五感"体验最终带来综合刺激,更能加深客户对产品和企业的整体印象。

> **经典新说**
>
> **中国古代的感官体验**
>
> 购物不只是现代人的专利,古代商家为吸引买家购物同样花样百出。
>
> **1. 吆喝,最早的听觉体验**
>
> 要想东西卖得好,首先就得叫得响!早在先秦时期,就已经出现了用器物声响叫卖的"音响广告"。《楚辞·天问》写道:"师望在肆,鼓刀扬声。"意思是说,姜太公曾经在市场卖肉,不断地挥舞屠刀作响。《淮南子》也有"太公之鼓刀"的类似记载。利用刀声把大家的注意力吸引过来,商家也是相当聪明了!
>
> 古代商家最简单、最普遍的广告手段还属"吆喝"。宋代商人善于推销商品,叫卖声十分有特点,称为"吟叫",不仅各有音调,更会附上精心编写的辞章。"京师凡卖一物,必有声韵,其吟哦俱不同,故市人采其声调,闲以辞章,以为戏乐也。今盛行于世,又谓之吟叫也。"(宋 高承《事物纪原》)。
>
> 到明清时,吆喝已是一种通俗的商品宣传方式。清代的闲园鞠农专门将各种市声辑撰于《燕市货声》一书,生动的古代广告词醒脑又上头。
>
> 《燕市货声》里还提到吆喝声配合其他声响共同造势,比如磨刀、磨剪子的"分数种,有吹喇叭者,有打铁链者"等。
>
> **2. "招幌"(招牌加幌子),不怕你看不见**
>
> 除了各具特色的声响广告外,店面广告"招幌"(招牌加幌子)也是古代商家重要的竞争工具之一。招牌多以文字为主,写有店铺的名称、字号。幌子最初特指酒店门面的布招旗帘(即"酒旗"),后来加以引申,成为展示店铺出售物品和服务项目标志的统称。正如《韩非子·外储说右上》所载:"宋人有酤酒者,升概甚平,遇客甚谨,为酒甚美,悬帜甚高。"幌子不局限于用文字书写,可根据商家的性质,悬挂与所经营商品相关的各类实物,充斥着生动的细节。

> 光靠招幌显示自家招牌还不够，商家们为了提高商品的档次，还喜欢将店面"包装"得非常豪华，吸引顾客上门。宋代流行的用竹木与彩帛搭建起来的彩楼欢门就是一种常见的店铺装饰。这类广告一般用于酒店，越是高级的酒店，彩楼欢门就越豪华。
>
> 为使店铺晚上也能熠熠生辉，商家们还会给招牌配上灯箱和灯笼。比如，《清明上河图》中脚店的招牌就是一个典型的灯箱，正店的彩楼上则挂满了灯笼。从早到晚突显招牌不间断，这波广告引流真是考虑得很周到了。
>
> **3．北宋就有了宣传单**
>
> 北宋时期，山东济南出现了世界上最早的铜版印刷"宣传单"，比英国最早的印刷广告还早了三百年。这张铜版雕刻印刷广告的最上方印有店铺名字"济南刘家功夫针铺"，中间是白兔抱铁杵捣药的图案，图案左右标注"认门前白兔儿为记"，下方写有说明商品质地和销售办法的文字："收买上等钢条，造功夫细针。不误宅院使用，转卖兴贩，别有加饶，请记白。"生动好记的商标标识，加上通俗易懂的广告语，图文并茂，还怕顾客不上门？

2．能效体验策略

在体验营销中，产品是否有用、是否可用、是否有亮点，成为客户思考和参与体验营销的又一心理诉求。

功能性、效率性营销是围绕客户的理性需求目标合理规划出的产品体验策略。企业应明确告知客户准确的产品价值所在、能够解决的问题和最突出的亮点。高效能、操作便捷、便学习、易于记忆、低错误率的实用性信息表达，关系到企业是否能找准关键点，更容易使企业在某一点上营造出极佳的体验效果。众多企业的产品体验中心正是利用了能效体验策略。

3．情感体验策略

招商银行在其微信服务号中自称"小招"。为什么不沿用"招行客服中心"的字样与客户互动？这一称呼的转变，旨在打破从前冰冷的感觉，使人觉得亲切、有趣、可爱、温馨，为客户带来愉悦的情感体验，关乎情感维系。

情感体验策略就是以各种情感要素为手段引入营销活动，换取客户认同和消费的情感过程。情感体验策略需要真正了解什么样的刺激可以引起某种情绪，以及能使客户自然地受到感染，充分满足其感性体验的诉求。情感体验策略往往能强化品牌关联、提升愉悦度、开发探索性。

例如，小米手机的 MIUI 系统不仅功能全面，更在实体店、社交平台等渠道激发了"技术控"们的探索热情。在本机菜单里，点击机身储存，系统会启动隐藏的"电话信息"，从中可以查看信号值、网络类型、电池温度以及 WiFi 的各项数据。这一设计让小米的发烧用户们又一次大呼过瘾。

// 实例

DR钻戒的情感体验

"钻石恒久远，一颗永流传。"这句广告词一经提出，便风靡全球，并在我们的脑海中打下关于钻石的思想烙印，也成为那个时代最成功的珠宝营销案例之一。时至今日，在互联网模式下，有这样一个品牌，不仅重新诠释了钻石的内涵，还引领了新时代的求婚文化风尚，它就是Darry Ring（简称DR）。

DR尽管成立时间不长，却能在互联网时代引起轰动效应，甚至成为90后心中真爱的象征。即便平均单价在8 000元以上，却依然吸引人们争相追捧。究其原因，在于它成功抓住了90后这一年轻消费群体的个性诉求及情感表达，即他们渴望展现与众不同的求爱方式，同时坚守真爱唯一的价值观念。DR在个性与共性之间找到了平衡点，精准把握了新时代女性群体对于爱情一生一世的美好向往，这正契合了DR钻戒"一生·唯一·真爱"的品牌寓意。

相较于其他钻戒品牌，DR打出了一张"爱情牌"。它设定了两个先决条件：男生必须凭身份证定制，且终生只能定制一次。这一规定将一枚小小的婚戒上升为专一的爱情观念，在消费者心中埋下真爱永恒的种子。此外，DR钻戒上的"Diamond+Marry"的缩写，寓意"用钻石的坚硬见证婚姻的永恒"，进一步突显了其产品价值，赢得了消费者的肯定与赞誉。

4. 文化体验策略

文化体验营销是把商品作为文化的载体，通过体验营销进入客户的意识，它在一定程度上反映了客户对理性和感性诉求的各种文化体验要素。

文化体验策略在体验营销活动中的作用主要有：第一，使产品超越物质意义，从精神层面引领和丰富产品价值，增加品牌文化价值；第二，提升企业形象地位，消费者能够找到与企业无形的关联点，对其产生信赖或依恋，增加客户对企业产品和服务的忠诚度；第三，在一定程度上弥补了地域、语言、风俗等方面的文化差异，提高了产品文化适应能力；第四，用文化为产品打上个性化的标签，形成差异化策略。

我国的传统文学、地域民俗、茶文化、酒文化等都可以在体验式营销中发挥作用。既可以涉及企业对商标、广告、产品的设计，又可以包括客户对营销活动的价值评判、审美界定和道德评价。例如，浙江乌镇的"千年古城镇"，打造"小桥流水人家"的江南水乡意境，清代民居建筑保存完好，当地居民就生活在其中，游客能感受到浓郁的历史文化气息。

以上这四种体验策略，是单独使用还是搭配使用效果更好，应结合企业的体验战略层及业务落地层来具体问题具体分析。所以，针对不同客户群体的定位，开发设计不同的主题来落地这些体验策略，就是下一步我们要完成的任务。

// 实例

昆明地铁四号线的非遗文化体验——瓦猫

云南瓦猫原指置于屋脊正中处的瓦制饰物，因其形象很像家猫而得名。传说中，这种瓦制的猫能吃掉一切妖魔鬼怪，有镇宅的作用。人们将它安置在房顶、飞檐或门头的瓦脊上，以吞食一切冲犯本宅的疾疫祸害和四野鬼怪。瓦猫为昆明市的市级非遗项目。

2020年9月，昆明地铁四号线开行"瓦猫"专列。整趟列车突出瓦猫特色，瓦猫作为昆明一个独特的文化符号，出现在地铁站台的电子显示屏、车厢门上方的报站屏、车门及车厢背景图上。瓦猫们时而安静地在地铁内壁、车门和扶手处介绍着云南文化旅游特色，时而好动地爬上显示站台信息的屏幕，用动画的形式为乘客播报到站信息，陪伴大家走过昆明，看遍春城。

设计者将瓦猫形象卡通化，打造了"瓦猫家族"（K4 CATS）主题卡通IP。"瓦猫家族"包括四只颜色、形态各异的瓦猫，每只瓦猫都有萌萌的外形及独特的形象，还赋予了它们不同的性格特征，并对应着四种不同的地铁工种。最有意思的是，设计者还用昆明方言为它们取名叫板扎（意思：称赞）、朵朵（意思：花）、子弟（意思：帅气）和喏喏（意思：睡觉），承载着昆明的民间文化与祝福。"瓦猫家族"给身处昆明、乘坐昆明地铁四号线的旅客带来了耳目一新的感觉。

另外，在地铁四号线的主要换乘站——火车北站内部换乘中转区还有一个三分钟博物馆。这是一座开放式博物馆，主要介绍的是昆明地铁的建设过程和因为四号线而走红的四只可爱的瓦猫。在这座博物馆里有一个瓦猫创意实验室，这里集中展示了四只瓦猫的故事，很多内容还是通过征集得到的，很值得细细品味。地铁站里还有瓦猫的实物和纪念品出售，都设计得非常萌而且很有创意。

二、不同客户体验主题设计

所谓体验主题，是指企业向客户提供体验时最核心、最能引起客户共鸣的部分，整个体验营销策略都要紧紧围绕体验主题展开。体验主题设计是传达企业与品牌核心价值、深层意义的信息载体，是理性主题与感性主题得以具体实现的重要支撑，更是引导客户形成深刻印象、激发情感共鸣的关键场景与记忆点。主题可以通过多种形式来表现，比如产品、企业文化等。

体验主题的设计必须围绕消费者这个中心点来进行，只有对客户心理需求进行充分的调研、分析、把握，才能设计出好的体验主题。在设计的时候，只要充分把握好客户的优点和缺点，把客户的敏感区域激发出来，引领他们在设定的"程序"里去完成体验，就能引起客户共鸣。一个好的体验主题可以将企业多方面的努力聚集到这一中心上来，加深消费者体验度。

体验主题应与企业的商业性质和经营宗旨相一致。与企业的商业性质和产品特性不相符的体验主题，往往会使客户感到不伦不类，很难产生感召力。例如，小米公司用于展销手机的小米之家线下体验店,是提供产品展示、科技体验、增值服务、商品销售、社交互动的场所,处处显示了时尚、科技感的主题;销售球鞋的李宁专卖店,处处以运动为主题。这都与企业的经营性质极为契合。

另外,企业向客户提供的体验必须与自身定位或经营宗旨相一致。只有这样,才能树立起一贯的企业形象,有力地吸引目标客户。以春秋航空公司为例,该公司将自己定位于票价低廉、没有附加服务的航空公司,虽然它不像其他航空公司那样为客户提供免费行李额度、餐点等服务,但凭借清晰的定位同样也取得了成功。

下面通过分析主题设计原则和主题类型选材来进一步了解吸引客户阶段的体验创造策略。

(一)客户体验主题设计应遵循的原则

在设计客户体验主题时,企业应该遵循以下几个核心原则,以确保客户体验的连贯性、吸引力和有效性。

1. 主题鲜明,易于理解记忆

在客户体验主题的设计过程中,必须确保主题具有极高的辨识度和明确性。一个鲜明的主题能够在众多信息中脱颖而出,迅速抓住客户的注意力。例如:重庆奥陶纪主题公园是一个集自然景观和极限运动体验为一体的综合性旅游区。公园独特的地质景观和特有的高空极限项目,为寻求刺激的游客提供了挑战自我的机会。

2. 主题匹配,与企业定位一致

客户体验主题必须与企业的市场定位和品牌承诺相匹配。这意味着主题不仅要反映企业的产品和服务,还要体现企业的文化和价值观。例如,一家定位于环保和可持续发展的公司,其客户体验主题势必强调绿色生活和环保意识,该公司可能会通过各种互动和体验活动来强化这一定位。

3. 主题聚焦,不求大而全

在设计客户体验时,重要的是要专注于核心主题,而不是试图覆盖所有可能的方面。通过聚焦,企业可以更深入地挖掘主题的内涵,创造出更具吸引力和影响力的体验。例如,一家高端酒店可能选择"奢华体验"作为其客户体验的主题,专注于提供一流的服务和设施,而不是试图满足所有客户可能的需求。

4. 主题新颖独特

在竞争激烈的市场中,新颖独特的客户体验主题可以帮助企业脱颖而出。这意味着企业需要创新,不断寻找新的方式来吸引和留住客户。例如,一家科技公司可能会以"未来体验"为主题,通过虚拟现实、增强现实等技术为客户提供前所未有的体验,从而在市场上建立独特的品牌形象。

// 实例

长沙超级文和友的"梦幻"旅程

长沙超级文和友（海信广场店）驻扎在长沙海信广场南端，位于湘江中路和人民西路交汇处，是一个建在商场中的餐饮综合体。超级文和友总计7层，占地约2万平方米，巧妙地在现代商业空间中复刻了一个充满怀旧气息的20世纪80年代老长沙社区，每一个场景都用心还原了老长沙的市井环境，同时召集了城市中一群早已闻名街头的美食店主进驻其间。

超级文和友成功的原因主要有以下几点。

一、重金还原老长沙怀旧氛围，增强客户体验感

作为长沙著名的网红打卡地，文和友成功的重要原因之一就在于成功开展了体验式营销，主打复古风和怀旧风，复原了20世纪80年代老长沙生活场景，让人瞬间穿越回那个年代。不管是娱乐项目，还是商业产品、布景、装饰、音乐等，无不取材于80年代的老长沙。超级文和友主空间竖跨七个楼层，二楼由20余家本地小吃商家构成"永远街"，四楼和五楼则是剧场、书店、展览厅等文化空间。店里更有室内缆车穿梭其间，构成了别具一格的商业场景不仅聚拢了极高的人气，也增加了顾客的探索欲望和停留时间。

超级文和友建成后，也成为很多综艺和电影的取景地（现成的布景、灯光等舞台效果），吸引消费者通过社交媒体如微博、微信、小红书、抖音等自发宣传，而朋友圈的美图及自媒体的探店分享也很好地抓住了消费者的眼球。

二、强调老城情怀，挖掘地方怀旧市井文化，追求情怀共鸣

跟着超级文和友看客户体验主题选择

从最初的香肠、臭豆腐这类极具地方特色的小吃，到后来的小龙虾，文和友主打的菜式都紧紧与长沙的城市特征相结合，打造了一种深受消费者喜爱的饮食文化，与长沙深度绑定。

除了把餐饮美食和长沙怀旧记忆聚拢展现在一个集中场所，文和友更是顺应消费者精致生活与文化体验的追求，将属于不同文化业态的述古书店、大兵笑工场、美术馆放进方寸之地的"长沙老街市"。餐饮美食、城市文化、艺术空间打造不仅参与着超级文和友内部的文化发展进程，也带来了空间之外的无形文化资源，进一步增加了访客停留时间，丰富了综合体空间的目的性。当游客记忆不仅停留在餐饮和拍照，而真正、切实地深入文化和内容体验，文和友的文创周边与纪念品，也自然有了销售场景和消费意义，使城市文化真正"活"了起来。

文和友集合城市变迁的历史回忆，讲述和传承长沙街头美食故事。通过地方特色食物，保留长沙这座城市的烟火气，形成一座城的记忆浓缩，重新搭建人们之间的人情味，从单一贩卖美食转为贩卖情怀：超级文和友里有长沙市井美食与具有年代感的网红场景，让你吃不够、喝不够、拍不够；此外，在超级文和友你还可以购买当地特色农产品、文创产品等，让你买到根本停不下来；文和友还整合一批艺术家、文化社团、文创从业者，创建了一个区域文化展示、体验的社区，在这里顾客可以边吃边买边看，多种消费体验不断给人带来新鲜感，提升了复游率。

文和友以其独特的产业链架构，形成了可复制的 IP。一座超级文和友，就是一座城的浓缩记忆，成为一个时代的标志和万千人追忆的地方，同时还成为复古潮流的打卡圣地。

（二）客户体验主题的类型选材

在当今以客户为中心的商业环境中，深入理解客户体验主题的类型选材至关重要。以著名的马斯洛需求层次理论为基础，依据实现客户需求的内容选材差异，我们精心将客户体验主题划分为基础层、中间层和最高层三个层面进行深入分析。

1. 基础层

这一层是客户体验的基石，涉及客户的基本需求，包括尊重、信任、便利、承诺四个内容。

（1）尊重。客户希望得到个性化的关注和尊重。例如，某知名品牌的线下门店，员工始终以热情友好的态度迎接每一位客户，认真倾听他们的需求和意见，充分体现了对客户的尊重。

（2）信任。建立信任是长期关系的基础。品牌可以通过透明的沟通、正品保证和优质的客户服务来赢得客户的信任。例如，Apple Store 以其高质量的产品和卓越的客户服务建立了强大的品牌信任。

（3）便利。在现代商业环境中，便利性是客户体验中至关重要的一个方面。客户不仅期望产品或服务本身具有高质量，还期望整个购买和使用过程能够尽可能地便捷和高效。例如，瑞幸咖啡通过 App 预点单和快速配送，为客户提供了便捷的咖啡购买体验。

（4）承诺。企业对客户的承诺是建立长期关系的关键。2022 年霸王茶姬推出的三款椰子水产品收到一部分客户差评，客户认为产品味道太寡淡、冰太多、不好喝。面对这种情况，霸王茶姬迅速做出回应，火速下架产品，并由品牌创始人出面公开道歉，承诺将调整升级制作配方。随后，霸王茶姬推出了优化调整的椰子水 2.0 系列，赢得了大部分客户的认可。

2. 中间层

这一层包括自主、选择、知识三个内容。

（1）自主。强调客户充分参与，自主掌控体验过程。客户的能动性发挥得越好，其满意度就越高。因此，企业要为客户提供决策与执行的机会和平台，为其设计定制化的个性解决方案，提供多种可配置的产品和服务组合。例如，完美日记提供皮肤测试工具，让客户能够根据自己的肤质选择最合适的化妆品。

（2）选择。选择体验主题强调的是可供客户选择的产品、服务、渠道的多样性。丰富、控制、整合这些可选择的体验平台成为优化选择主题的任务。例如，网易云音乐根据用户的听歌历史提供个性化的音乐推荐，使用户有更多的选择。

（3）知识。客户需要足够的信息来做出明智的购买决策。给客户介绍保健方法、化妆技巧、生活常识、理财投资知识等这些做法都是在为客户提供学习、获取知识的机会，让其从中体验乐趣，提升生活品质。企业的知识性信息发布、咨询建议会给客户一种获得潜在利益的超值体验。

3. 最高层

这一层的客户体验选材关注客户的自我实现和情感连接，包括认知、有益、身份三个内容。

（1）认知。客户体验在这一层次上超越了传统的交易关系，转变为一种教育和启发的过程。例如，泡泡玛特通过其独特的产品设计和社群文化，不仅提供了收藏玩偶，还创造了一种生活方式和社交方式，让消费者在享受产品的同时，也能感受到品牌背后的文化和故事。这种认知上的价值提供，使得消费者对品牌有了更深的理解和认同。

（2）有益。现代消费者越来越关注企业的社会责任和产品的可持续性。健康食品企业通过推出有益健康的产品，不仅满足了客户对健康生活的追求，也展现了企业对社会责任的承担。例如，一些企业通过使用有机原料、减少添加剂和优化营养配方，为客户提供了更健康的饮食选择，同时也传递了一种积极向上的生活态度。

（3）身份。品牌和产品成为消费者表达自我身份和价值观的一种方式。高端品牌通过独特的设计、优质的材料和精湛的工艺，让消费者感受到拥有这些产品是一种身份的象征。例如，一些奢侈品牌不仅仅是一件商品，它们代表了一种生活品位和对美的追求，消费者通过这些品牌来彰显自己的社会地位和个人品位。

// 实例

"褚橙"成为"励志橙"

褚橙又被称为励志橙，因为它是昔日烟草大王褚时健75岁时再创业，85岁带着进京销售的产品。

起初褚橙名为"云冠"，这个名词本身与品类及褚时健本人并无太多关联。2012年10月，褚橙正式与"本来生活"确立电商合作关系。"本来生活"巧妙地将褚时健本人和橙子联系起来，将褚时健的人生经历与奋斗精神融入橙子之中，极具传奇色彩的励志故事本身就很"燃"，让消费者未尝味道已心生好奇。结合褚时健古稀之年躬耕于果园12载、山上住窝棚、生产管理精益求精、手捻鸡粪肥看质量、进行间伐剪枝控梢研究等种橙经历，刻画出一个匠人的鲜明形象，彰显出一位老者的不懈追求与高远境界，让大众内心产生强烈的共鸣。

因此，褚橙通过传播创始人和产品品质背后的故事，打出的经典广告语"人生总有起落，精神终可传承（橙）"得以广泛流传，备受赞誉。褚橙更赢得了"励志橙"的美誉。

以上的每个层次和主题并非独立存在的，在具体实施的过程中，需根据企业的内外环境、自身优缺点等情况选择主题，或单一或组合地为企业体验战略实施发挥作用。

// 实例

2024年可口可乐春节体验营销活动

2024年可口可乐春节体验营销活动以年轻人为首要目标沟通人群，主题为"让我们'年'在一起"，回应多数年轻人只有在过年期间才与家人团聚的现状，呼吁大家尽享团圆的快乐。

具体到实际的营销动作上，可口可乐也用了三个步骤深化与年轻消费者的沟通：

一、巧妙化用"龙"元素，打造不一样的新春营销

作为十二生肖中唯一一个被虚拟出来的动物形象，龙在中国人的心中一直有着独特的地位。因此，在这个十二年一度的龙年之初，龙顺理成章成为出镜率最高的动物，占据了大家的视线焦点。

可口可乐选择与90后知名剪纸艺术家合作，将剪纸艺术与生肖龙结合推出龙年限定包装，从传统团纹图样中寻找灵感组成龙身，增加吉祥寓意。多个龙罐可拼接成一条龙，凸显新春阖家团聚的仪式感以及可口可乐"让我们'年'在一起"的新春主题。

二、探讨"代际沟通"这一热门议题，唤起消费者共鸣

可口可乐携手知名导演献映《龙舞盛宴》，以"舞龙"挑战和"代际关系"为切入点，引发消费者共鸣，凸显了家庭生活中的关爱。同时，可口可乐联合微博手机影像年发起的主题征集活动——#可口可乐 让我们年在一起#、#微博手机影像年#双话题，也收获不少UGC内容与互动讨论。

三、用AI"年"住万家，可口可乐带百万人挑战吉尼斯

可口可乐推出"龙连你我"AI定制心愿团纹活动，消费者扫码或进入小程序，上传照片选择愿望和语音包，可获得独一无二的心愿团纹和新春奖品。点击查看祥龙，能看到由百万用户心愿组成的长龙，还可挑战吉尼斯世界纪录。

可以看出，创新春节营销的过程，也正是可口可乐不断深入中国市场、实现品牌本土化的过程。从餐桌上罐子拼成的长龙，到虚拟空间汇聚无数心愿的祥龙；从一个个小家的团聚，到一种文化的共鸣……通过这场营销事件，可口可乐展现出对中国传统文化的深刻理解与高度认同，更进一步建立起品牌与中国消费者的连接，实现了与中国市场的同频共振。

第三节 维护客户阶段的体验创造策略

一、接触环境与渠道建设

客户体验的接触环境和渠道建设究竟具有怎样的意义？哪些关键点需要我们予以特别关注？

(一)客户体验的接触环境

企业若想营造一个完美的客户体验接触环境,不但要选对主题,还要为客户提供相关道具(产品),并精心甄选、布置场景(接触环境)。这样做可以使得客户体验变得立体化,让更多元素融入商业活动之中。而这些一系列的体验内容都发生在特定的接触点,那么这些点连成的线是什么呢?让我们来学习一下"体验链"这个概念。

1. 体验链

体验链是营造客户体验接触环境的主线,体验接触环境的构建是以用户和企业的接触点为基础的,而每个接触点上的体验点共同构成了用户对这个环境的观点集合。客户在哪些环境里会与企业接触?这些接触点会带来哪些体验点的触发?例如,购买股票的人也许是通过电视上的股评推荐、报纸的股市专栏、亲朋好友推荐或者经纪人的介绍而涉足股市。购买汽车的人也许是通过商业性广告、车行老板介绍或是听闻汽车行、修理行的口碑而产生购买意向。

大部分人都是通过特定的接触通道,才促使其购买和消费产品的。例如,我们会接触到广告、店铺、品牌公关活动、营销或售后的客服人员、支付平台、物流平台、分享平台等接触点。而这些接触点所触发的体验点包括信息收集、购买、收货及安装、学习及使用、售后服务、分享及评价、淘汰及更新等。

在客户体验接触环境的构筑中,还需要特别注意体验点的创新和关键体验的强化。当我们理清现有和潜在的接触点时,根据不同的主题设计就可以将环境的创新融入体验点的创新之中,从而为客户带来新的刺激点。同时,还要强化重要的体验点,重点打造最关键的接触环境,使其成为客户的记忆点。

一个优质的品牌体验链,用户对它的认识绝不应该仅停留在某个孤立的点上,而应该像一个故事或者一段经历那样,形象生动地呈现多个接触点的串联,最终在客户脑海中映射关联画面,这就是"触景生情"式的品牌关联。

2. 商圈与选址

线下店铺的商圈是吸引客户购物或接受服务的有效范围。商圈范围是店铺确定服务对象分布、商品构成、促销方法和宣传范围的主要依据。商圈的分析涵盖了其功能、定位、建筑形态、建筑成本、消费人群、经营者、商业管理、发展前景等内容。商圈通常可分为商业区、住宅区、文教区、办公区、工业区、混合区等类型。

选址在很大程度上决定了门店可以吸引有限距离或地区内潜在客户的数量,进而决定了可以获得的销售收入的高低,也反映出开设地点作为一种资源的价值大小。在选址过程中,要充分考虑目标客户情况、交通条件、配送、成本、设施、竞争对手等因素。

3. 氛围与陈列

无论是店内、店外还是活动现场的出入口、通道、客流动线、商品布局陈列、服务设施、装饰照明等方面的设计和布置，这些接触环境氛围的营造和陈列都要遵循以下原则：①方便顾客购买；②刺激、促进消费；③创造令人愉悦的购物空间；④布景安全。

4. 线上与线下

在互联网时代，体验是立体化的，企业以客户为中心搭建一个完整的线上与线下体验接触环境成为必然。线上平台不受时间、空间的限制。企业为了丰富接触点搭建了很多场景，提供了很多道具，包括与商品相关的网站、App、微信群、微信小程序、购物网站、短视频平台等。这些线上环境接触点的出现极大地拓展了商业活动的舞台，再结合各种宣传素材和线下的实物产品或者道具，能够极大地丰富用户的感知体验。这些线上线下的环境和道具，结合体验主题，在科技的推动下有效地提升了客户的参与度。

线上线下既是体验接触环境的场所，又是体验渠道的一种缩影。

（二）渠道的建设

我们生活在一个渠道多元的时代，所谓的渠道体验，就是企业通过渠道体系的精心经营，为客户创造独特感受的过程。

例如，商业银行的体验渠道不仅包括传统的营业厅柜台、自动柜员机（ATM）、自动存款机（CDM）、客户关系管理系统（CRM），还包括电话银行、网上银行、专属App等，这些都是商业银行传递服务、创造体验的重要途径。又如，移动通信行业在渠道的设计中，包含了营业厅、呼叫中心、手机短信彩信、专属App、网站等多种渠道传递方式。

1. 体验渠道多元化

我们身处一个多元化渠道的空间之中，诸如结算渠道、信息获取渠道、业务配送渠道以及售前、售中和售后服务渠道等，满足了客户的差异化需求。客户对选择权和自主权的掌控，为其带来前所未有的体验。

传统渠道与网络渠道的整合，为客户提供了深度体验接触企业的契机。线上平台可以灵活地触及更多客户群体，而基于零售业态发展起来的线下平台，则拥有丰富的供应商资源和强大的物流配送体系、直观的商品展示体验、面对面的客服以及专业的技术人员等。

几种常见渠道体验的特点举例如下。

（1）结算渠道体验。结算体验成为决定渠道是否通畅的重要环节，一旦发生不良结算体验，很可能造成整个渠道的阻塞。传统交易结算是一手交钱、一手交货，而互联网模式下，交易与结算的时间、场景分离。各种在线支付、扫码支付、感应支付的出现，让人们的出行、生活、工作、娱乐体验都更人性化、便捷化、潮流化。

（2）物流渠道体验。物流不只是送货，尤其当渠道多元化后，客户和企业在空间上分离的可能性更大，物流成为距离客户最近的重要接触点。物流连通线上与线下的业务，使线上服务有了最直观的线下体验，如果物流速度快、货物安全、人员服务水平高，就会让客户产生很好的品牌体验记忆点。

（3）售后渠道体验。售后不仅仅能向客户提供维修服务，还能为企业的其他运营环节反馈信息、帮助其改善体验、与客户有效互动、维系客户情感、创造新的营销点、提高整体用户体验点的价值。

// 实例

车企的App

如今，通过自有App进行用户运营已逐渐成为车企的共识，车企几乎都有自己的App，如传统品牌宝马的"My BMW"、奥迪的"一汽奥迪"、上汽大众的"上汽大众"、吉利的"吉利汽车"等；新能源车企"蔚小理"也有以自己名字命名的App，埃安、问界、极氪等也先后上线了App。

从App使用的用户量级来看，比亚迪App以432.6万的活跃用户量位居汽车行业榜首（2022年12月数据），而"蔚小理"等造车新势力则排在10名以外。对于车主而言，一款App除了能为车主之间搭建交流、提问和互帮互助的平台，还可以满足挪车、预约保养、救援等应急需求，提供保险、理赔等服务，节省了很多往返于家和店的时间。

很多新能源车将App打造成一个"一条龙"式的服务软件。例如，比亚迪App的服务板块相当完善，涵盖了保养、救援、服务预约、电桩查询等多种功能，并且由于旗下有保养更为频繁的传统燃油车产品，因此保养手册也可以在App中轻松查看，非常方便。

2. 管理多种体验渠道

要营造良好的渠道体验，渠道管理不能仅仅限于实体店和虚拟商店之间，所有渠道都必须整合。在此过程中，有哪些重点值得关注呢？

（1）可靠性。向客户传递真实可靠的信息（包括公司资质、发展状况等），让体验有安全感。

（2）流畅性。实现跨渠道的客户认知，使客户的体验贯通线上线下。

（3）简便性。简单易操作、无须重复沟通的渠道建设，能让客户获得易上手、自由度高的体验。这也从另一方面说明企业数据库管理越有效，渠道体验满意度就越高。

（4）关键性。不是所有渠道体验的重要度级别都一样高。重视不同渠道的呈现方式建设，做好用户分类定位，实时反馈有效体验信息，突显不同行业的关键体验点，行之有效地进行渠道的完善，才能建立适合企业自身特点的渠道体验。

二、员工管理

员工所具备的知识与能力是企业唯一不可替代的资产，而人力资本的生产效率取决于员工能否有效地将自己的能力与组织分享。员工在企业内获得的良好体验，会转化为给予用户的良好体验,所以在客户体验的员工管理层面,最重要的是企业言传身教、身体力行地让员工切实感受体验。下面先从员工的体验素养谈起。

(一)员工的体验素养

员工的体验素养,指营造体验的具体人员对客户体验的理解与贯彻。员工需要具备哪些体验素养,才能真正做到为客户创造与传递体验呢?

1. 沟通力

企业要营造体验文化在员工之间传递的良好氛围,重视沟通交流,以激发团队的活力。部门内与部门外、正式与非正式、上下级或平级、口头或书面的沟通实现常态化,能成为团队文化的润滑剂,让信任和凝聚力悄然而生。为员工提供平台和机会阐述个人想法,使其能与他人讨论交流,从而减少隔阂的产生,提高企业的协作性和办事效率。

在人员招聘、培训、绩效考评、薪酬等环节中,企业都需要持续让员工体验到沟通力是保证组织不断前进的"动力源泉"。无论是设计生产部门、服务营销部门、物流配送部门还是售后部门的员工,在接触点工作完成之际,由企业体验文化引起的体验客服意识将随之展现,成为体验链的主轴。

2. 可信度

企业提供稳定且能兑现承诺的运营管理日常,不随意更改晋升机制、绩效考评标准、薪酬政策等,让员工在一个可信赖的环境中工作和生活,这是塑造员工可信度的基石。这种工作上的可信度体验不是单向的,在服务过程中传递可信度,能使接触点的体验过程让客户没有后顾之忧,减少客户不确定性心理和行为的产生。

3. 差异化

重视员工工作和生活的差异,个性化地为其设计不同的工作体验。人性化地为员工制定满足需求、符合标准且具有弹性的工作体验方案,会让尊重差异成为员工的体验价值观。

4. 自我实现

为员工提供多种个人发展方向和渠道选择,打造透明的人才发展计划,让每位员工都有升迁机会,鼓励员工申请心仪的岗位。企业若将员工视为工作伙伴,不仅为其提供工作,还辅助他们成长和进步,最直接的回馈就是传递给客户令人愉悦、能满足需求的服务体验。

(二)标准和授权

良好的体验应该建立在统一标准之上,构建体验的具体标准和执行框架,这是任何客户体验实现的基础。但在标准之外,还要注意进行授权,否则面对客户个体差异带来的某个时刻的特殊需求时就无法灵活应对。就像手机的硬件标准是一致的，但是软件可以在硬件允许的范围内满足不同客户的需求。

三、客户关怀

在维护体验阶段，如何让体验得到提升和延续呢？在整个感知、接触、触动、行动、消费、分享的客户决策过程中，企业应该以客户关怀作为一个体验循环的结束，同时也是另一个体验的开始。奖励、参与及分享是客户接受体验关怀的重要方式。

1. 奖励

在体验维护过程中，为客户办理 VIP 卡，给予其特殊礼遇或折扣优惠等，都能带来关怀感和附加体验价值，让客户感觉到为企业付出的忠诚能够得到回报，并且受到与众不同的重视。这不仅能为本次客户体验留下"纪念品"，还为之后企业的新一轮宣传留下体验期待。企业通过一些商业手段，不为直接产生利润，而只为让客户有超出预期的惊喜，则是更成功的奖励方式。

提供惊喜体验来源于对现有客户的综合测评，可以通过对客户现有体验点的满意度进行调查；可以将客户体验抱怨点集中整理与分析；可以研究不同分类要素下客户对体验的反馈差距；可以建立客户体验关键因素考核机制，以及客户体验与员工绩效模型机制等。这些数据的分析有利于推陈出新，超出预期的体验奖励会让客户在同期、同业、同类中更快识别出企业的产品和服务。

2. 分享

客户在消费行为结束后会产生完整的消费体验，此时如何引导客户将对企业的体验感受分享传播开来，为企业树立口碑，并为下一轮的体验造势，成为企业需要关注的问题。

分享体验的效果决定着企业的社会影响力，间接地支配了市场的机会。鼓励和引导客户分享体验，为其搭建平台、提供工具、引入渠道也是企业为客户体验必须构建的维护系统。建立线上客户论坛、线下客户俱乐部、定期回访机制、售后交流体系等，狭义上是企业在做售后，广义上其实是客户和企业同时在进行分享、在迭代宣传。

本章小结

在商业领域中，客户体验是指企业以服务为舞台、商品为道具，围绕着目标客户，为其创造出值得回忆的活动，是印刻在人们心里的深刻记忆。人们通过体验对品牌产生寄托，从而成为品牌的忠实客户。客户体验管理是战略性地管理客户对产品或公司全面体验的过程，也是一种注重客户参与、动态、系统性的客户关系管理模式。

在吸引客户阶段，客户进行现场体验，感受特定产品或服务的优势所在，通过看、听、用、参与等手段，充分刺激和调动用户的感性和理性因素，企业通过采用体验营销来吸引消费者购买产品或服务。体验主题的设计因为其类型选材的不同分成三个层次，为吸引客户制定策略提供了素材库。

在维护客户阶段，接触环境与渠道建设，以及体验式的员工管理和客户关怀都是延伸和衍生客户体验的创新策略。

一切与客户体验有关的工作在任何管理及实践中都难以进行完全复刻与照搬，若将客户体验视为一种企业的变革，其进程必然充满挑战与困难。

练习题

一、单项选择题

1. 客户体验实现的前提是（　　）。
   A．客户调研　　　B．客户奖励　　　C．客户参与和交互　　　D．客户分类

2. 客户体验为企业积累用户（　　）资产。
   A．数据　　　B．利润　　　C．关系　　　D．管理

3. 体验营销策略的基础层是（　　）。
   A．能效体验策略　　　　　　　B．情感体验策略
   C．文化体验策略　　　　　　　D．以上都不是

4. 《黑神话：悟空》是 2024 年爆火的一款以《西游记》为背景的 3A 游戏。据统计，游戏中 36 个取景地中有 27 个来自山西。山西省文化和旅游厅随后推出了"跟着悟空游山西"等主题活动，通过游戏的影响力，推广了当地的文化遗产和旅游资源。请问案例中"跟着悟空游山西"的客户体验方式属于（　　）。
   A．感官体验　　　B．能效体验　　　C．情感体验　　　D．文化体验

二、多项选择题

1. 体验式营销的基本特点包括（　　）。
   A．以客户需求为核心
   B．场景是体验式营销实现的载体
   C．围绕客户需求的互动是体验式营销实现的方法
   D．通过完善体验链来实现品牌营销

2. 管理多种体验渠道，需要注意（　　）。
   A．渠道的畅通性　　　　　　　B．渠道的多元化
   C．渠道的可靠性　　　　　　　D．渠道的简便性
   E．渠道的差异性

三、判断题

1. 客户所收获的价值大小取决于其自身的需求偏好，评价是否物超所值的关键在于客户自己的感知与观念。（ ）

2. 商圈在很大程度上决定了门店可以吸引有限距离或地区内潜在客户的数量，进而决定了可以获得的销售收入的高低，也反映出开设地点作为一种资源的价值大小。（ ）

3. 参与主题，强调客户充分参与，自主掌控体验过程。（ ）

4. 物流渠道体验等同于配送体验。（ ）

5. 员工的沟通能力塑造主要是言谈举止是否符合标准。（ ）

四、案例分析题

"云游敦煌"虚拟体验

敦煌石窟是古代文明交流的结晶，具有丰富的历史、艺术、科技和社会价值。2020年伊始，受新冠肺炎疫情的影响，敦煌研究院管辖的六处石窟暂停开放。为丰富抗击疫情期间人民群众精神文化生活，敦煌研究院加速推进数字化展示和传播，打造了首个集探索、游览、保护敦煌石窟等功能于一体的微信小程序"云游敦煌"。

截至2021年11月底，"云游敦煌"小程序的整体访问量已经突破了5 000万人次，成为文化遗产云传播的典范。在"云游敦煌"小程序上，用户可以随时随地欣赏敦煌石窟的壁画、彩塑和建筑，学习鉴赏知识，参与互动活动，如每日签到获取壁画故事、配音制作个人敦煌故事等。小程序还推出了"数字藏经洞"守护人体验，让用户"穿越"至不同历史时期，与历史人物互动，参与抄写经书、绘制壁画、拯救文物等活动，深度体验藏经洞的文化内涵。

为实现敦煌文化的数字化和创新性，扩大敦煌文化在大众群体，尤其是年轻用户中的影响力，小程序创造性地推出了探索、游览、保护与新文创四个板块。"今日画语"为用户提供每日敦煌智慧妙语，让经典文化贴近生活。"敦煌艺术之最"有声版系列壁画让用户在欣赏的同时聆听专业讲解，增强文化体验。用户还可以根据艺术类型、朝代、颜色等探索感兴趣的内容，标记"想去"的图片，为实地参观做准备。

小程序联合腾讯影业、腾讯动漫推出"云游敦煌动画剧"，选取壁画故事，以动画形式再现千年壁画，保持原味的同时增添创意。用户还可以通过DIY配音参与讲述壁画传奇。此外，小程序设计了填色壁画、设计丝巾等文创互动内容，让用户有机会再创作。用户还可以了解壁画病害类型、文物数字化工作，为敦煌石窟保护贡献力量。

结合案例分析以下问题：

1. 客户体验对于文化传播有何价值？

2. 虚拟体验有何独到之处？

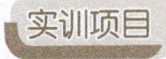 实训项目

项目一　设计一个客户体验活动

一、实训目的

了解客户体验的设计流程。

二、实训内容

1. 选择某一公司的产品进行客户体验设计。
2. 按照客户体验设计的要求进行相关操作，充分体现独特性和原创性。

三、实训要求

1. 按教学班级进行分组，每组5~8人，按组开展实训。
2. 由每组组长负责完成协调工作与客户体验活动设计。

项目二　绘制客户旅程地图

一、实训目的

掌握客户旅程地图的绘制流程。

二、实训内容

1. 选择某一公司的某一产品绘制客户旅程地图（例如，选择某地公园、商场、医院等的适老设施来绘制客户旅程地图）。
2. 按照客户体验过程进行绘制，突出痛点与解决方案。

三、实训要求

1. 按教学班级进行分组，每组5~8人，按组开展实训。
2. 由每组组长负责完成协调工作与地图的绘制。

第七章
客户分级管理

---学习目标---

【知识目标】
- 了解实行客户分级管理的原因。
- 掌握如何对客户进行分级。
- 掌握客户分级管理办法。

【能力目标】
- 能够区分各级客户并懂得如何对客户分级。

【素质目标】
- 培养大数据背景下管理客户信息的能力。
- 培养良好的沟通协调能力。
- 树立正确的客户信息管理伦理观。
- 树立对客户以诚相待、以客户为中心的服务理念。

> **引导案例**

海底捞的客户分级

海底捞于1994年成立于四川省简阳市，经过30年的发展，已成长为国际知名的餐饮企业。该品牌以经营火锅为主，以服务周到著称。

一、海底捞会员制度

客户可通过以下任一途径，提交注册信息，审核通过即可成为海底捞会员：海底捞App、海底捞火锅微信公众号、海底捞门店点餐Pad、海底捞外送微信公众号、海底捞小程序、海底捞支付宝生活号。注册成为海底捞会员，可使用网上排号、订餐功能；消费可获得捞币，用于兑换捞币商城中的产品，以及其他丰富的增值服务。

二、海底捞会员等级规则

（1）会员等级规则。按照会员近12个月获得的成长值，依次划分为红海会员、银海会员、金海会员和黑海会员，降级规则另有规定除外。

1）红海会员（原1星会员）：0～1999成长值。

2）银海会员（原2星会员）：2 000～5 999成长值。

3）金海会员（原3星会员）：6 000～11 999成长值。

4）黑海会员（原4、5星会员）：12 000成长值及以上。

（2）会员升级规则。实时升级，每次获得相应等级的成长值，实时累积升至相应的会员等级。

（3）会员降级规则。每月1日定级，最近12个月，如果达不到维持当前等级会员所需的成长值，则判定降级，且降级到成长值对应的会员等级，6个自然月内最多只降级一次。

三、海底捞会员福利

1. 网络远程排号

会员可以网络远程排号，减少现场等位时间。

2. 捞币兑好礼

会员可凭借账户内的积分，实时在海底捞的门店或者线上渠道参与礼品兑换活动，兑换后积分相应扣减。

3. 会员专属活动

会员可获得生日赠礼、升级礼遇等优惠，并有机会参与海底捞举办的互动活动。

【引入问题】

试分析海底捞是如何进行分级管理的。

第一节　实行客户分级管理的原因

客户分级是指企业根据客户对企业的不同价值和重要程度，将客户分成不同的层级，为企业的资源分配提供依据。根据分类标准对企业客户信息进行分类处理后，在同类客户中根据销售信息进行统计分析，发现共同特点，开展交叉销售，以便在客户下订单前，就能了解客户需要，有针对性地进行商品推荐，实现营销。因此客户分级管理在客户关系管理中具有不可小觑的作用。企业对客户进行分级管理的原因如下。

一、不同的客户带来的价值不同

客户有大小之分，给企业带来的贡献有差异，所以每个客户带来的价值是不同的。正如"二八法则"所揭示的那样，商家80%的销售额来自20%的商品，80%的业务收入由20%的客户创造。遵循"二八法则"的企业在经营和管理中往往能抓住关键的少数客户，精确定位，加强服务，从而达到事半功倍的效果。

企业必须寻找属于自己的目标客户群，避免重复无效的营销资源浪费，从开拓市场伊始，就要争取发现"对的"客户，懂得如何挑选客户并想办法"锁定"他们。用80%的精力找到20%属于自己的客户，再以80%的服务满足这20%的人群，留住他们，提高他们的忠诚度，进而发展自身，提高经济效益。保住这20%的优质客户群，就等于保住了业务的半壁江山。

二、企业必须根据不同客户的价值分配不同的资源

企业的资源是有限的，必须根据客户的价值进行资源分配。比如航空公司的VIP休息室是为其VIP客户准备的，因为这部分客户能为其带来长期稳定的可观利润，如果对普通客户也开放，VIP客户就不能享受企业提供的优待，从而导致他们产生不满，这部分客户有可能会流失。

// 实例

支付宝的客户分级——蚂蚁会员

支付宝网络技术有限公司是国内的第三方支付平台，致力于提供简单、安全、快速的支付解决方案。截至2024年11月，支付宝App服务超过10亿用户。支付宝早早便对用户进行了分级，将用户分为大众会员、黄金会员、铂金会员和钻石会员。

注册支付宝的用户会自动成为大众会员，可以使用可用积分去兑换一些优惠。大众会员积累一定的成长值即可升级为高级会员，用户通过支付宝进行消费购物、生活缴费和金融理财等，即可获得成长值。黄金会员门槛2 000积分、铂金会员6 000积分、钻石会员18 000积分。等级越高，门槛越高。

不同等级的会员享受不同的服务，如所有用户都可以使用支付宝积分兑换提现额度，但大众会员为"1积分兑换1元提现额度"，黄金会员为"1积分兑换1.5元提现额度"，铂金会员和钻石会员则是"1积分兑换3元提现额度"。与此同时，支付宝的外汇兑换、信用卡还款等功能，皆按照不同的会员等级收费，会员等级越

高，费用越低。另外，支付宝还有一些服务只向高级会员开放，如"账户安全险"，只有铂金会员及以上等级的会员可以兑换。

除此之外，高级会员还可享受特别的服务。作为钻石会员，支付宝为其提供了专享的"客服优先"特权。钻石会员拨打服务热线，最快3秒接通人工服务，而且服务团队也是为其量身定制的。在新产品上线前，支付宝也会特邀钻石会员抢先体验，其反馈建议将作为优化产品的参考。

点评：支付宝对会员的分级是一种典型的客户分级管理，其分级的标准是成长值，成长值的本质则是客户在支付宝平台进行的财务行为频率和数额。对于不同等级的客户，支付宝提供了不同的服务和关怀，等级越高，客户享受的服务和优惠越多。

三、不同价值的客户有不同的需求，企业应该分别满足

每个客户为企业带来的价值是不同的，所以他们对企业的预期也会有所差别。客户个性化、多样化、差异化的需求，决定了他们希望企业能够提供个性化规划、定制化的服务或产品。例如，银行把客户市场细分为不同的类别，然后采用有针对性的服务方式。如为大众市场提供各种低成本的电子银行，而针对高收入阶层则提供多种私人银行业务。

◆素养小课堂

处理好效率与公平的关系

关于效率和公平，习近平总书记指出，中国式现代化既要创造比资本主义更高的效率，又要更有效地维护社会公平，更好实现效率与公平相兼顾、相促进、相统一，其要义在于一个"更"字：更高、更有效、更好；其核心在于探索形成效率与公平更好地相互增进的中国方案。

任何社会都需要解决两大问题：一是如何有效配置稀缺的资源，满足人民日益增长的美好生活需要，这是效率问题；二是如何激发社会成员的积极性，这是公平问题。效率关注"做蛋糕"：如何通过集聚生产要素、提高生产效率、优化经济结构来做大"蛋糕"，提升资源配置有效性，为社会提供更好的产品与服务。公平关注"分蛋糕"：如何从规则公平、机会公平、结果公平等维度来分好"蛋糕"，保障社会分配的价值性，践行激励相容，使人们感受到更好的幸福感与获得感。无论是"做蛋糕"，还是"分蛋糕"，以及二者的更好相互促进，都体现中国式现代化的特色和文明根性。

四、客户分级是有效进行客户沟通、实现客户满意的前提

有效的客户沟通应当根据客户的不同采取不同的沟通策略，如果客户的重要性和价值不同，就应当根据客户的重要性和价值的不同采取不同的沟通策略。实现客户满意也

要根据客户的不同采取不同的策略,因为不同的客户满意的标准是不一样的。比如航空公司就将客舱分为头等舱、公务舱和经济舱等,每种客舱的设计、服务、价位、客户体验各不相同,这样能够很好地满足不同客户的需求。

// 实例

兴业银行的客户管理

兴业银行的客户分级制度较为详细,主要分为普通客户和VIP贵宾客户两大类。普通客户可以进一步细分为一般核心客户和非核心客户,而VIP贵宾客户则包括钻石客户、黑金客户、白金客户和黄金客户。具体的等级主要依据客户在兴业银行的资产情况进行划分。

非核心客户:日均综合金融资产折合人民币小于1万元。

一般核心客户:日均综合金融资产折合人民币在1万元(含)以上,但少于10万元。

黄金客户:上月日均综合金融资产折合人民币在10万元(含)以上,但少于30万元。

白金客户:上月日均综合金融资产折合人民币在30万元(含)以上,但少于100万元。

黑金客户:上月日均综合金融资产折合人民币在100万元(含)以上,600万元以下。

钻石客户:上月日均综合金融资产折合人民币在600万元(含)以上。

此外,兴业银行的信用卡产品也根据客户级别提供不同的服务和权益。例如,钻石客户、黑金客户、白金客户和黄金客户可以享受机场贵宾服务,包括贵宾绿色专检通道、精美茶点、专人协办登机手续等。钻石客户还可以享受私人银行增值服务,如健康管理服务体系、教育服务体系、商务出行和投资移民服务等。

经验启示:

1. 实行清晰的客户分级制度,以金钱数额作为指标,使客户等级划分一目了然,透明度高。

2. 不同等级的客户享受的待遇截然不同,从人文关怀、贵宾服务、困难解决、娱乐方式等多个方面对不同等级的客户进行区分,让他们享受与其等级相匹配的礼遇。

3. 建立完善的客服管理制度,有效避免了客户的流失。

4. 构建完善的回馈机制,提升客户满意度。

第二节 如何对客户进行分级

企业根据客户数量的多少,按由多到少的顺序"垒"起来,就可以得到一个"客户金字塔"模型。根据客户金字塔模型，可将客户分为三个层级：关键客户、普通客户和小客户，如图7-1所示。

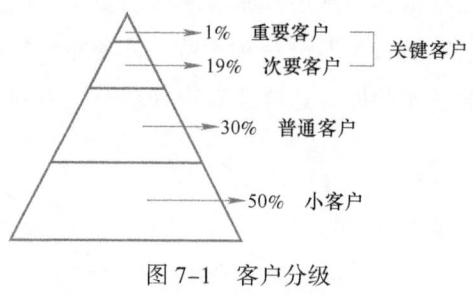

图7-1 客户分级

一、关键客户

关键客户是企业的核心客户，一般占企业客户总数的20%，企业80%的利润靠他们贡献，是企业的重点服务及维护对象。关键客户由重要客户和次要客户构成。

1. 重要客户

重要客户是金字塔最高层的客户，是能够给企业带来最大价值的客户，一般占客户总数的1%。重要客户往往对企业忠诚，是企业客户资产中最稳定的部分，他们为企业创造了长期和大部分的利润，对价格不敏感，还可以带来新客户资源。重要客户是最有吸引力的一类客户，企业拥有重要客户的多少，决定了其在市场上的竞争地位。

2. 次要客户

次要客户是除重要客户以外给企业带来最大价值的客户，一般占客户总数的19%。次要客户也许是企业产品或者服务的大量使用者，也许是中度使用者，对价格的敏感度比较高，因而为企业创造的利润和价值没有重要客户那么高；次要客户也没有重要客户那么忠诚，为了降低风险，他们会同时与多家同类型的企业保持长期关系；他们也在真诚、积极地为本企业介绍新客户，但在增量销售、交叉销售方面可能已经没有多少潜力可供进一步挖掘。

二、普通客户

普通客户是除重要客户与次要客户之外的为企业创造最大价值的客户，一般占客户总数的30%。普通客户包含的客户数量较大，但他们的购买力、忠诚度、能够带来的价值却远比不上重要客户与次要客户。

三、小客户

小客户是客户金字塔中最底层的客户，指除了上述三种客户外，剩下的50%的客户。小客户的购买量不多，忠诚度相对较低，偶尔购买，有时会延期支付甚至个别客户不付款；有些客户还经常提出苛刻的服务要求，消耗企业的资源；部分客户有时是问题客户，会向他人抱怨。

关键客户、普通客户和小客户共同组成了客户数量金字塔。一般情况下，客户数量金字塔不单独出现，和客户利润金字塔共同出现。客户利润金字塔是企业根据客户给企业创造的利润和价值的大小按由小到大的顺序"堆砌"而成,给企业创造利润和价值最大的客户位于模型的顶部,给企业创造利润最小的客户位于模型的底部。图7-2是"客户数量金字塔"和"客户利润倒金字塔",体现了客户类型、数量分布和创造利润能力之间的关系。

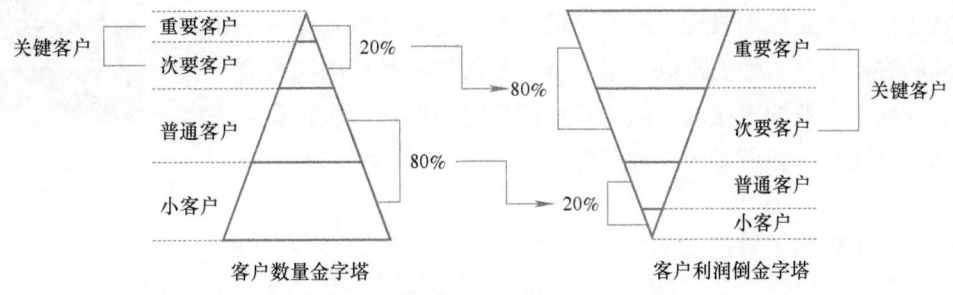

图7-2 客户数量金字塔和客户利润倒金字塔对应关系示意图

占企业客户数量最少的关键客户为企业带来的价值较大,而占企业客户数量较大的小客户带来的价值却较小。"客户数量金字塔"与"客户利润倒金字塔"之间的关系可以证明我们之前学过的"二八法则",占客户数量20%的关键客户为企业带来了80%的利润。企业会为对本企业的利润贡献最大的关键客户,尤其是重要客户提供更优质的服务,配置强大的资源,并加强此类客户的关系,从而使企业的盈利能力最大化。

// 实例

联通对客户的分级管理(见表7-1)

表7-1 联通对客户的分级管理

序号	服务内容	七星	六星	五星	四星	三星	二星	一星
1	热线极速通	优先接入	优先接入	优先接入	标准	标准	标准	标准
2	问题极速解	优先办理	优先办理	优先办理	标准	标准	标准	标准
3	VIP客户经理	客户经理	客户经理	客户经理	×	×	×	×
4	营业厅优先办	优先叫号 专属通道	优先叫号 专属通道	优先叫号 专属通道	×	×	×	×
5	营业厅预约办	√	√	√				
6	App便捷服务	√	√	√				
7	免费补换卡	√	√	√	√	×	×	×
8	智慧停开机	√	√	√				
9	星享换机服务	星际优惠专享 新品优先购 以旧换新	星际优惠专享 新品优先购 以旧换新	星际优惠专享 新品优先购 以旧换新	×	×	×	×
10	星享日活动	线上专属活动:星享盲盒、星享补给站、星享推荐	线上专属活动:星享盲盒、星享补给站、星享推荐	线上专属活动:星享盲盒、星享补给站、星享推荐	×	×	×	×
11	生日权益	√	√	√	√	√	√	√

第三节　客户分级管理办法

客户分级管理是指企业依据客户带来的利润和价值对客户进行分级，为不同级别客户设计不同的关怀项目。这种关怀并不是对所有客户一视同仁，而是区别对待不同贡献的客户，将重点放在能为企业提供利润的客户上，为他们提供上乘服务，努力提高他们的满意度，从而维系他们对企业的忠诚度，同时积极提升各级客户在客户金字塔中的级别，以实现企业资源的合理分配。

关键客户分级管理办法——淘宝88VIP

一、关键客户管理法

关键客户管理法就是有计划、有步骤地开发和培育那些对企业的生存和发展有重要战略意义的客户。关键客户管理既是一种基本的销售方法，更是一种投资管理，其最终目的是更好地为客户服务，同时实现企业的销售业务。

为此，需要做好以下三方面的工作。

1. 成立为关键客户服务的专门机构

关键客户的管理在公司的客户管理中处于越来越重要的地位，无论大小公司都应该重视关键客户的管理。毕竟当前市场竞争激烈，市场环境变化无常，只有充分把握住公司的关键客户，公司才能很好地发展。目前，企业对关键客户都比较重视，很多企业都成立了专门服务于关键客户的机构，有利于企业对关键客户的管理实现系统化、规范化。

例如，在淘宝网的88VIP会员功能中，设置有88VIP专属管家。88VIP专属管家有一些隐藏功能，如热线一键直连功能，提供一站式服务，问题由专属管家跟进到底；预警功能，当客户购买了商品，商家没有在规定时间发货或者发货后物流有异常等，专属管家都会及时介入，提醒客户注意；退货介入，当客户的退货需求被商家拒绝，专属管家会第一时间主动介入与商家沟通；代催快递，当客户的快递出现延误或停滞不前时，专属管家可以代催快递，确保货物尽快送达。

> ◆ 素养小课堂
>
> **民法典"等价有偿"原则与VIP优先机制**
>
> 等价有偿原则是指民事主体在从事民事活动时，需按照价值规律进行等价交换。即一方获取利益需以付出相应代价为前提，且该代价与所得在价值量上应基本相当，反之亦然。
>
> 银行设置VIP通道具有一定合理性。从合同约定层面来看，银行等机构与VIP客户之间存在着服务合同关系。通常情况下，VIP客户在银行存入大量资金、购置特定金融产品或满足银行规定的其他条件。作为回报，银行给予VIP客户特定的优先

待遇，这可被视作双方在合同约定范围内的权利义务安排，与《民法典》中关于合同自愿订立和履行的原则相契合。从资源投入角度分析，VIP客户为银行带来了更多业务和收益，银行在服务资源分配上对其予以倾斜，是对VIP客户投入资源的一种认可与回报。从商业运营视角出发，这种机制有助于银行吸引并维护优质客户，提升自身经济效益，符合市场经济的规律。因此，银行等机构在为VIP客户办理业务时提供一定程度的优先权，符合我国《民法典》规定。

2. 集中优势资源服务于关键客户

由于关键客户对企业的价值贡献最大，因而对服务的要求也比较高，为了进一步提高企业的盈利水平，按"二八法则"的反向操作就是：要为20%的客户付出80%的努力，即企业要将有限的资源用在前20%最有价值的客户上，尤其是那些能为企业创造80%利润的关键客户。

为此，企业应该保证足够的投入，集中优势优先配置最多、最好的资源，加大对关键客户的服务力度，实施倾斜政策，加强对关键客户的营销工作，并提供"优质、优先、优惠"的个性化服务，从而提高关键客户的满意度和忠诚度。除了为关键客户优先安排生产、提供能令其满意的产品外，还要主动提供售前、售中、售后的全程、全面、高档次的服务，包括专门定制的服务，以及针对性、个性化、一对一、精细化的服务，甚至可以邀请关键客户参与企业产品或服务的研发、决策，从而更好地满足关键客户的需要。

另外，企业还要增加给予关键客户的财务利益，为他们提供优惠的价格和折扣，以及灵活的支付条件和安全便利的支付方式，并且适当放宽付款时间限制，甚至允许关键客户在一定时间内赊账，目的是奖励关键客户的忠诚，提高其流失成本。

还可实行VIP制，创建VIP客户服务通道，从而更好地为关键客户服务，这对拓展和巩固企业与关键客户的关系，提高关键客户的忠诚度，可以起到很好的作用。

// 实例

淘宝的"88VIP"

淘宝的"88VIP"就是一个典型的集中优势资源服务关键客户的例子。淘宝网为用户提供了名为"88VIP"的会员服务。开通"88VIP"后，用户可以在衣、食、住、行、医疗、音乐、旅游等领域获得全方位的服务。淘宝"88VIP"的收费标准为888元每年，但是如果用户的"淘气值"达到1 000，就可以以88元的优惠价格开通。

所谓"淘气值"，是淘宝网对用户的评分，其分值是系统根据用户最近12个月的消费行为表现计算得出的，"淘气值"超过1 000的用户即成为"超级会员"，可享受88元每年的"88VIP"。"淘气值"不仅取决于用户的消费金额和订单量，用户也可通过评论、完善信息和互动等行为提高"淘气值"。因此，用户要想成为"超级会员"，不仅要经常消费，还要保持较高的社交活跃度。

为了"88VIP"会员能拥有更好的服务和体验，天猫官方于2023年10月11日推出全新的"88VIP"会员权益，全新的"88VIP"会员权益分为生活卡、购物卡、全能卡三种套餐，而因卡类型的不同，可享受的权益也不同。生活卡、购物卡、全能卡权益如下。

（1）生活卡。（2023年10月11日之前的"88VIP"权益版本）原本的"88VIP"权益保持不变，包含：①购物折上九五折；②联名会员，包含芒果/优酷年卡2选1、网易云黑胶VIP、饿了么吃货卡；③每月30元退货运费券。

（2）购物卡。①购物折上九五折；②天天红包；③退货运费包；④售后保障包。（其中，天天红包、退货运费包及售后保障包权益合称"新三包"，下同）。

（3）全能卡。①购物折上九五折；②联名会员，包含芒果/优酷年卡2选1、网易云黑胶VIP、饿了么吃货卡；③天天红包；④退货运费包；⑤售后保障包。

3. 通过沟通和感情交流，密切双方的关系

单纯将与关键客户的关系建立在经济利益上和制度层面，很容易被竞争对手模仿和超越。只有加强和客户的情感交流，才能更好地维系双方关系，为企业带来长久稳定的利益。

（1）有计划地拜访关键客户。对关键客户的定期拜访，有利于熟悉关键客户的经营动态，并且能够及时发现问题和有效解决问题，有利于与关键客户搞好关系。

（2）经常性地征求关键客户的意见。企业高层经常性地征求关键客户的意见，将有助于增加关键客户的信任度。例如，每年组织一次企业高层与关键客户之间的座谈会，听取关键客户对企业的产品、服务、营销、产品开发等方面的意见和建议，以及对企业下一步的发展计划进行研讨等，这些都有益于企业与关键客户建立长期、稳定的战略合作伙伴关系。

（3）及时、有效地处理关键客户的投诉或者抱怨。处理投诉或者抱怨是企业向关键客户提供售后服务必不可少的环节之一，企业要积极建立有效的机制，优先、认真、迅速、有效及专业地处理关键客户的投诉或者抱怨。

（4）充分利用多种手段与关键客户沟通。企业要充分利用包括网络在内的各种手段与关键客户建立快速、双向的沟通渠道，不断地、主动地与关键客户进行有效沟通，真正了解他们的需求，甚至了解他们的客户的需求或能影响他们购买决策的群体的偏好，只有这样才能够密切与关键客户的关系，促使关键客户成为企业的忠诚客户。

// 实例

利乐与中国奶制品企业的相爱相杀

利乐公司（Tetra Pak）是瑞典的一家公司，是最先为液态奶提供包装的公司之一。利乐包装是瑞典利乐公司开发的一系列用于液体食品的包装产品，由纸、铝、塑组成的六层复合纸包装，能够有效阻隔空气和光线，延长牛奶和饮料保质期。利乐包

装曾牢牢垄断着全球 90% 以上的无菌包装市场，而在中国这个比例曾高达 95%。

20 世纪 80 年代，我国牛奶包装多为玻璃瓶，保质期短且不易运输，对我国牛奶企业发展限制较大。利乐进入中国以后，使得我国发达地区能够获得西部和北部过剩的产奶能力，农村地区也喝到了便宜的牛奶。

利乐在中国是通过一系列巧妙的营销手段发展壮大的。

首先，利乐公司用优惠的价格打入中国乳业市场。利乐采取了一种独特的合作方式：让乳企先支付 20% 的设备款，即可一次性买断灌装设备，剩余 80% 的款项则在购买灌装耗材中逐步消化。后来，合作方式直接演变为"买纸送机"的模式，利乐给乳企免费提供价值千万的灌装机，乳企则购买利乐的包装耗材，以此实现"捆绑销售"。

其次，为了可以让自己的客户迅速成长，利乐公司不仅向企业提供包装盒，还会直接提供技术支持，从牛奶生产到配送全程跟踪，任何一个环节有问题，利乐公司马上可以找出来并且优化。利乐还全程提供产品包装设计、市场调研、工艺设计、市场分析，甚至包括渠道建设和市场推广方案以及培训等服务。

利乐给客户提供了独一无二的价值，竞争对手很难复制，这就成就了利乐在中国乳制品包装行业霸主的地位。

乳业市场格局扩大并稳定后，乳业巨头们发现，同样的包装纸利乐公司的要比竞争对手贵很多，并且，利乐的包装纸有特殊的识别码，相关专利使得利乐的生产线只认利乐自己的包装纸，无法更换成其他厂家便宜的包材。而如果更换设备，则会导致严重的成本问题。

与此同时，利乐一旦发现厂商与第三方进行合作，将会终止灌装线零配件供应与维修等售后服务，这使得中国奶企不想也不敢得罪利乐。

最后，在多方努力下，2008 年 8 月 1 日《中华人民共和国反垄断法》正式实施后，利乐与中国客户签订的合同中涉及垄断的条例全部作废，更多客户开始尝试与价格更加优惠的中国本土包装企业进行合作。与此同时，伊利等大型乳企都有自己的包材研发部门，已经开始自主研发包装技术，打破技术封锁。例如，伊利安慕希的 PET 包装就是伊利自己研发设计的。

点评：利乐公司通过价值共享，使得自身与客户的利益绑定在一起。利用巧妙的商业营销，使得更多客户可以与他们合作。同时，通过开发软件，提供产品包装、设计、调研等一系列后续服务，不仅为自己设置了足够的商业壁垒，还使得自己与客户实现共赢。使自身的商业模式获得更大的空间与可能性。

普通客户与小客户分级管理办法

与此同时，我们也要注意到技术封锁、不正当竞争仍然会存在相当长一段时期，未来中国企业只有走自主创新、自主研发的道路，突破技术瓶颈，提振行业竞争力，才能走得长远。

二、普通客户管理法

根据普通客户给企业创造的利润和价值，对于普通客户的管理，主要强调提升级别和控制成本两个方面。

1. 针对有升级潜力的普通客户，努力培养其成为关键客户

对于有潜力升级为关键客户的普通客户，企业可以通过引领、创造、增加普通客户的需求，来提高他们的贡献度。企业要设计鼓励普通客户消费的项目，如常客奖励计划，及对一次性或累计购买达到一定标准的客户给予相应级别的奖励，或者让其参加相应级别的抽奖活动等，以鼓励普通客户购买更多的产品或服务。

企业还可以鼓励普通客户购买更高价值的产品或者服务，如饭店鼓励客户吃更贵的菜等，从而提升普通客户创造的价值。例如，企业可以成为普通客户的经营管理顾问，帮助他们评估机会、威胁、优势与劣势，制定现在与未来的市场发展规划，包括经营定位、网点布局、价格策略、营销策略等，同时，通过咨询、培训、指导，以传、帮、带等方式帮助普通客户提高经营管理水平。

// 实例

航空公司的常旅客奖励计划

各大航空公司是实施常旅客奖励计划的高手。成为一家航空公司的"常旅客"，是享受航空里程兑换和权益的基础，大部分航空公司都可以通过官网免费注册，成为常旅客计划的基础会员。

根据不同航空公司的积分规则，可以通过乘坐航空公司或合作伙伴的航班，使用信用卡消费，在合作酒店、餐厅、商户消费等方式来获得积分。达到一定的积分要求，就可以逐步升级为更高阶的会员，获得更多权益。

这些俱乐部和积分计划大同小异，都是累计客户的飞行旅程，然后给予客户一些增值服务和旅程奖励优惠。奖励机票和奖励升舱是最常见、最实用的两种航空奖励，兑换机票和升舱之余，航空公司也提供常旅客计划会员本人飞行相关的其他奖励，如额外行李额、机场贵宾室使用、优先选座与机上餐饮等贵宾服务。

除了航空类产品，常旅客计划会员还可以使用里程在航空公司的合作商户兑换其他非航空类消费，比如航空公司的线上商城、合作酒店、租车服务、线下合作商户等。其中，四川航空的里程积分还可用于生活类缴费。

成为航空公司常旅客计划的更高等级的会员后，可以直接享受乘机过程中的附加服务，如额外免费托运行李额、优先安检边防通道、优先值机柜台、贵宾休息室、优先中转柜台、行李优先提取、远机位贵宾车、免费升舱机会等，提升航空旅行的舒适度。这些礼遇也体现在订票过程中，如额外里程奖励、国内外航班免费升舱券等，可以帮助会员更快地提升等级或减少航空开支。

对航空公司来说，常旅客计划是确保原有客户忠诚度、拓展合作和服务覆盖范围以及提高竞争力的手段。对于乘客而言，能更便捷轻松地享受航空公司提供的服务，不仅可以通过多种途径累积飞行里程兑换机票或升舱；随着频繁的飞行和会员级别提升，还可享受更多除了航空类产品以外的权益，甚至可以实现从机票到食宿的全面覆盖。

2. 针对没有升级潜力的普通客户，减少附加服务，降低成本

针对没有升级潜力的普通客户，企业可以采取"维持"战略，在人力、财力、物力等方面，不增加投入，甚至减少促销努力，以降低交易成本，还可以要求普通客户以现款支付甚至提前预付。另外，还可以缩减对普通客户的服务时间、服务项目、服务内容，甚至不提供任何附加服务。

三、小客户管理法

一直以来，传统的"二八法则"关注少数的集中对象，忽视更多的大众对象，强调"抓大放小"。但长尾理论提出以来，越来越多的人开始重视非主流的利基市场。

将长尾理论运用在客户关系管理中，如果能够把握住占据大量市场份额的小客户，有助于企业形成规模优势，可以帮助企业保住市场份额、保持成本优势、遏制竞争对手。小客户集中起来，能够创造出比大客户更高的价值。

此外，如果企业生硬地将小客户拒之门外，也会为企业带来不良的社会影响，破坏企业形象，使企业背负歧视消费者的负面评价。因此企业必须认真管理好小客户。

1. 针对有升级潜力的小客户，要努力培养其成为普通客户甚至关键客户

企业应该给予有升级潜力的小客户更多的关心和照顾，帮助其成长，挖掘其升级的潜力，从而将其培养成为普通客户甚至关键客户，那么伴随着小客户的成长，企业利润就可以不断得到提升。例如，目前还算不上优质客户的大学生，可能在就业后会成为优质客户，招商银行就看到了这一点。招商银行的信用卡业务部一直把在校大学生作为业务推广的重点对象之一，尽管他们当前的消费能力有限，信贷消费的愿望不强烈，盈利的空间非常小，但招商银行还是频繁进驻大学校园进行大规模的宣传促销活动，运用各种优惠手段刺激大学生开卡，并承诺每年只要进行六次刷卡消费，无论金额大小，都可以免除信用卡的年费，甚至还推出了各种时尚、炫彩版本的信用卡，赢得广大年轻客户群体的青睐。通过前期的开发和维护，当大学生毕业以后，随之而来的购房、购车、结婚、生子、教育等大项消费需要分期付款和超前消费时，招商银行巨大的利润空间开始显现。

2. 针对没有升级潜力的小客户，可提高服务价格、降低服务成本

对于没有升级潜力的小客户，部分企业会选择"坚决剔除"，即不再与之联系和交易。然而，这种做法实则过于极端，并不可取。面对没有升级潜力的小客户，企业可以

通过提高服务价格、降低服务成本的方式来进行应对。这是因为开发一个新客户的成本相当于维护5～6个老客户的成本，所以，企业必须珍视现有的每一个客户，审慎对待每一个客户。例如，某企业将原本每月500元的基础服务套餐价格，针对小客户提高至每月800元。同时，在服务成本方面，该企业优化服务流程，减少了对小客户的人工咨询时间。以前随时响应小客户咨询，如今改为每天特定时间段集中回复，进而降低了服务成本。在服务提供上，减少上门培训次数，改为提供在线视频教程，降低了人力成本。通过这样的举措，企业既确保了一定的利润，又没有完全舍弃小客户。企业还可降低为小客户服务的成本。一方面，适当限制为小客户提供的服务内容和范围，压缩、减少为小客户服务的时间。另一方面，运用更经济、更省钱的方式来提供服务。例如，银行采用ATM机代替柜员，为小额取现客户提供服务。

// 实例

小程序帮助企业快速盈利

小程序是一种无须下载即可使用App部分功能的应用程序，同时又具备了与原生App相似的功能和体验。随着移动互联网的发展，人们越来越依赖手机，对于快速、便捷的服务需求也越来越高，小程序的出现正好满足了这一需求。

（1）提供了更加便捷的服务。小程序无须下载即可快速使用，用户可以在需要的时候快速找到所需的服务，提高了服务的便捷性和效率。

（2）降低了企业的运营成本。小程序的开发和维护成本相对较低，企业可以通过小程序快速实现商业模式的创新和转型，降低了企业的运营成本。

（3）提高了企业的品牌形象。小程序可以作为企业品牌形象的一部分，通过小程序的设计和功能展示企业的形象和特点，提高了企业的品牌形象。

（4）提供了个性化服务。小程序可以根据用户的需求提供个性化的服务，提高了用户的满意度和忠诚度。

3. 坚决淘汰劣质客户

实践证明，并非目前所有的客户关系都值得保留。劣质客户吞噬、蚕食着企业的利润，与其让他们消耗企业的利润，还不如及早终止与他们的关系，压缩、减少直至终止与其的业务往来，以减少利润损失，将企业的资源尽快投入其他客户群体中。例如，银行对信用状况差、没有发展前途的劣质客户会采取停贷、清算等措施，以实现对劣质客户的淘汰。

本章小结

客户的分级就是企业依据客户对企业的不同价值和重要程度，将客户区分为不同的层级，从而为企业的资源分配提供依据。一方面，每个客户能给企业创造的收益是不同的，客户是有大小的，贡献是有差异的。不同价值的客户有不同的需求，企业应该分别满足。客户分级是有效进行客户沟通、实现客户满意的前提。另一方面，企业的资源是有限的，因此，企业没有必要为所有的客户提供同样卓越的产品或服务，也不能将资源和努力平均分配给每一个客户，而必须根据客户带来的不同价值对客户进行分级，然后依据客户的级别来分配企业的资源。

企业根据客户给企业创造的利润和价值的大小按由小到大的顺序"堆砌"起来，就可以得到一个"客户金字塔"模型，给企业创造利润和价值最大的客户位于客户金字塔模型的顶部，给企业创造利润和价值最小的客户位于客户金字塔模型的底部。根据客户金字塔模型，可将客户分为三个层级：关键客户、普通客户和小客户，关键客户又可划分为重要客户、次要客户。

客户分级管理是指企业依据客户带来的利润和价值对客户进行分级，为不同级别客户设计不同的关怀项目。这种关怀并不是对所有客户一视同仁，而是区别对待不同贡献的客户，将重点放在能为企业提供利润的客户上，为他们提供上乘服务，给他们特殊的关照，努力提高他们的满意度，从而维系他们对企业的忠诚度；同时，积极提升各级客户在客户金字塔中的级别，舍弃劣质客户，以实现企业资源的合理分配。

练习题

一、单项选择题

1.（　　）一般占企业客户总数的20%，企业80%的利润靠他们贡献，是企业的重点保护对象。

　　A. VIP客户　　　B. 主要客户　　　C. 关键客户　　　D. 重要客户

2. 对多数企业而言，在客户群中占客户总量最多的是（　　）。

　　A. 大客户　　　B. 小客户　　　C. 普通客户　　　D. 一般客户

3. 著名的"二八法则"是指（　　）。

　　A. 企业80%的销售额来自20%的客户

　　B. 企业有80%的新客户和20%的老客户

　　C. 企业80%的员工为20%的客户

　　D. 企业80%的利润来自20%的客户

二、多项选择题

1. 按客户价值对客户进行分类，可将企业客户分为（　　）。

　　A. 关键客户　　　B. 重要客户　　　C. 主要客户　　　D. 普通客户

　　E. 小客户

2. 企业对关键客户的管理，要做到（　　　　）。

　　A. 集中优势资源服务于关键客户

　　B. 通过沟通和感情交流，密切双方的关系

　　C. 提高服务价格、降低服务成本

　　D. 请关键客户介绍新客户

　　E. 成立为关键客户服务的专门机构

三、判断题

1. 企业应该最重视小客户，因为他们的数量最多，维护好小客户就等于保住了业务的半壁江山。　　　　　　　　　　　　　　　　　　　　　　　　　（　　）

2. 航空公司的 VIP 休息室、贵宾通道，体现了航空公司对优质客户的重视。
　　　　　　　　　　　　　　　　　　　　　　　　　　　　　　　（　　）

3. 很多企业常用的积分换购活动是企业鼓励普通客户消费的有效方式，也是促使普通客户升级为关键客户的有效途径。　　　　　　　　　　　　　　　（　　）

四、案例分析题

案例一

考拉海购的 VIP 客户管理

考拉海购作为阿里巴巴旗下专注跨境进口业务的会员电商，将核心用户精准定位为新锐白领、资深中产以及精致妈妈。其秉持自营直采理念，在美国、德国、意大利、日本、韩国、澳大利亚等地设有分公司或办事处，深入产品原产地，直采高品质且适合我国市场的商品。从源头杜绝假货，在海关和国检的严格监控下，将商品从原产地直接运抵国内，储存在保税区仓库。

考拉海购的 VIP 客户被称为黑卡会员，黑卡以 279 元／年的价格长期在各大电商会员价格中独占鳌头。成为黑卡会员后，可享受诸多权益。

（1）折上九五折。黑卡会员购买商品时可享受额外的九五折优惠，涵盖大部分自营商品，但虚拟商品及部分特殊商品除外。

（2）亲友卡。黑卡会员能获得一张亲友卡，分享给亲朋好友使用，使他们也能享有黑卡的部分权益。

（3）税费券。黑卡会员每月可领取税费抵用券，用于抵扣自营商品的税费。

（4）多件多折权益。部分商品购满一定数量可享受额外折扣。

（5）优先尝鲜。黑卡会员可提前购买新品。

（6）会员分享赚。会员用户分享带有分享赚红包标记的商品，好友通过分享链接下单后，会员可获得现金红包奖励。

（7）自动续费服务。黑卡 mini 会员可选择自动续费服务，确保会员服务持续不间断。

（8）黑卡专享价格。黑卡会员可享受特定的"黑卡价"。

（9）税费券和运费券。亲情小黑卡会员每月可获得税费券和运费券各一张。

（10）专属客服。黑卡会员可享受专属客服服务。

客户享受各种黑卡特权的同时，还可以免费获得一张亲友卡。亲友卡的权益与黑卡类似，可完全独立使用，但部分专属黑卡的权益除外（如亲友卡不能再额外获得一张亲友卡）。持有亲友卡的用户可以享受折上九五折（自营实物全覆盖，但虚拟商品及部分特殊商品除外）、每月领取一定的税费抵用券、享受退货免运费、拥有专属客服等权益。

这些权益旨在全面提升会员的购物体验和满意度，同时有力地激励会员频繁购买，培养长期忠诚度。

结合案例分析以下问题：

1. 分析考拉海购的黑卡权益，说一说企业是从哪些方面为关键客户服务的。
2. 考拉海购为什么要赠送黑卡客户一张亲友卡？

案例二

微信客户的分类管理

如何利用微信管理客户是一门大学问。

1. 利用微信标签，把客户分类

微信没有分类功能，但有标签功能，可以利用标签功能对微信好友进行分类，并且一个好友可以贴多个标签，从多维度添加客户信息。

用标签把客户区分开，是做好微信客户管理的第一步。例如，给一个客户贴上男性、上海、大学毕业、潜在客户等标签，就可以有针对性地做客户开发了。

随着互联网的发展，线上和线下都是店铺的获客渠道。已经到过店铺的和没有到过店铺的客户对店铺的信任度不同，已消费客户和未消费客户的情况也各不相同，对于这两类客户都应该做好标记。

实体门店的微信客户可以分为：到店客户（Y）、没到店客户（N）、已消费客户（M）、未消费客户（O）、重点客户（VIP）。

2. 区别对待客户，把资源用在优质客户身上

前期给客户贴上不同的标签，便于在进行微信营销时，针对不同客户推送对应的活动。

（1）没到店客户（N）。对于这类客户，侧重点是想办法把客户引到店里来，可以做一些新颖的、有意思的活动把客户吸引到店。

（2）到店客户（Y）—未消费客户（O）。这类客户有需求但未被满足，所以，店铺的侧重点是在挖掘客户需求的同时，多宣传店铺，推荐新产品、新服务等。

（3）到店客户（Y）—已消费客户（M）。这类客户一般对店铺和产品是认可的，店铺的侧重点应该放在消费升级、套餐升级上，深度挖掘老客户的需求，制订有针对性的促销方案。

（4）重点客户（VIP）。这类客户基本上是店铺的忠实客户，他们不需要进行过多的产品宣传，店铺的重点放在服务上，把这部分客户的服务做好了，让客户成为朋友，他们自然会介绍新的客户。

3．沟通有主次，重点客户一对一

一次有效的沟通比100次群发有价值。所以，在日常服务中，沟通应该有主次之分。

（1）重点客户（VIP）。这类客户是店铺的"衣食父母"，是"二八法则"中给店铺带来收益较高的客户。不管店铺做任何活动，都要考虑到这部分客户，活动能给他们带来什么优惠。和重点客户的沟通，可以进行一对一深入沟通；条件允许的话，能与重点客户进行电话沟通是非常有必要的，电话沟通与微信沟通是完全不同的。

（2）已消费客户（M）。已经消费过的客户对店铺和产品是认可的，他们给店铺带来一定的盈利。沟通这类客户要喜新不厌旧，原则上以新客户优先，因为老客户已经对企业有较多的了解，当务之急是尽快帮助新客户建立对店铺的认知。

（3）未消费客户（O）。没有消费过的客户与店铺没有产生过联系，也很难与其进行持续的沟通。对于这类客户，可以先分组，然后编辑话术进行群发，最后和有回复的客户一一进行沟通。

结合案例分析以下问题：

（1）客户分类能为企业带来什么价值？

（2）企业应如何进行客户分类？

实训项目

项目　收集客户分级信息

一、实训目的

了解企业客户分级标准。

二、实训内容

1．请在大学城附近寻找一家企业进行调研。

2．了解企业的分类等级、销售指标、综合指标等信息，调查企业的客户是如何分级的。

3．收集客户信息，分析整理后填写客户质量等级评定表（见表7-2）。

三、实训要求

1．按教学班级进行分组，每组5～8人，按组进行调查。

2．由每组组长负责完成客户质量等级评定表的撰写。

表 7-2 客户质量等级评定表

评定时间段：第　季度		区域经理		跟单	
日期		区域		审核	
客户姓名		公司名称			

季度	项目		
	下单额	出货额	备注
第一季度			
第二季度			
第三季度			
第四季度			

类别	序号	评定项目	好（10）	较好（8）	一般（5）	较差（3）	差（1）	附注
客户方面（由区域经理填写）	1	店面位置						
	2	经营面积						
	3	在当地商圈的影响力						
	4	客户的忠诚度与重视度						
	5	季度销售实现						
	6	订单计划性						
	7	与公司补件与退货协同						
	8	与公司品质纠纷						
	9	促销配合与执行成效						
	10	店面形象维护						
	11	品牌宣传推广贡献						
	12	设计能力						
	13	业务人员的素质与管理						
	14	竞争应对能力						
	15	信息沟通传递的准确性						
	16	售后服务管理与能力						
	17	行业地位与声誉						
内部服务（由市场及客服填写）	18	出样组合与适销性						
	19	店面形象维护						
	20	推广宣传协助						
	21	人员培训与提升						
	22	投诉解决						
	23	财务控制						
问题与改善		客户方面：			内部服务方面：			

注：A 级客户：满 150 分以上　　B 级客户：满 100 分以上　　C 级客户：满 80 分以上

第八章 客户满意管理

学习目标

【知识目标】
- 了解客户满意的产生与发展。
- 掌握客户满意的内涵与重要性。
- 掌握客户满意度的衡量指标。

【能力目标】
- 能够运用提升客户满意的方法提高客户满意度。
- 能够实施客户满意度测评。
- 能在实际工作中运用提高客户满意度的方法。

【素质目标】
- 培养使客户满意的服务意识。
- 培养调查能力。
- 培养爱岗敬业、服务至上的职业操守。

> **引导案例**

滴滴出行的"老人打车"

2021年5月,滴滴出行App正式上线"老人打车"模式,大号字体简洁设计,方便老年人操作使用。"老人打车"模式接入滴滴出行App后,服务老年人订单数量显著增加,5月滴滴全平台为57.8万老年用户提供了超过240万次出行服务。

对于不会使用智能手机的老年客户,滴滴"电话叫车"产品已为全国一百多座城市的老年人提供出行服务。当老年人有出行需求时,可直接拨打4006881700或点击"滴滴老年版"小程序中的"电话叫车"按键,告知客服自己的出发地和目的地,客服即可帮助老年人呼叫快的新出租,行程结束后老人可使用现金支付或扫码支付。

滴滴还为实名认证的老年人(60岁及以上)提供特定场景的优先派单,当订单终点为综合医院时,在快车排队的场景下,将优先呼叫周边车辆。此外,实名认证的老年用户叫车成功后,滴滴车主端将向司机师傅发送语音播报提醒,告知司机该订单的用户为老年人,希望司机师傅能给予更贴心的服务和力所能及的帮助。除为老年人提供易用的产品和服务外,滴滴在全国老龄办、中国老龄协会指导下联合相关机构发起了首个全国性"智慧助老公益行动",招募老年志愿者走进社区,教会老人运用智能技术,便捷出行。

【引入问题】

为什么滴滴出行要设立老人打车和电话叫车服务?你认为哪些因素会影响客户的满意度?

◆ **素养小课堂**

发展银发经济:应对人口老龄化

我国是世界上老年人口规模最大的国家。党的二十大报告提出,实施积极应对人口老龄化国家战略,发展养老事业和养老产业。《"十四五"国家老龄事业发展和养老服务体系规划》强调,大力发展银发经济,推动老龄事业与产业、基本公共服务与多样化服务协调发展,努力满足老年人多层次多样化需求。

银发经济又称老龄经济,是为老年人提供产品和服务的经济活动。国际上自20世纪70年代开始就提出银发经济概念,2015年欧盟将其界定为与人口老龄化和50岁以上消费者支出相关联的经济机会。

总体来看,银发经济涵盖了老龄事业和老龄产业全领域。其中,老龄事业主要体现政府举办或起主导作用,老龄产业则更加强调发挥市场作用。国家统计局发布的《养老产业统计分类(2020)》对养老产业做了细分,共有养老照护服务、老年医疗卫生服务和老年社会保障等12大类,主要集中在第二产业和第三产业,既包括传统的衣、食、住、行、用等实物消费,也包括医疗保健、护理康复、养老金融等服务消费,还包括文化、艺术、体育以及科技赋能下的智慧产品和服务、居家和公共场所适老化改造等,具有产业链长、辐射面广和业态复杂多样等特性。

第一节 客户满意理念

随着市场从产品导向转变为客户导向,客户成为企业最重要的资源之一,谁赢得了客户满意,谁就会成为赢家,这也是增加企业盈利、降低企业成本、提高企业美誉度的重要途径之一。著名市场营销学家菲利普·科特勒认为:企业的一切经营活动要以客户满意度为指针,要从客户角度、用客户的观点而非企业自身利益的观点来分析考虑消费者的需求。对于企业来说,其存在的价值和全部意义在于能够向客户提供满意的服务。满意的客户是企业最宝贵的资产,是企业在当今激烈的市场竞争中抵御风浪的坚强支柱。持续培养满意客户并不断地满足他们的需求,是企业发展的不竭动力。

一、客户满意的概念

客户满意(Customer Satisfaction,CS)本是商业经营中一个普遍使用的生活概念,没有特别的含义。1986年,一位美国心理学家借用客户满意这个词来界定消费者在商品消费过程中需求满足的状态,使客户满意由一个生活概念变为一个科学概念。

所谓客户满意,就是客户需要得到满足后形成的一种心理反应,是客户对产品或服务满足自己需要程度的一种评价。具体而言,就是客户通过对一款产品感知的结果与自己的期望值相比较后形成的愉悦或失望的感觉状态。如果客户所感知到的结果达不到预期,那么客户就会觉得不满意;如果客户所感知到的结果与期望相称,甚至超过了期望,那么客户就会感觉到满意。

客户满意概念的产生源于日益加剧的市场竞争。早期的企业竞争取决于产品的价格,随着技术不断进步和消费市场发展,同一行业的生产工艺水平日趋接近,各竞争企业之间的技术差距缩小,产品的相似之处多于不同之处,企业竞争环境发生了变化,买方市场的特征逐渐明显,消费者的经验和消费心理素质也日趋成熟,消费者对产品和服务的需求从追求价廉物美转向满足自身特定需求。于是综合服务质量成为企业竞争的关键,靠优质服务使客户感到满意,已成为众多优秀企业的共识。以服务营销为手段提高客户满意度,是企业在激烈的市场竞争中的理性选择。

> // 实例
>
> **解密格力空调连续12年空调行业客户满意度第一背后的力量**
>
> 2023年3月,中国标准化研究院顾客满意度测评中心联合清华大学经济管理学院中国企业研究中心共同发布了2023年13类产品客户满意度调查结果。在本次空调产品的满意度调查中,格力电器位列前茅,连续12年卫冕空调行业客户满意度第一。

一直以来，格力电器始终重视消费者权益，2021年3月，格力电器率先将家用空调整机的包修期限从6年延长到10年，实行10年免费包修政策。《家用电器安全使用年限》系列团体标准规定，空调的安全使用年限为10年，空调企业承诺10年免费保修意味着在空调的全生命周期都有可靠的品质和服务保证。这一举措不仅是格力电器对自己产品质量的认可，也是格力电器对消费者尽职负责的体现。

作为中国代表性的实体制造企业，为践行"让世界爱上中国造"，格力电器一直坚持质量先行，将产品和服务的质量放在突出位置。在产品用料上，格力电器始终本着对消费者负责任的态度，坚持选用好材料、打造好产品。董明珠曾在直播中详细地介绍过格力电器生产用料，并以风叶举例，展示了格力坚持选用高于普通用料七倍成本的材料生产风叶，只为给消费者带来高品质的产品和体验。

在产品功能上，格力更是紧跟消费者的需求，不断通过自主研发、自主创新推出系列产品。例如，臻清新系列新风空调、臻净风系列除甲醛空调、月亮女神系列睡眠空调等产品，更有搭载智能AI语音控制的智慧鸟儿童空调、金贝空调。上下出风、自清洁、除菌等细节设计更是贴心。

在家用电器领域，格力推出了解决大家庭多人沐浴用水需求、绿色节能的空气能热水器；无惧衣物面料特性、洗烘护一体的不伤衣热泵洗护机；拥有四重降噪技术的大松破壁机；小白也能秒变大厨、饭菜同时出炉的蒸烤双能机；搭载-33℃保鲜黑科技的晶弘冰箱等，质量是根准绳，连接着格力电器和消费者。格力电器坚信"品质"是重要的第一步，打造高品质产品，不断满足消费者需求，也是格力电器努力的方向。

在客户关系管理中，企业通过提高产品和服务质量，为客户提供价值，增加客户满意度，以至于提高其忠诚度，从而实现客户为企业提供价值，达到利润最大化的目的。在市场竞争中，让客户满意已成为世界各国企业追求的共同目标。满意的客户群体是企业的无形资产，谁能满足客户的需求，使客户满意，谁就拥有市场。因此客户满意是客户关系管理的核心理念。

二、客户满意的重要性

1. 客户满意是企业未来发展的必要条件

客户满意是企业实现效益的基础，客户满意与企业盈利之间具有明显的正相关性，客户只有对自己以往的购买经历感到满意，才可能继续重复购买同一家企业的产品或者服务。现实中经常发生这样的事情，客户因为一个心愿未能得到满足，就毅然离开一家长期合作的企业。企业失去一位老客户的损失很大，美国某企业评估其一位忠诚客户10年的终生价值是8 000美元，并以此来教育员工失误一次很可能就会失去全部，要以8 000美元的价值而不是一次20美元的营业额来接待每一位客户，并提醒员工只有时刻让客户满意,才能确保企业得到客户的终生价值。此外,客户满意还可以节省企业维系老客户的费用,同时,满意客户的口头宣传还有助于降低企业开发新客户的成本,并且树立企业的良好形象。

2. "非常满意"客户决定企业平均利润水平

同样是满意客户,其满意水平是不同的,"有些满意"和"满意"的客户很容易被竞争企业的产品及促销活动所吸引,从而频繁更换供应商。相关研究显示,65%～85%宣称"满意"的客户经常转换其所购买的品牌,而那些"非常满意"的客户却很少改变购买行为。因此,企业的平均利润水平主要取决于"非常满意"的客户。

3. 客户满意是企业战胜竞争对手的主要手段

客户是企业建立和发展的基础,如何更好地满足客户的需要,是企业成功的关键。如果企业不能满足客户的需要,而竞争对手能够使他们满足,那么客户很可能就会转向竞争对手。只有能够让客户满意的企业,才能在激烈的竞争中获得长期、起决定作用的优势。市场竞争的加剧,使客户有了充足的选择空间,在竞争中,谁能更有效地满足客户需要,让客户满意,谁就能够营造竞争优势,从而战胜竞争对手。

4. 客户满意是实现客户忠诚的前提

从客户的角度讲,曾经带给客户满意经历的企业意味着可能继续使客户满意,至少可以减少再次消费的风险和不确定性。因此,企业如果能够让客户满意,就很可能再次得到客户的垂青。客户忠诚通常被定义为重复购买同一品牌的产品或者服务,不为其他品牌所动摇,这对企业来说是非常理想的。但是,如果没有令客户满意的产品或服务,则无法形成忠诚的客户,只有让客户满意,他们才可能成为忠诚的客户,也只有持续让客户满意,客户的忠诚度才能进一步得到提高。可见,客户满意是形成客户忠诚的基础。

第二节 客户满意度的衡量

客户满意度是指客户满意程度的感知性衡量指标。客户满意度来源于客户的自我感觉,是客户对产品或服务的感知与其期望所进行的比较。

一、客户满意度与客户满意度的衡量指标

(一)客户满意度

客户满意度是感知与期望差异的函数,差异的不同就形成了不同的满意度;如果感知效果低于期望,客户就会不满意;如果感知效果与期望相匹配,客户就满意;如果感知效果超过期望,客户就会非常满意或欣喜。

客户满意度可以用数学公式表示为

客户满意度＝客户的感知值／客户的期望值

当客户满意度小于1，表示客户对某一产品或事情的可感知结果低于自己的期望值，即没有达到自己的期望目标，这时客户就会产生不满意，该值越小，表示客户越不满意。当客户满意度等于1或接近于1，表示客户对某一产品或事情的可感知结果与自己的期望值是相匹配的，这时客户就会表现出满意。当客户满意度大于1，表示客户对某一产品或事情的可感知结果超过了自己的期望值，这时客户就会兴奋、惊奇和高兴，其感觉状态就是高度满意或非常满意。

// 实例

来自公交车的启示

烈日炎炎的夏日，当你一路狂奔，在车门即将关上的最后一刹那，气喘吁吁地登上早已拥挤不堪的公交车时，心中满是庆幸和满足！而在天高气爽的秋日，你悠闲地等了十多分钟，却未能在起点站抢到一个意想之中的座位，此时又是何等的失落与沮丧！

同样是搭上没有座位的公交车这一结果，却因为过程不同，使你内心的满意度大不一样，这到底是为什么？

显然，问题的答案在于你的期望不一样。在炎热的夏天，你的期望仅在于能"搭"上车，如果有座位那是意外之喜；而在凉爽的秋天，你的期望却是要"坐"上车，而且最好是比较好的座位。同样的结果，不同的期望值，满意度自然不同。

由上述例子，至少可以得到以下三点结论：

（1）客户满意度是一个相对的概念，是客户期望值与最终获得值之间的匹配程度。

（2）客户的期望值与其付出的成本相关，付出的成本越高，期望值越高。公交车的例子中付出的主要是时间成本。

（3）客户参与程度越高，付出的努力越多，客户满意度越高。所谓越难得到的便会越珍惜，因为你一路狂奔、气喘吁吁，所以你知道"搭"上这趟车有多么不容易，而静静地等待却是非常容易做到的。

（二）客户满意度的衡量指标

客户满意度是衡量客户满意程度的量化指标，由该指标可以直接了解企业或产品在客户心目中的满意度。下面通过几个主要的综合性指标来反映客户满意状态。

1. 产品的美誉度

美誉度是客户对企业的赞扬程度。对企业持赞扬态度者，肯定对企业提供的产品或服务满意，即使本人不曾直接消费该企业提供的产品或服务，也一定直接或间接地接触过该企业产品和服务的消费者，因此他的意见可以作为满意者的代表。借助对美誉度的了解，可以知道企业所提供产品或服务在客户中的满意状况，因此美誉度可以作为企业衡量客户满意程度的指标之一。

2. 品牌的指名度

指名度是指客户指名消费某产品或服务的程度。如果客户对某种产品或服务非常满意，就会在消费过程中放弃其他选择而指名道姓、非此不买。

3. 消费的回头率

回头率是指客户消费了该企业的产品或服务之后愿意再消费的次数。当一个客户消费了某种产品或服务之后，如果心里十分满意，那么他将会再次重复消费。如果这种产品或服务不能重复消费（比如家里仅需一台电视机），但只要有机会，他还是愿意重复消费的。或者虽不重复消费，却向同事、亲朋大力推荐，引导他们加入消费队伍。因此，回头率也可以作为衡量客户满意度的重要指标。

4. 投诉率

投诉率是指客户在消费了企业提供的产品或服务之后产生投诉的比例。客户的投诉是不满意的具体表现，通过了解客户投诉率，就可以知道客户的不满意状况，所以投诉率也是衡量客户满意度的重要指标。投诉率不仅指客户直接表现出来的显性投诉，还包括客户存在于心底未表达的隐性投诉，因此了解投诉率必须直接征询客户。

5. 购买额

购买额是指客户购买某产品或者服务的金额。一般而言，客户对某产品的购买额越大，表明客户对该产品的满意度越高；反之，则表明客户对该产品的满意度越低。

6. 对价格变化的敏感度

客户对产品或服务的价格敏感度也可以反映客户的满意度。当产品或服务价格上调时，客户如表现出很强的承受能力，则表明客户对该产品或服务的满意度很高。

7. 向其他人的推荐率

客户愿不愿意主动推荐和介绍他人购买或者消费，也可以反映客户满意度的高低。客户如果愿意主动介绍他人购买，则表明他的满意度是比较高的。

二、客户满意度测评

客户满意度测评是指就某一类产品和服务对客户群体进行调查，取得客户满意状况的数据，通过综合测算与分析，得到客户满意度评价结果。完整的客户满意度测评体系应包含满意度测量和评价两个方面，能够为客户满意度管理提供充足的决策依据。客户满意是一种心理感觉，无法直接测评，需要对影响客户满意度的变量进行测评，直到形成一系列可直接测评的指标。

影响客户满意度的测评指标构成了客户满意度测评指标体系。客户满意度测评的本质是一个定量分析的过程，即用数字去反映客户对测量对象属性的态度，因此需对调查项目指标进行量化。客户满意度测评了解的是客户对产品、服务或企业的态度，即满足状态等级，一般采用五级态度等级：很满意、满意、一般、不满意、很不满意，相应赋值为"5、4、3、2、1"。

一般而言，"很满意"表明产品或服务完全符合甚至超出客户期望，客户非常满足；"满意"表明产品或服务各方面均基本符合客户期望，客户称心如意；"一般"表明产品或服务符合客户最低的期望，客户无明显的不良情绪；"不满意"表明产品或服务的某些方面存在缺陷，客户不满、烦恼；"很不满意"表明产品或服务有重大的缺陷，客户愤慨、恼怒。

对不同的产品与服务而言，相同的指标对客户满意度的影响程度是不同的。例如，售后服务对耐用消费品行业而言是一个非常重要的因素，但是对于快速消费品行业则恰恰相反。因此，相同的指标在不同指标体系中的权重是完全不同的，只有赋予不同的因素以适当的权重，才能客观真实地反映客户满意度。权重的确定可采用德尔菲技术，邀请一定数量的有关专家分别对调查的每一项内容确定权重，并请他们将各自的权重结果发送给调查者，调查者将综合后的结果再返还给专家，他们利用这一信息进行新一轮的权重。如此往返几次，直至取得稳定的权重结果。

各项客户满意度指标得分结果的计算公式为

$$满意度综合得分 = \sum(满意度 \times 重要性)/\sum 重要性$$

通过测评，如果客户的满意度较高，说明企业和客户的关系较好，企业提供的产品或服务受到客户的欢迎，企业应该继续努力；反之，则说明企业的满意度较低，企业需在产品和服务方面进行改进。

第三节　影响客户满意的因素

客户满意度是客户期望与客户实际感知到的结果的比值，是对两者比较结果的度量。企业在进行客户满意度管理时，不仅要不断满足客户需求，提升客户实际感知值，还要注重对客户期望的管理。

一、客户期望

客户期望是指客户在购买消费产品或服务之前，对产品或服务的质量等方面的主观预期。

（一）客户期望对客户满意的影响

接受同一产品或服务的客户，为什么有的人感到满意，而有的人感到不满意呢？因为他们的期望不同。如果某客户在购买产品前对产品抱有很大的期望，但是产品没有达到客户期望值，便会使客户产生失落感，进而对产品不满意；如果客户在购买产品时，他的实际感受刚好达到了心中的期望值，那么客户对产品是满意的；如果客户在购买产品之前期望值较低，购买产品之后，产品不仅达到而且超过了客户的期望值，使客户产生物超所值的感觉，客户会对产品非常满意。客户期望对客户满意有非常重要的影响，如果企业提供的产品或服务达到或超过客户的期望，那么客户就会满意或很满意；如果达不到客户的期望，客户就会不满意。

市场上的客户从各种渠道获得企业及产品、价格、服务等信息后，在内心对企业、产品及服务等形成一种"标准"，进而会对企业的行为形成一种企盼。客户获得这些信息的渠道包括客户过去的购买经验、周围人们的言论、该公司发布的广告以及公司对产品的许诺等。由于客户对其产品或服务形成的标准高低不一，因而其期望的等级也各不相同。对客户越是重要的产品或服务属性，客户的期望越高；反之，客户认为不太重要的属性，其期望也越小。

客户期望影响客户满意，从而影响企业的销售量和收入。根据客户满意的定义，当客户感知的效果一定时，客户的期望与客户满意呈反方向变化，即降低客户期望有望提高客户的满意度，但是这样愿意前来尝试的客户就少。即使客户满意，销售量也可能较少。相反，提高客户期望值，有利于吸引客户购买，但客户满意度会降低，从而将来愿意重复购买的概率就低。

（二）影响客户期望的因素

1. 客户的经验

客户对于即将购买的产品和服务的心理期望值，主要取决于客户以前的消费经历、消费经验和消费阅历等。如果客户过去消费的等待时间是10分钟，那么他下次再去消费时对等待时间的期望值是10分钟。如果实际只等待了5分钟，客户就会感觉满意。

2. 企业的宣传

企业的宣传主要包括广告、产品说明、促销员的介绍讲解等。根据这些宣传，客户会对企业的产品或服务产生一个期望值。企业应该对产品或服务尽可能地做实事求是的详细说明，使客户产生一个合理的期望。另外，企业要避免夸大宣传自己的产品和服务，使客户产生过高的期望，客观的说明和宣传会使客户的期望趋于理性。

3. 别人的介绍

客户在消费产品和服务之前，总是喜欢征询亲朋好友的意见，人们的消费决定也容易受到亲戚朋友的影响。如果客户身边的人对服务和产品极力肯定，就容易让客户对企业的产品和服务产生较高的期望；反之，如果客户身边的人对产品和服务持负面态度，会使客户对企业的产品或服务产生较低的期望。

4. 产品或服务的有形展示

客户在消费产品或服务之前，会根据产品的包装、环境等有形展示来对产品或服务形成预期。较高的价格、精美的包装、舒适的环境等都可能使客户产生较高的心理预期。

二、客户感知

客户感知是指客户在消费商品的过程中，感觉企业提供产品或服务的价值。客户感知也叫作客户让渡价值，是客户得到的总价值与客户付出的总成本的差额。提高客户的感知是一个复杂的过程，要想通过提高客户感知来获得客户满意，企业必须对产品或服务实行全面管理，从各个方面来实现。

（一）客户感知对客户满意的影响

客户感知对客户满意的影响在于：如果客户在购买产品后，实际感知小于客户期望，则产品没有达到客户的期望，因此客户会不满意；如果客户购买产品后，产品的感知刚好达到了客户的期望，因此客户是满意的；如果客户在购买产品后，产品提供的感知价值不但达到而且超过了客户的期望值，客户会对产品非常满意。这说明了客户感知对客户满意的重要性。如果企业提供的产品或服务的感知达到或超过客户的期望，客户就会感觉满意或者非常满意；反之，如果感知达不到客户期望，客户就会不满意。

（二）影响客户感知的因素

客户感知因素主要受客户总价值和客户总成本的影响。客户总价值包括企业的产品价值、服务价值、人员价值、形象价值等。客户总成本是客户在消费产品和服务中需要耗费的总成本，包括货币成本、时间成本、精神成本、体力成本等。客户的感知价值与产品价值、服务价值、人员价值、形象价值成正比，与货币成本、时间成本、精神成本、体力成本成反比。

1. 产品价值

产品价值是客户使用产品所获得的核心价值，也是客户选购产品的原因。产品价值指的是产品的功能、特性、品种、品牌等，是消费者使用产品所获得的价值。产品价值高，客户感知价值就高；产品价值低，客户感知价值就低。所以产品价值是决定客户感知价值大小最重要的因素。对于企业来说，产品质量是决定客户感知的关键因素，企业应保持并不断提高产品质量。如果产品缺乏创新、样式老旧，满足不了客户需求，客户的感知价值也会低。所以，企业应不断提升产品价值，这样才能提升客户感知价值。另外，随着收入水平的提高，客户的需求多种多样，企业可以通过提高产品价值来提高企业的形象和价值，给客户带来更大的感知价值。

2. 服务价值

服务价值是指企业向客户提供的附加服务，包括售前、售中、售后的产品介绍，送货、安装、调试、维修、品质保证，以及服务设施、服务环境、服务的可靠性和及时性等因素产生的价值。服务价值也是构成客户总价值的重要因素之一，服务价值高，客户感知价值就高；服务价值低，客户的感知价值就低。良好的服务是提升客户感知的基本要素和提高产品价值不可或缺的部分。如果企业的服务水平低下，会降低客户的感知价值，因此导致客户不满，失去客户。现在的企业都非常注重服务价值，良好的售前、售中、售后服务，对增加客户总价值和减少客户的总成本有非常重要的作用，企业只有不断提高服务质量，才能提高客户的感知价值。

3. 人员价值

人员价值是指企业全体员工的工作效率、业务能力和服务态度等产生的价值。如果客户遇到一个综合素质较高的员工，对企业的感知就会提高；如果客户遇到一个草率、冷漠、粗鲁、不礼貌、不友好、不耐心的员工，对企业的感知就会降低。此外，员工是否愿意帮助客户以及员工的工作能力、沟通能力等因素也会影响客户感知。客户都喜欢员工带来温暖、尊重、体贴和愉快的服务。

> **经典新说**
>
> **全国劳模张秉贵**
>
> 张秉贵曾是王府井百货糖果专柜的一名售货员，凭借称糖"一抓准"（一把能抓够客户需要的重量）、算账"一口清"（立即能报出价格）的绝技，以及"一团火"（售货员要胸中有一团火，温暖顾客的心）的服务精神，被评为全国劳动模范。张秉贵的糖果柜台在当时是百货大楼服务最好的柜台。顾客们以能从他手里买到糖果为荣，为了看他的精湛技艺，热情的顾客曾把百货大楼的柜台挤碎，堪称"燕京第九景"。
>
> 王府井百货的糖果柜台保留有张秉贵专柜，其"一团火"的服务精神也成为王府井的企业文化。
>
> **点评**："一团火"的服务精神其实也蕴含着一切以客户为中心的思想，也是全心全意为人民服务的光辉典范。张秉贵同志在平凡岗位上的坚守与奉献，也是一种匠人精神的体现。

4. 形象价值

形象价值是指企业及产品在公众心目中形成的整体形象所产生的价值。它包括产品、服务、人员、技术、品牌等产生的价值，是产品价值、服务价值、人员价值综合作用的结果。企业形象价值高有利于提升客户感知价值，如果企业形象不佳，任何细微的错误都会影响客户的感知。因此，企业在经营过程中，要避免存在不道德、不安全和违背社会规范的行为，建立良好的形象，提升客户感知。

5. 货币成本

货币成本是指客户在购买产品或服务时支付的金额，是构成客户总成本的最主要的因素，也是影响客户感知的决定因素。价格作为客户在购买产品或服务时最敏感的因素，客户总是会将购买的价格和消费所得相比较。对于客户来说，总是希望以最小的成本获得更多的利益，以保证自己获得最大程度的满足。因此，货币成本对巩固客户关系有举足轻重的作用。无论产品或服务多么出色，如果其价格超出了客户预期，客户的感知价值就会低；反之，如果客户能以低于其期望的价格获得较好的产品或服务，他们的感知价值就高。

6. 时间成本

时间成本是指客户在购买产品或服务时所花费的时间，包括客户寻找产品所花费的时间和等待消费的时间。时间对于每个人都是宝贵的，对一些客户来说，时间可能与金钱和质量同样重要。当产品和服务相似时，客户花费的时间越少，客户的总成本就越低，感知价值就越大；相反，客户花费的时间越多，客户的购买成本就越高，客户的感知价值就越小。在当今快节奏的社会生活中，客户购买产品的时间长短已经成为一些行业如快餐业、快递业成功的关键因素。因此，企业在保证产品和服务质量的前提下，应该努力提高效率，尽可能减少客户的等待时间，从而降低客户购买总成本，提高客户的感知价值。

7. 精神成本

精神成本是指客户在购买产品或服务时，必须耗费精神的多少。精神成本越低，客户总成本就越低，客户感知价值就越大；相反，精神成本越高，客户感知价值就越小。精神成本主要是客户在一种不确定的情况下，购买产品和服务所存在的预期风险、心理风险、财务风险、人身安全风险等，这些风险都会导致客户的精神压力增加。比如，客户提前预订了酒店，但由于种种原因导致其无法按时入住，就会增加客户的精神成本，降低客户的感知价值。又如，由于天气原因造成航班延误，虽然航空公司没有责任，但是这也会增加客户的精神成本，从而降低客户的感知价值。客户的精神负担往往是由企业的疏漏或错误造成的，企业应尽量降低客户的精神成本，提高客户的感知价值。

8. 体力成本

体力成本是指客户在购买产品或服务时所消耗的体力的多少。一般情况下，体力成本越低，客户感知价值就越大；体力成本越高，客户感知价值就越小。在快节奏的都市生活中，客户对于购买产品或服务的方便性要求也在提高，因为客户在购买过程中需付出一定的体力，如果企业能够减少客户为购买产品或服务所花费的体力，便可降低客户的体力成本,进而提升客户的感知价值。例如,客户喜欢网购,是因为可以最大限度地节约体力成本。又如,客户喜欢点外卖,是因为点外卖也可以最大限度地节约体力成本。

总之,客户总是希望付出最小的成本,获得最大的价值,只有这样,客户的感知价值才会提高。

第四节 提升客户满意度的方法

根据相关统计,平均每个满意的客户会把他满意的购买经历告诉至少12个人,在这12个人里面,在没有其他因素干扰的情况下,有超过10个人表示一定会光临。平均每个不满意的客户会把他不满意的购买经历告诉20个人以上,而且,这些人都表示不愿接受这种恶劣的服务。

从以上统计结果就可以看出,客户满意不仅是企业与客户建立良好关系的重要中间变量,更是企业提升客户忠诚度的基础。在当今市场激烈的竞争下,哪个企业能够更好地、更有效地满足客户需求,赢得客户的满意,哪个企业就能在竞争中占据优势地位,从而战胜竞争对手,实现企业的发展。

一、准确了解客户需求

了解客户的需求是实现客户满意的第一步。事实证明,所有取得成功的企业都极其重视客户的需求,并认真研究客户需求,采取相应措施加以满足。客户在购买某种商品时,实际希望得到的不仅仅是产品本身,而是这种产品带来的使用价值。让客户满意的关键是要理解哪些因素对他们来说是重要的,并且要尽力满足他们的需求。这些需求不仅仅是相关的产品或者服务,许多核心产品之外的因素也会影响到客户的满意度。客户的需求主要分为以下几类。

1. 使用价值需求

使用价值是产品最核心的功能,也是产品存在的基础。使用价值功能需求是客户对产品的主要需求。客户之所以愿意购买产品,首先是消费它的使用价值功能。但由于消费需求的层次不同,即便是同一使用价值功能,不同客户的需求也不尽一致。

2. 服务功能需求

服务功能需求是指客户购买产品或服务时,希望享受企业提供的各种服务,包括尽可能地节省体力、精力成本,希望产品方便使用,服务效果好。

3. 心理需求功能

心理需求功能是客户为满足其精神需要而提出的。在产品同质化严重、需求多元化、文化差异化的消费时代，客户购买产品并不仅仅是为了使用，还需要满足一些心理需求。客户的心理需求主要包括审美性心理需求、优越性心理需求、偏好性心理需求、差异性心理需求等。

当客户进入一家企业的时候，企业要着重考虑客户与企业进行交易的时候，哪些要素对客户来说是有用的。客户购买一件产品或者服务的时候会放弃哪些方面？通常，货币的支出是最明显的，但还有许多其他的因素，如花在搜寻、比较可替代品和进行购买上的时间和精力都必须被考虑到。企业可以通过建立客户信息数据库对客户需求进行分析，找出其购买决策的关键因素，并确定客户需求优先顺序，准确把握客户需求。

// 实例

了解客户需求，切勿妄加猜测

陈太太是一个年轻的妈妈，自身接受过高等教育，所以对孩子的教育情况特别关心。儿子6岁这年，她准备给儿子打造一个小小的书房，需要一套适合小孩子的书桌和书柜。

她首先来到了一家全国知名的家具品牌店。销售人员十分热情，他一见到陈太太，就迫不及待地介绍："您真的很有眼光。正如您现在所见到的，这套家具的设计是一流的，而且材料质地上乘，这么豪华的家具放在您的家里，一定可以大幅提升您的品位。"

陈太太只是冷淡地答了一句："对于这一点，我倒不是很重视。您能给我讲讲它的具体构造吗？比如高度、边角之类的……"

销售员热情地回答说："当然可以，这套家具设计十分独特，其边角都是采用欧洲复古风格，还可以当梳妆台使用呢……"

陈太太打断了他的话："这似乎并不是我最感兴趣的。我比较关心……"

销售员立刻接过她的话说："我知道您想说什么！这套家具采用了典雅的象牙紫色，以上乘木料精心制作而成，外面还有保护层，我敢保证它的使用寿命绝对在20年以上。"

陈太太笑了笑说："您说的这些，我都相信，也可以感觉得到。不过，我想您误会我的意思了，我更关心孩子……"

陈太太本想说："我更关心是否适合给孩子用。"

然而没等陈太太说完，销售员便抢过她的话说："我完全理解您的担忧。我们公司特别为这套家具配置了一些防护措施。这样小孩子就不能在上面乱涂乱画了。而且，这还会是一件非常有价值的收藏品。此外，它还很漂亮，可以作为室内装饰品。如果您购买全套，我们可以给您优惠价……"

陈太太打断了他的话："对不起，我想我不需要了，谢谢您。"

> **点评**：很多新手销售在接待客户时，总是以自己的想法来猜测客户的需求，没有设身处地为客户着想。这也暴露了很多销售不会提问收集客户信息，不懂倾听的弱点。

二、把握客户期望

客户期望和客户感知价值是影响客户满意的因素，如果企业能把握甚至引导客户期望，那么就可以用最小的代价获得客户满意。如果客户期望过高，一旦企业提供的产品或服务没有达到客户的期望，客户就会感到失望，导致客户的不满，所以过高的期望在无形中会增大企业的服务成本。但是如果客户期望过低，客户就会失去购买兴趣，不愿意购买企业的产品和服务了。所以，企业必须对客户的期望加以把握，客户的期望过高过低都不行。

1. 培育良好的客户期望

客户的期望受到以往消费经历、消费经验、价值观、需求、习惯、偏好、他人的介绍等影响，这些都属于企业不可控制的因素。但是如果企业能提供负责任的产品和服务，从细节做起，使客户得到满意的产品或服务，长期坚持下去就能在客户心中树立起企业的良好形象与良好口碑，进而使客户形成对企业的正面期待。

2. 宣传留有余地，不过度承诺

如果企业过度承诺，客户在一定感知水平上的期望就会被抬高，从而造成客户感知与客户期望的差距，降低客户的满意水平。企业必须根据自己的实力，做出恰如其分的承诺，仅承诺做得到的事，而不能过度承诺，更不能欺骗客户。当承诺实现后，企业将在客户中建立起可靠的信誉。企业在宣传时也必须留有余地，不能夸大宣传，使客户的期望保持在一个合理的水平，那么客户的感知就可能轻松超过客户期望，客户就会感觉到物有所值，而对企业十分满意。

// 实例

某品牌蛋白粉降低许诺促销售

某公司的销售人员在销售蛋白粉时都会告诉客户："蛋白粉味道刚开始尝起来不是特别好，如果您希望快速适应，可以先倒点果汁或者加点蜂蜜，这样吃起来就会非常顺口。"这种降低许诺的方式，促进了蛋白粉的销售。因为客户心里已经接受了蛋白粉味道不是特别好的现实，也就不会对产品抱有过高的期望，进而也就不会出现太大的失望。

3. 通过价格、包装、有形展示等来影响客户期望

客户的期望也会受到产品价格、包装、有形展示等直观因素的影响。如果企业想要降低客户期望，可以通过制定合适的价格来实现；如果企业想要提高客户期望，可以制

定较高的价格，也可以通过精美的包装和高档的环境来实现。如果企业想让客户的期望不那么高，相应地可以确定合理的价格、简洁的包装和适度的有形展示，以此来把握客户的期望。

总之，要提高客户的满意度，需要采取相应的措施来引导客户的期望，让客户的期望维持在一个恰当的水平，这样既可以赢得客户，又不至于让客户因期望过高而产生失望和不满。

三、提高客户感知

企业在把握客户期望的基础上，如果能为客户提供超过期望值的感知价值，就能使客户感到满意，有助于提高客户的满意度。提高客户的感知价值可以从两个方面来进行，一方面是增加客户的总价值，包括产品价值、服务价值、人员价值和形象价值，另一方面是降低客户的总成本，包括货币成本、时间成本、精神成本和体力成本。使客户获得的总价值大于客户付出的总成本，这样就能提高客户的感知价值。

1. 增加产品价值

高质量的产品是提高客户感知和客户满意度的基础。企业如果不能保证产品的质量，就谈不上客户满意。客户对产品的满意在一定意义上可以说是对其质量的满意，质量是企业的生命，只有过硬的质量才能提升客户感知价值。提高产品质量是提高产品价值，维护企业信誉的主要手段。企业应建立有效的质量保证体系，应开发满足客户需要的产品，建立客户满意的基础。

// 实例

三只松鼠10年喊出26亿次主人，天猫旗舰店粉丝突破4501万

在三只松鼠发布的2021年"双十一"战报中，有一组数据引起了广泛关注：过去10年，三只松鼠喊出26亿次主人，1.6亿主人常伴；天猫旗舰店粉丝突破4501万，位居全平台第一。

1. 品牌人格化：消费者零距离

三只松鼠率先提出了"森林食品"这一概念，采用松鼠形象结合萌系文化，以动漫形式进行设计，形成了完整的"萌"系品牌形象和故事，使品牌人格化，从而与消费者形成了零距离的良好互动。从线上的店铺、公司官网、微博等平台，到线下的产品内外包装、赠品、宣传单等，不断强化品牌的卡通形象，给消费者带来难忘的视觉体验。

当客户第一次接触三只松鼠，会在第一时间留下难以磨灭的印象。三只可爱的松鼠——鼠小贱、鼠小酷、鼠小美，均被赋予人格化特征，设定了不同的血型、星座、个性、兴趣爱好等特征，让每个年轻人都能在它们身上找到自己的影子。

"主人"是三只松鼠对消费者的独特称谓，既体现了品牌的敬重之心，又给这份关系增添了一份俏皮与轻松。客服以松鼠宠物的口吻来与客户交流，客户成了主人，客服成了宠物。于是，客服可以撒娇，可以通过独特的语言体系在客户脑海中形成更加生动的形象。这样一种聊天方式把整个交易过程转化为互动性强且富有戏剧性的沟通过程。

2．"造货＋造体验"，持续拓展体验

三只松鼠产品的包装"鼠小箱"，是狗粮包装与奶粉包装的结合。以铝质及纸质的印刷材料进行双层包装，采用四面封口可站立的结构。另外，包装袋上松鼠"小贱"酷酷地戴着眼镜的大头形象，简单又不失风趣。同时，随包裹附赠开箱神器：鼠小器——可以用来开箱；鼠小袋——吃完的果壳随手扔在袋中；鼠小巾——吃完零食后用来擦嘴……虽然这些小物件看上去不起眼，作用也很单一，却能起到润物细无声的作用，极大地提升品牌好感度。

三只松鼠擅长"诱惑"用户进行主动分享，如在微博上发起"最主人"自拍PK话题活动，吸引消费者与产品合照，以赢得免费零食。这样的活动促进了品牌与客户的互动，增强了客户黏性，放大了消费场景。

三只松鼠成立"松鼠神农堂"，该部门会不定时地把同行业的各类产品提供给受邀用户，组织盲选试吃。通过反馈—改良—再试吃的循环优化过程，使自家产品的评价超过其他品牌。此举让用户拥有了产品改良的决定权，让用户真正成为"松鼠"的主人。让用户主导自己的需求，变用户为产品经理，既创新了营销方式，又升级了消费场景。

为了和主人有更多的接触机会，三只松鼠利用品牌IP，打造IP化的用户体验，将主人文化从线上延伸到线下。2016年，三只松鼠第一家线下店在芜湖开业，如今全国有投食店163家，联盟小店超千家；2020年，三只松鼠主题乐园松鼠小镇开业，截至2021年11月初，松鼠小镇累计游客180万人次，给50万家庭带来"松鼠味"的快乐。在这些充满三只松鼠元素的场景下，消费者可以在购物和游玩中亲身体验主人文化，享受个性化服务。

三只松鼠不断致力于产品的创新，强化"造货＋造体验"的核心能力，通过"风味""鲜味"和"趣味"构建起独特的"松鼠味"。

2. 提高服务价值

在从注重产品数量向质量转变的消费时代，客户越来越要求企业提供细致周到、充满人情味的服务，要求购买与消费的高度满足。能否给客户提供优质服务，已经成为提高客户感知价值和客户满意的重要因素。因此，高品质、全方位的服务理所当然地成为企业提高客户满意度的一大法宝。这就要求企业站在客户的角度，满足客户需求，在服务内容、服务质量、服务水平等方面提升服务的价值，从而提高客户的满意度。

// 实例

海底捞火锅的极致服务

海底捞火锅成立于1994年，从一个不知名的小火锅店起步，逐步发展成为国际知名的餐饮企业。业内普遍将其成功归因于良好的服务。

微博上有一个热门话题叫"海底捞服务员有毒"，点进去一看，全是顾客为海底捞的各种花式服务在点赞，以下为部分节选。

（1）一次在海底捞吃完饭，要赶火车却都打不到车。门口的小弟看到我带着行李箱，问了情况转身就走。紧接着海底捞的店长把自己的SUV开出来，说"赶紧上车吧时间不多了"。海底捞要冲出宇宙了……

（2）海底捞的服务无敌了！今天救天井小猫被蚊子咬了好多包！海底捞服务员居然跑到马路对面买了风油精送给我……

（3）已经无法阻止海底捞了。周六去吃火锅，朋友不小心把丝袜给刮了，她饭后还有第二轮，正郁闷得不得了，结账时服务员居然递上了全新的丝袜！还是3双！我一下就怔住了……此时那位服务员小妹妹微笑着对我们说，海底捞常年订购袜管家丝袜和棉袜，随时给袜子刮坏或者弄脏了的客人更换。

（4）海底捞居然搬了张婴儿床给儿子睡觉，大家注意了，是床！我彻底崩溃了！为顾客解决每一个问题，结果就是创新。

（5）跟孕妇朋友去海底捞吃饭，刚坐下来，服务员就搬来舒服的沙发椅，专门提供给她。然后又贴心送我们一盘酸辣口味的泡菜，要不要这么贴心呀！

（6）刚接到朋友的电话，说他们单位楼下的海底捞跑到他们公司去，一人发了一杯酸梅汤，说天热辛苦了！海底捞，你是来消灭地球的吗？人类已经无法阻止海底捞了！以后看来找工作得选公司楼下有海底捞的地点，说不定加班还送夜宵外加送你回家。

（7）海底捞服务员听到我嘶哑的嗓音，默默端来姜汁可乐，对我说："小姐！这个对感冒好，我特意为你准备的！"

（8）一小时前我发了微博说自己肚子很痛，不确定和昨晚的海底捞火锅有没有关系。没过几分钟就收到海底捞在微博上的邀请，询问我的情况。店员很快就联系了我，说如果很难受就先去看病，他们给报销医药费。还问我的地址，说他们可以过来看看我。我的天哪，人类已经不能阻止海底捞了……

3. 提高人员价值

人员价值是指企业员工的经营水平、知识水平、业务能力、工作效益、经营作风、应变能力及服务态度等。员工直接决定着企业为客户提供的产品和服务的质量，决定着客户购买总价值的大小。员工的技能和服务精神，对于客户购买产品和服务是非常关键的。每个员工的态度、精神面貌、服务态度都代表企业形象，直接或间接地影响客户满意。客户满意很大程度上受到一线员工礼节的影响,这些一线员工与客户的真实接触点几乎包含了影响客户满意的因素。那些得到了热情、全面、耐心、细致服务的客户,将会对企业所提供的产品或服务留下良好印象。可以说,与客户真实接触瞬间是客户满意实现的关键。

// 实例

东京迪士尼乐园的清洁工培训

如果到迪士尼去玩,遇到次数最多的工作人员会是谁?答案是清洁工。东京迪士尼对清洁工非常重视,将大量的培训和教育资源集中在他们身上。

东京迪士尼有部分扫地员工是暑假工作的学生,虽然他们仅工作两个月,但是培训他们扫地却要花3天时间。

1. 学扫地

第一天上午要培训如何扫地。扫地有3种扫把:一种用来扒树叶,一种用来刮纸屑,一种用来掸灰尘。这3种扫把形状各异。怎样扫树叶才不会让树叶飞起来?怎样刮纸屑才能把纸屑刮干净?怎样掸灰才不会让灰尘飘起来?这些看似简单的动作都需要经过严格培训。此外,扫地还另有规定:开门时、关门时、中午吃饭时、距离客人15米以内等情况下都不能扫。这些规范都要认真培训,严格遵守。

2. 学照相

第一天下午学照相。十几台先进的数码相机摆放在一起,涵盖各种不同的品牌,每台都要学,因为来迪士尼度蜜月或旅行的客人可能会让员工帮忙照相,可能会带着最新款的照相机。如果员工不会照相,不认识这些相机,就不能更好地为顾客服务,所以学照相要花费一个下午的时间。

3. 学包尿布

第二天上午学怎么给小孩子包尿布。孩子的妈妈可能会让员工帮忙抱一下小孩,但如果员工不会抱小孩、动作不规范,不但不能给顾客提供帮助,反而会给顾客添麻烦。抱小孩的正确动作是:右手扶住臀部,左手托住背,左手食指要顶住颈椎,以防闪了小孩的腰或弄伤颈椎。员工不但要会抱小孩,还要会替小孩换尿布。给小孩换尿布时要注意方向和姿势,应该把手摆在底下,尿布折成十字形,这些内容都要认真培训,严格规范。

4. 学辨识方向

第二天下午学辨识方向。有人要上洗手间,"右前方,约50米,第三号景点东,那个红色的房子";有人要喝可乐,"左前方,约150米,第七号景点东,那个灰色的房子";有人要买邮票,"前面约20米,第十一号景点,那个蓝条相间的房子"……顾客会问各种各样的问题,所以员工要把整个迪士尼的地图都熟记在脑子里,对迪士尼的每一个方向和位置都要非常明确。

> 训练3天后,迪士尼发给员工3把扫帚,开始扫地。在迪士尼里面,如果碰到这种员工,人们会觉得很舒服,下次会再来迪士尼,这就是所谓的引客回头。

4. 提升形象价值

企业形象会影响客户对产品及服务的判断。企业形象好,会形成对企业有利的社会舆论,为企业的经营发展创造一个良好的氛围,也能提升客户对企业的感知价值,从而提高对企业的满意度。因此,企业应十分重视形象管理,良好的企业形象是一件非常脆弱的物品,容易损坏,一旦损坏就很难修复。任何企业都难以做到尽善尽美,总会出现这样那样的问题。如果产品或服务出现了差错,而企业的员工和管理者没有处理好,这些问题就会对企业组织形象产生不良的影响,这些损害往往并非来自问题本身,而是源于管理者和员工处理事件的方式。因此,一旦发生危及企业形象的事件,一定要妥善处理,尽量缩小影响面,维护企业形象。

// 实例

鸿星尔克捐2 000万元后又迎"野性"消费

2023年甘肃临夏州积石山县发生地震后,国货品牌鸿星尔克发文宣布向甘肃受灾地区捐赠2 000万元物资。网友投桃报李,鸿星尔克的直播间又被下单者挤爆,迎来"野性"消费的场面。网友们留言不断,"支持国货,良心国货""无脑买,冲啊"……

鸿星尔克多次因倾尽家底式的慷慨捐赠而引发关注。2021年7月,鸿星尔克宣布向受灾的河南"驰援5 000万元物资",被意外送上热搜而"一鸣惊人"。原因是在网友心目中,鸿星尔克自己的日子过得并不宽裕,却能大手笔捐赠,如此"克己复礼"令人动容,称之为"破产式捐款"。一时间,网友纷纷跑到鸿星尔克直播间下单,为帮助鸿星尔克冲业绩尽自己的力量。

接下来,鸿星尔克依然捐赠不断,2021年10月,鸿星尔克宣布捐赠2 000万物资驰援山西;2022年3月,鸿星尔克向吉林壹基金会捐赠价值500万元的物资;2022年3月,鸿星尔克向泉州红十字会捐赠总价值500万元的物资;2022年7月,鸿星尔克向福建省残疾人福利基金会捐赠1亿元款物。此次甘肃地震,鸿星尔克又捐出2 000万元。

点评: 一方有难,八方支援,这是中华民族的传统美德。鸿星尔克能扛起社会责任的大旗,的确值得称赞。网友感动于这种"野性"捐款,以"野性"消费来回报企业,这种投桃报李的双向奔赴也体现了中国人的重情重义。每次"野性"捐款后就能迎来一波"野性"消费,这也表明能扛起社会责任就会受人尊敬,赠人玫瑰者不仅手有余香,也会获得他人的馈赠。

5. 降低货币成本

客户总成本中最主要的就是价格成本,提供性价比高的商品是赢得客户的基本途径。

合理地制定产品价格对提升客户感知价值和满意度至关重要。因此，企业在定价时需综合考虑市场形势、竞争程度和客户的接受能力来考虑，以客户满意为出发点，尽可能做到根据客户的预期来定价，尽量降低客户的货币成本，对产品或服务的各个环节进行成本控制，站在客户的立场上，客观评估成本的合理性和价格的可接受度，这样才能提升客户的感知价值，提高客户的满意度。

// 实例

肯德基"疯狂星期四"

2024年春节假期结束后，肯德基派发"开工吃堡堡"的优惠券，从2月18日到22日每天都能用一次。而这只是肯德基吸引消费者的众多活动之一，更常规的莫过于广为人知的肯德基"疯狂星期四"活动。

相信不少人都在网上看到过最后那些最终落脚点巧妙转折至"疯狂星期四Ⅴ我50"的搞笑文案。事实上，相关的"狗血剧情"每到星期四都充斥着各大社媒平台。

据了解，早在2018年肯德基就掀起了一个名为"疯狂星期四"的营销活动，简单来说就是在每周四选择部分特定单品，并以较低价格出售。例如，9.9元的盐酥鸡、19.9元就可以买到20个鸡块以及4块吮指原味鸡只需要29.9元等，和平时相比基本只需要四折就可以拿下这些商品，因此肯德基在周四的活动深受消费者的喜爱。

随着"疯四文学"的爆火，其母公司百胜中国的业绩也在2023年实现了全面复苏。不仅如此，肯德基新增门店1 202家，创下历史新高。

6. 降低时间成本

降低时间成本是在保证产品和服务质量的前提下，尽可能减少客户购买时间，从而降低客户总成本，提高客户的感知价值和满意度。企业应通过各种渠道发布产品信息，减少客户收集信息所需的时间。此外，还要尽量缩短客户购买时间和等待时间，减少客户的时间成本。

7. 降低精神成本

精神成本是客户在购买产品和服务时的各种精神压力和担忧。想要降低客户的精神成本，最可行的做法是提供适当的承诺与保证。例如，很多厂家都会承诺如果买到高价可全额退款，还有很多企业都对产品和服务的质量进行承诺。此外，企业为了降低客户的精神成本，还可以主动为客户购买保险以减少客户的疑虑。企业还要积极认真地妥善处理客户投诉，从而降低客户的精神成本，提高客户的感知价值和满意度。

// 实例

云南旅游30天无理由退货

2019年5月起，云南省创新推行游客购物"30天无理由退货"，并在全省16个州（市）和旅游重点县设立123个游客购物退货监理中心，在机场、主要火车

（高铁）站和游客集中区域设立130个游客退货中心服务点。游客在云南省范围内经营主体合法、证照齐全的旅游商品销售企业购买的旅游商品，无论是自由行还是团队游客，自购买之日起30天内且符合退货条件（不是定制类商品，未因人为原因造成物理及化学性质改变等）的，都可以申请退货。方法为：一是通过"游云南"App和退货小程序，或拨打12345政务服务便民热线申请退货。二是直接在全省机场、主要火车站和游客集中区域设立的"游客退货中心服务点"进行现场退货，现场有专职工作人员为游客提供咨询和操作指引，方便游客退货。"30天无理由退货"已成为诚信云南新标志和云南旅游新品牌。

8. 降低体力成本

体力成本是指客户在购买产品时体力方面的耗费支出。企业想要提高客户的感知价值和满意度，必须提供周到的服务以降低客户为了购买产品或服务所付出的体力成本。具体可以从以下几个方面入手：加大产品的宣传力度，从多种渠道接近客户，使客户可以轻易得到所需产品，提供良好的售后服务，如上门安装、定期维修等都可以减少客户的体力成本。又如，很多商家都推出网店下单，送货上门服务，就是为了最大限度地减少体力成本，从而提高客户的感知价值和满意度。

// 实例

外卖服务为客户提供便利

截至2023年12月，我国网上外卖用户规模达5.45亿人，较2022年12月增长2 338万人，占网民整体的49.9%。2023年，我国互联网平台企业加速投入网上外卖业务，纵深拓展经营区域，持续驱动生活服务行业向高品质和多样化升级。

一是市场主体更加多元。抖音、微信等互联网平台加快外卖业务的投入和布局。抖音推出自营模式和区域代理商外卖模式；微信通过小程序为具备外卖配送服务的商家提供接口，将业务延伸至外卖领域；快手也逐步开展外卖业务。多元主体的加入推动市场竞争更加激烈。

二是经营区域纵深拓展。随着大中型城市使用率增速逐步放缓，中小城市及县域地区成为平台拓展外卖业务的重要区域。美团宣布推出乡镇、景区等场景的外卖业务，同时通过调低佣金比例、补贴促销等方式吸引餐饮商家和用户。

四、以客户为中心，实现客户满意

以客户为中心，实现客户满意是保持良好客户关系的重要手段。随着竞争的日益激烈，企业依靠基本的售后服务已不能满足客户的需要，必须提供主动、超值、以客户为中心的服务，才能赢得客户满意。

以客户为中心，就是通过对客户行为的深入了解，主动把握客户需求，通过持续的差异化服务手段，为客户提供适合的产品和服务，最终实现客户满意度的提高。为了提高客户的满意度，企业必须完整掌握客户信息，准确把握客户需求，快速响应个性化需求，提供便捷的购买渠道、良好的售后服务和经常性的客户关怀。

实现客户满意，必须坚持以客户为中心的观念，这是市场经济的本质要求，也是企业争取客户信赖，掌握市场主动权的法宝。客户至上还是利润至上，在人们脑海里曾经是相互对立的两种经营观念，但是随着商品经济的发达，买方市场的形成，营销观念的普及，人们意识到两者实际是统一的。任何企业，都是以追求经济效益为最终目的，然而如何能实现利润目标呢？从根本上说，企业必须满足客户的需求，全心全意为客户服务，最大限度地让客户满意。

以客户为中心必须遵循的原则是：应该站在客户的角度考虑问题，使客户满意，并成为可靠的回头客，而不应把对产品和服务有意见的客户看成讨厌的家伙，应设法消除他们的不满，获得他们的好感。企业应该牢记，同客户发生任何争吵或争论绝非明智之举，因为企业会失去客户，意味着失去利润。以客户为中心，并不意味着客户绝对正确，而是意味着客户得到了绝对的尊重。当客户体会到极致优待的时候，就是企业提升知名度和美誉度，拥有更多满意客户的时候。

总之，企业要实现客户满意，必须准确了解客户需求，把握客户期望，提高客户感知价值，以客户为中心，提供良好的产品和服务，同时使客户的感知价值超越客户期望，那么客户自然会满意。

本章小结

客户满意概念的产生源于日益加剧的市场竞争。只有使客户感到满意的企业才是不可战胜的。

客户满意是指企业的一切经营活动要以客户满意度为指针，要从客户角度、用客户的观点而非企业自身利益的观点来分析考虑消费者的需求。对于企业来说，其存在的价值和全部意义在于能够向客户提供满意的服务。

客户满意度是指客户满意程度的感知性衡量指标。客户满意度来源于客户的自我感觉，是客户对产品或服务的感知与其期望所进行的比较。因此，客户满意度是感知与期望差异的函数，差异的不同就形成了不同的满意度。

客户满意度是客户期望与客户实际感知到的结果的比值，是对两者比较结果的度量。企业在进行客户满意度管理时，不仅要提升客户实际感知价值，还要注重对客户期望的管理。

企业要实现客户满意，必须准确了解客户需求，把握客户期望，提高客户感知价值，以客户为中心，提供良好的产品和服务，同时使客户的感知价值超越客户期望，那么客户自然会满意。

练习题

一、单项选择题

1. 客户满意的英文缩写是（　　）。
   A．CRM　　　　B．CI　　　　C．CS　　　　D．CM

2. （　　）主要受客户总价值和客户总成本的影响。
   A．客户满意　　B．客户感知　　C．客户价值　　D．客户期望

3. 客户满意的核心是（　　）。
   A．客户总是对的　　　　　　B．客户至上
   C．一切以客户为中心　　　　D．客户越多越好

4. （　　）是指客户在购买消费产品或服务之前，对产品或服务的质量等方面的主观预期。
   A．客户期望　　B．客户满意　　C．客户感知　　D．客户价值

5. 在一般情况下，（　　）是决定客户感知价值大小的关键因素和主要因素。
   A．产品价值　　B．服务价值　　C．人员价值　　D．形象价值

二、多项选择题

1. 提高客户感知的途径有（　　）。
   A．增加产品价值　　　　　　B．提高服务价值
   C．提高形象价值　　　　　　D．降低时间成本
   E．降低货币成本

2. 影响客户期望的因素有（　　）。
   A．客户的经验　　　　　　　B．企业的宣传
   C．别人的介绍　　　　　　　D．产品或服务的有形展示
   E．企业提供的服务好坏

3. 客户满意度的影响因素包括（　　）。
   A．客户维护　　B．产品价值　　C．客户期望　　D．客户忠诚
   E．客户感知

三、判断题

1. 客户满意和客户满意度是同一个概念。　　　　　　　　　　　　　　（　　）
2. 客户满意度是指衡量客户满意程度的感知性指标。　　　　　　　　　（　　）
3. 客户感知也叫作客户让渡价值，是客户得到的总价值与客户付出的总成本的差额。　　　　　　　　　　　　　　　　　　　　　　　　　　　　（　　）
4. 客户满意度大于1，表示客户对某一产品或事情的可感知结果与自己的期望值是相匹配的，这时客户就会表现出满意。　　　　　　　　　　　　（　　）

5. 客户满意度一般采用五级态度等级测量：很满意、满意、一般、不满意、很不满意。　　　　　　　　　　　　　　　　　　　　　　　　　　　　（　　）

四、案例分析题

胖东来超市

如果有一家超市把进货价写在售价旁；顾客看完电影觉得不好看，商家无条件退半价，水果切开后，顾客觉得不好吃，可以免费换；下雨时，商家还会给停车场的每辆车子都披上雨衣，以便顾客安心逛街。这听上去像白日梦，但在胖东来，这是真的。

超市如何提高客户满意度——胖东来的尝试

胖东来是一家河南本土的超市，只在许昌市和新乡市有门店，加起来只有13家，却因其服务质量被中国超市周主办方评为"中国超市行业的巅峰"。

胖东来的服务可以用一个字来形容，那就是"细"。从你还没走进大门的时候，胖东来的服务就已经开始了。超市门口提供宠物寄存服务，有员工会定时查看宠物的状况，喂食喂水。超市里的购物车分7种类型，老年人购物车配置了放大镜，带小孩的顾客可以选择婴幼儿手推车。超市设置的母婴室内，婴儿床、温奶器、饮水机、消毒柜、小冰箱、洗刷工具等样样齐全，堪称"小型月子中心"。传说中"投资145万元"建成的卫生间，配置的是戴森洗手烘干一体机，梳子、棉签、护手霜、发卡等物品一应俱全。

每个楼层都有自助饮水机，胖东来的许多商品旁边都会设置使用提示，让消费者了解使用方法。蔬菜区不仅会标明产地，还会标明储藏时间和烹饪方法。所有的水果可以查询到原产地，一些果蔬拼盘儿，甚至细致到标注不同水果的建议食用顺序。

在胖东来，调料货架旁挂着放大镜；干鲜品、冷冻柜旁放着一次性手套盒；拖鞋区放着一次性鞋套，方便试大小；水果生鲜区明确标注了水果的等级、产地、糖度、口感以及食用顺序等；香蕉旁放着香蕉色卡，标明什么颜色最好吃；工作人员最常说的话是"我带你去"……在胖东来购买了熟食、蛋糕、饮料等商品，通过自助结账台结账后，有打包员迎上来帮助打包商品。当得知顾客有长途车程时，打包员还提醒顾客可以到收银台对酱货烧肉进行真空包装，用免费冰袋保鲜，并且将两包一次性手套和小叉子放进分类打包的袋子里。超市收银台配备了大小不同的购物袋，供顾客分类打包商品使用，且全部免费……像这样细致入微的服务项目多达上百项，不一而足。

对于零售业来说，销售后营销才真正开始，提升消费者全程购物体验至关重要。胖东来超市到处悬挂着温馨提示："不好吃，请告诉我们！我们将上门为您办理调退货服务！"胖东来工作人员告诉记者，无论是产品原因还是自身原因，所购产品可以在一周内办理退货。这也表明胖东来不怕消费者退货，反而担心因顾客体验不佳而影响到品牌口碑。解决了消费者的后顾之忧，自然能够提升顾客在胖东来的购物体验，实现其口碑与销量的双提升。

除了购物体验，让胖东来"出圈"的还有其员工福利：一年休息140天、薪酬高于同行50%、加班可耻、把每年利润的90%按级分给员工……种种待遇叠加之下，胖东来被网友们誉为"打工人的桃花源"。

据胖东来创始人于东来抖音号消息，胖东来已经推行了更为先进的管理制度，比如员工工资制度已经实现由员工自己制定，员工对团队的归属感很高，胖东来员工的离职率低于5%，有些部门离职率仅有1%～2%。

结合案例分析以下问题：

1. 案例中胖东来的行为凸显了客户总价值中的哪些价值？除了这种价值，客户总价值还包括哪些？

2. 你从胖东来的案例中得到什么启示？

项目　客户满意度调查

一、实训目的

了解客户满意度调查的方法。

二、实训内容

1. 通过教师指定的题目进行客户满意度调查。
2. 对调查结果进行分析。
3. 分析该企业客户满意度，填写客户满意度调查表（见表8-1）。

三、实训要求

1. 按教学班级进行分组，每组5～8人，按组进行调查。
2. 由每组组长负责填写客户满意度表并完成客户满意度报告撰写。

表8-1　客户满意度调查表

尊敬的＿＿＿＿＿＿＿：

　　感谢您对我们工作的支持与配合，我们深感荣幸。为了不断提高我们的产品和服务质量，我们将定期开展客户满意度调查，在此恳请您能够给予合理、公正的评价（在对应分数的"□"内画"√"），同时可以提出具体的要求和建议，以便于我们改进生产与管理工作。

　　表格填写完成后请以邮件形式发送到×××××@××××××××××.com，我们将妥善保管，用于统计分析和工作改进。谢谢配合！

×××××××有限公司
年　月　日

以下内容由我公司业务人员填写：

客户名称		客户电子邮件	
客户电话		客户传真	
业务代表		希望客户回复日期	
调查方式	□电子邮件	□电话	□传真

（续）

以下内容由客户填写：			
第一部分　售前部分			
1. 您对我公司的认识程度如何？	5□　4□　3□　2□　1□　0□ 要求和建议：		
2. 您对我公司×××品牌的认识程度如何？	5□　4□　3□　2□　1□　0□ 要求和建议：		
3. 您对我公司业务人员在业务沟通的主动性和及时性方面评价如何？	5□　4□　3□　2□　1□　0□ 要求和建议：		
4. 您对我公司业务人员在产品技术方面的专业能力评价如何？	5□　4□　3□　2□　1□　0□ 要求和建议：		
5. 您对我公司业务人员在产品包装及运输方面的专业能力评价如何？	5□　4□　3□　2□　1□　0□ 要求和建议：		
6. 您对我公司业务人员在国际贸易规则方面的专业能力评价如何？	5□　4□　3□　2□　1□　0□ 要求和建议：		
第二部分　售中部分			
7. 您对我公司产品的交货周期评价如何？	5□　4□　3□　2□　1□　0□ 要求和建议：		
8. 您对我公司业务人员在产品生产进度方面的信息沟通能力评价如何？	5□　4□　3□　2□　1□　0□ 要求和建议：		
9. 您对我公司业务人员在产品运输过程中的问题处理和应对能力评价如何？	5□　4□　3□　2□　1□　0□ 要求和建议：		
第三部分　售后部分			
10. 您对我公司产品质量方面的评价如何？	5□　4□　3□　2□　1□　0□ 要求和建议：		
11. 您对我公司产品包装方面的评价如何？	5□　4□　3□　2□　1□　0□ 要求和建议：		
12. 您对我公司业务人员在售后业务沟通的主动性和及时性方面评价如何？	5□　4□　3□　2□　1□　0□ 要求和建议：		
13. 您对我公司在退换货政策方面的评价如何？	5□　4□　3□　2□　1□　0□ 要求和建议：		
14. 您对我公司业务人员在处理退换货事宜方面的业务能力评价如何？	5□　4□　3□　2□　1□　0□ 要求和建议：		
15. 您对我们双方的合作关系评价如何？	5□　4□　3□　2□　1□　0□ 要求和建议：		
16. 您对于我们双方的合作将为您带来的利益和发展的期望值评价如何？	5□　4□　3□　2□　1□　0□ 要求和建议：		
表格说明：			
评价标准	分值制 （每个问题0～5分）	5=非常满意 4=比较满意 3=满意 2=一般 1=不满意	满意度为90%～100% 满意度为70%～90% 满意度为60%～70% 满意度为40%～60% 满意度为0～30%
统计人员		统计时间	年　月　日

第九章
客户忠诚管理

学习目标

【知识目标】
- 了解客户忠诚的含义。
- 掌握影响客户忠诚的因素。

【能力目标】
- 能结合实现客户忠诚的策略提高客户忠诚度。

【素质目标】
- 树立诚以待人、严于律己的服务观。
- 培养与人沟通、和善相处的意识,增加团队协作能力、语言表达能力、问题分析能力。
- 培养恪尽职守、忠诚守信、客观公正的职业素养。

> **引导案例**
>
> 因为"米粉",所以小米
>
> 2010年3月3日,小米科技有限责任公司(简称"小米公司")在北京成立,其主要业务是智能手机制造。小米公司认为,如果智能手机朝着低价、高配置化发展,用户进入的门槛进一步降低,智能手机将会占据整个手机市场。
>
> 2010年,国内手机市场竞争激烈。苹果、三星、诺基亚、摩托罗拉、LG国外品牌积极开发中国市场,中兴、华为、联想、OPPO、金立等国产品牌也不甘落后。
>
> 小米是新锐的国产手机品牌,作为后来者,要想在这个竞争激烈的市场上站稳脚跟,就要选择一个细分市场,在一定程度上规避竞争。为此,小米公司将自己的客户定位为"手机发烧友"。"发烧友"形容痴迷于某件事物的群体,而手机行业的发烧友往往对手机比较了解且对手机性能有较高的要求。小米公司打出了"为发烧而生"的口号,以"低价格高性价比"作为核心卖点,推出了一批千元左右的机型,迅速吸引了大量用户。
>
> 2011年9月,小米公司第一次举办了线下的"爆米花"活动。当时距离小米手机亮相不到1个月,这次活动吸引了数百人参加。"爆米花"活动的全过程均向用户开放,从活动选址、节目表演到会场布置,都有用户"米粉"群体的参与。在该"爆米花"活动中,小米设置了红地毯和T形舞台。小米公司在其网络社区的数百万"米粉"中挑选了数十位在领域中具有代表性的"米粉",为其制作VCR,请他们走红地毯,并让他们成为《爆米花》杂志的封面人物。这种"明星"体验感让"米粉"们的参与感达到了顶峰。
>
> 很快,小米公司的"米粉"数量越来越多,后来小米公司不仅推出了高端机型,还推出了路由器、电视机、机顶盒、耳机等众多产品,且这些产品都取得了较好的销售成绩,这都得益于"米粉"们的支持。
>
> 【引入问题】
>
> 1. 小米公司为何要以"手机发烧友"为目标客户群体?
> 2. 为什么"米粉"对小米公司的忠诚度很高?
> 3. 小米公司是怎样开发"米粉"这一客户群体的?

第一节 客户忠诚的概念及重要性

一、客户忠诚的概念及分类

(一)客户忠诚的概念

随着市场竞争日益激烈,企业想要维持可持续发展必须懂得吸引和保持客户。因此，企业要以满足客户需求和期望为目标，不断提高客户的满意度，以赢得客户的信任和忠诚，在企业和客户之间建立一种相互信任和相互依赖的稳定关系。

客户忠诚是从客户满意的概念中衍生出来的，是指客户满意之后对某种产品或服务产生的信赖和愿意持续性购买的心理倾向。客户忠诚表现为两种形式：一是客户忠诚于企业的意愿，二是客户忠诚于企业的行为。对于企业而言，需要推动客户从"意愿"向"行为"转化，增加企业的购买次数，真正实现行动上的忠诚。

忠诚的客户往往对企业及其产品和服务有着高强度的依赖。从心理角度而言，忠诚的客户会对企业及其产品和服务产生一种强烈的依赖感。从行为角度讲，忠诚的客户一般会产生重复购买的欲望和行为，同时还会主动向其亲朋好友推荐企业的产品和服务。从时间跨度讲，忠诚的客户会关注并支持企业及产品，而且这种关注和支持会持续较长一段时间。

◆ **素养小课堂**

"人无忠信，不可立于世。"

"人无忠信，不可立于世"，这是北宋著名理学家程颐的一句名言。一个人如果不讲忠诚和信义，那么他将无法在社会上立足。

忠诚是人之为人的必备素养。"不信不立，不诚不立。"一个人无论做什么事情，都要做到"忠"与"诚"，不做违背原则和自己良心的事，忠实于道、诚实于行，即为忠诚。一个人如果失去了忠诚，就失去了人们对你最根本的信任，同时也失去了在社会上立足的根基。只有忠诚的人，周围的人才会承认你、信任你、接纳你。

对于企业而言，忠诚有内部忠诚和外部忠诚之分。内部忠诚是员工彼此间的相互忠诚；外部忠诚是对于客户的忠诚，只有让客户满意了，客户才会愿意再来，才会忠诚于企业，企业才会不断地发展。

启示：消费者是复杂的，他们每一次与企业的互动都带着独特的、必要的"条件"，这些条件必须存在，他们才会信任一家公司，持续购买其产品并保持忠诚。

（二）客户忠诚的分类

客户忠诚度是企业非常重视的一个概念，因为它直接关系到客户的留存和企业的长期利润。客户忠诚可以分为多种类型，具体如下。

1. 势利忠诚

当客户对企业及其产品或服务的某些方面感到满意，但对其他方面不完全满意时，他们可能会表现出一种被称为"势利忠诚"的现象。这种忠诚通常不是基于对品牌或产品的全面认可，而是基于特定的、往往是表面的因素，如品牌形象、社会地位的象征或某些特定的激励措施。势利忠诚可以被视为一种条件性的忠诚，它相对比较脆弱，一旦相关的激励消失或竞争对手提供了更有吸引力的优惠,客户就可能转移他们的忠诚。以下客户忠诚就属于这个范畴。

(1)垄断忠诚。由于市场上缺乏竞争,客户没有其他选择,只能忠诚于某个品牌或企业。

(2)惰性忠诚。客户可能因为习惯或便利性而持续购买某个品牌的产品,即使他们对产品或服务并没有特别满意。

(3)价格忠诚。客户对价格非常敏感,他们可能会因为某个品牌提供更低的价格而表现出忠诚。

(4)激励忠诚。客户可能因为企业给予的奖励或激励(如积分、优惠券等)而表现出忠诚。

(5)方便忠诚。客户因为购买渠道的便利性而选择某个品牌,而不是因为对品牌的特别偏好。

2. 信赖忠诚

信赖忠诚是指客户在完全满意的基础上,对使其从中受益的一个或几个品牌的产品或者服务情有独钟,并且长期、指向性地重复购买。这种忠诚不同于前面几种,它是高可靠度、高持久性的。这一类型的忠诚客户可以视为企业的追随者和义务推销员,他们不仅自身对企业的产品、服务情有独钟,还会主动将自身的满意体验告诉亲朋好友,并向他人推荐使用企业的产品服务。这类客户才是企业最为宝贵的资源,这种客户忠诚也正是企业最为渴求的。事实上,客户关系管理所要研究并帮助企业最终获得的正是这种信赖忠诚。

(三)客户忠诚度的衡量

不同的客户所具有的客户忠诚度差别会很大,不同的行业客户忠诚度也会有差异。常见的客户忠诚度衡量指标如下。

1. 客户重复购买的次数

客户重复购买的次数是指在一定时期内,客户重复购买某品牌的次数。客户对某品牌产品重复购买的次数越多,说明对这一品牌的忠诚度越高;反之则越低。有些企业为了便于识别和纳入客户关系管理(CRM)数据库管理,一般将客户忠诚量化为连续 3 次以上的购买行为。

2. 客户购买费用的多少

客户为购买某一品牌支付的费用与购买同类产品支付的费用总额的比值,可作为衡量客户品牌忠诚度的重要指标。若该比值较高,即客户购买该品牌的比重大,说明客户对此品牌的忠诚度高。反之,客户对此品牌的忠诚度低。

3. 客户对价格的敏感程度

事实表明，对于喜爱和信赖的产品或服务，客户对其价格变动的承受能力强，即敏感程度低。而对于不喜爱和不信赖的产品或服务，客户对其价格变动的承受力弱，即敏感程度高。因此，可以依据客户对价格的敏感程度来衡量客户对某品牌的忠诚度。对价格的敏感程度高，说明客户对该品牌的忠诚度低。反之，则说明客户对该品牌的忠诚度高。

4. 客户挑选时间的长短

客户购买产品都要经过挑选，但由于信赖程度的差异，客户对不同品牌产品的挑选时间是不同的。通常，客户挑选的时间越短，说明他对该品牌的忠诚度越高；反之，则说明他对该品牌的忠诚度越低。

5. 客户对竞争品牌的态度

一般来说，对某品牌忠诚度高的客户会自觉排斥其他品牌的产品或服务。因此，如果客户对竞争品牌的产品或服务有兴趣和好感，就表明他对该品牌的忠诚度较低；反之，则说明他对该品牌的忠诚度较高。

6. 客户对产品质量事故的承受能力

任何服务或产品都有可能出现各种质量问题，即使是品牌产品也很难避免。如果客户对该品牌的忠诚度较高，当出现质量问题时，他们会采取宽容、谅解和协调解决的态度，不会由此而失去对它的偏好。相反，如果客户对品牌的忠诚度较低，当出现质量问题时，他们会深感自己的正当权益被侵犯了，从而会产生强烈的不满，甚至会通过法律的方式进行索赔。

二、客户忠诚的重要性

对于企业而言，忠诚客户所带来的利益是长期的且具有累积效应的。客户的忠诚保持越久，企业所获的利益就越多。

（1）客户忠诚能有效维持产品及服务的销量。忠诚客户由于信任且依赖企业，会持续购买企业的产品及服务，且对于其新产品的接受性高，也愿意向身边的人推广企业的产品及服务，因此有利于企业销量的稳定及持续增长。

（2）可降低企业的经营风险，强化其竞争地位。随着市场竞争的加剧，企业流失客户的风险加大，若不采取有效措施，很难维持其市场地位。通过提高产品及服务质量，维持客户的忠诚度，与客户之间形成稳定的客户关系，有利于减少客户的流失，降低经营风险，稳固企业市场地位。

（3）能够减少营销费用，并获得良好的口碑效应。通过忠诚客户的多次购买，企业可以分析出他们的购买特点，不需要花费更多的成本去吸引他们。忠诚客户比新客户更了解和信任企业，基本形成了一种合作伙伴关系，所以交易的惯例可使企业大大降低搜寻成本和谈判履约成本,减少了相关的营销费用。忠诚客户还会乐于向身边的人宣传企业的产品及服务,为企业获得良好的口碑效应,可以使企业的知名度和美誉度提高,从而有利于企业新客户的开发。

(4)促进企业的良性循环。随着企业与忠诚客户关系的延续,客户忠诚带来的效益呈递增趋势,为企业的发展带来了良性循环。忠诚客户多的企业,其员工荣誉感和自豪感会增加,能激励员工努力工作;由忠诚客户带来的企业收入的增加可以进一步提高员工的待遇,增加员工的满意度和忠诚度;忠诚员工可以为客户提供更好的服务,进一步强化客户的忠诚。

总体而言,忠诚客户给企业带来的利益是不可估量的,不仅是企业参与市场竞争的重要砝码,也是促进企业可持续发展的必要条件。因此,企业要在让客户满意的基础上,紧紧维系住自己的客户,使他们成为自己的忠诚客户。

> **经典新说**
>
> **粉丝经济**
>
> 粉丝经济是指架构在粉丝和被关注者关系之上的经营性创收行为,是一种通过提升用户黏性并以口碑营销形式获取经济利益与社会效益的商业运作模式。以前,被关注者多为明星、偶像和行业名人等,比如,音乐产业中的粉丝购买歌星专辑、演唱会门票,以及明星所喜欢或代言的商品等。现在,互联网突破了时间、空间上的束缚,粉丝经济被宽泛地应用于文化娱乐、销售商品、提供服务等多领域。在粉丝经济中,商家可以借助一定的平台,通过某个兴趣点聚集朋友圈、粉丝圈,给粉丝用户提供多样化、个性化的商品和服务,最终转化成消费,实现盈利目标。粉丝经济的特点包括与娱乐产业紧密相连、品牌化和口碑化、专业化和定制化等。
>
> **点评:**粉丝经济的核心其实就是喜欢和忠诚。粉丝经济的影响力愈发强大,从个体及品牌的声誉到上市公司的市值波动等,粉丝经济所爆发出的能量不断超出人们的预期。但粉丝经济的泡沫化发展也会使大众文化过分追求眼球效应和经济效应,从而走向浅薄化、流俗化与伪个性化,因此需要平衡粉丝经济背后的收益与风险,加强监管,覆盖全产业链。

第二节 客户满意与客户忠诚

客户满意与客户忠诚都是企业发展中不可忽视的重要问题,它们是一对相互关联的概念,但两个概念有着明显的不同。

首先,客户满意不等于客户忠诚。实际上,客户满意是客户需求被满足后的愉悦感,是一种心理活动。客户满意度与态度相关联,争取客户满意的目的是尝试改变客户对产品或服务的态度；而忠诚客户所表现出来的却是购买行为，并且是有目的性、经过思考而决定的购买行为。

其次，客户忠诚是客户满意的提升。客户满意是一种心理层面的满足，是客户消费之后所表达出的态度；客户忠诚出自客户满意的概念，是客户满意的升华。客户忠诚可以促进客户重复购买的发生，是一种后续的、持续性的交易行为。

最后，客户忠诚比客户满意更有价值。在竞争日趋激烈、以客户为导向的市场环境中，越来越多的公司持续追逐客户满意度的提升，但大多数时候追逐的成效却不尽如人意。究其原因，关键就是企业没有使得客户对企业的满意上升到对企业的忠诚。对于大多数企业来说，客户的忠诚才是更重要的。

客户的满意度和忠诚度密切相关。一般来说，客户满意度越高，忠诚度就越高，反之则越低。然而，客户满意与客户忠诚之间的关系又有些复杂与微妙。

一、满意可能导致忠诚

一般情况下，忠诚的客户来源于满意的客户，客户满意度是导致重复购买最重要的因素。一般而言，客户对商品的满意是其购买商品的前提条件。统计结果表明：对企业产品与服务满意的客户，其购买意愿比对企业产品与服务不满意的客户更高。当满意度达到一定水平时，会引起忠诚度的大幅提高。

客户满意与客户忠诚

当客户对企业的产品与服务完全满意时，往往表现出对企业的信赖忠诚。所谓信赖忠诚，是指客户在完全满意的基础上，对企业及其产品和服务完全信赖，愿意长期固定地重复购买。

信赖忠诚的客户对企业及其产品始终存在一种精神上的寄托，对企业非常信任，相信企业能为他们提供最好的产品及服务，相信企业能够为他们解决任何与产品或服务相关的问题，并乐于为企业做免费宣传。信赖忠诚的客户，由于对产品或服务有较高的满意度，除主动重复购买外，他们的购买行为还有明显的排他性。对于信赖忠诚的客户而言，产品及服务的价格并不是他们考虑的最主要因素，不管相关商品的价格如何变动，他们都会始终坚守自己的初衷，购买他们一直所信赖的品牌，他们的忠诚是持久而可靠的。

因此，信赖忠诚的客户对企业有持久可靠的忠诚度，他们是企业忠诚度最高的客户群体，是企业最重要的资源。

二、不满意一般不忠诚

一般情况下，要让对企业及其产品和服务不满意的客户实现忠诚是不太可能的，虽然有时候某些客户会迫于某种压力表现出某种勉强忠诚，但是并不持久，一旦条件成熟便会转向其他企业或产品。比如，当企业对客户的投诉和抱怨处理不及时或不妥当时，客户就会对企业不忠诚。

> // 实例
>
> ### 宝马MINI因发放冰淇淋区别对待而惹怒众人
>
> 2023年第二十届上海国际汽车工业展览会上，宝马MINI引发了一系列争议。
>
> 据网友爆料称，在宝马MINI展台，工作人员在营销活动中发放冰淇淋时疑似区别对待中国和外国访客，中国访客被告知冰淇淋已发放完毕，而外国访客却能够顺利领取。这一行为被拍摄并上传至网络后，迅速冲上各大社交媒体热门搜索榜单。此后，宝马MINI官方对此事件进行了两次回应和道歉，但未能获得公众的谅解。随后，有中国访客自行购买冰淇淋在宝马展台附近免费发放。更有其他车企品牌借此展开了不限量、不设规则赠送冰淇淋的营销。
>
> 受事件影响，2023年4月20日，德国宝马汽车公司收盘价大跌3.62%，报100.02欧元/股，流通市值蒸发24.21亿欧元，折合人民币约183亿元。

三、满意也可能不忠诚

长期以来，人们普遍认为客户满意与客户忠诚之间是简单的近似线性的关系，客户满意度提高了，客户忠诚度也会随之提高。然而，在实践中我们会发现，有时候即使客户对产品或服务是满意的，他们也未必会有回购行为，而且有可能在下次购物时选择其他的店铺或品牌。例如，企业通常会为经常光顾的客户提供一些忠诚奖励，当企业有奖励活动时，客户都会来购买；当活动结束时，客户会转向其他有奖励活动的企业进行购买。

> // 实例
>
> ### 满意不等于忠诚
>
> 小柯下夜班后走在回家的路上，又累又饿。很快，他在路边发现一个简陋的小饭馆，进去坐下后点了一份蛋炒饭。可是，蛋炒饭没有滋味，鸡蛋少得可怜，米饭又有些硬，吃进肚子里的感觉稍微比挨饿好一些。吃到一半的时候，服务员出现了，对小柯说："今天一切还好吗？"她黄鹂鸟般的声音让人身心愉快，表现出了对小柯的关心。小柯的心里顿时觉得很舒服，笑着回答说："都还好，谢谢。"由此可见，服务员获得了客户满意。然而，蛋炒饭确实难以下咽，小柯以后再也不会去那儿吃饭了。

四、不满意也可能忠诚

当客户对企业的产品与服务不完全满意时，则会表现为对企业的势利忠诚，即仅仅是为了得到某个利益或好处而长久重复购买某一企业的产品或服务。势利忠诚的客户关系并不稳定，一旦有了新的诱惑，客户便容易转向其他的产品和服务。他们对企业的依恋度比较低，思想上容易动摇。对于企业而言，势力忠诚的客户关系并不是最理想的客户关系。

当客户对某个产品或某次服务并不满意时，会因为以下两种情况出现长期持续购买该产品或服务的行为，从而表现出表面的"忠诚"。

1. 惰性忠诚

此种忠诚的客户是最常见的，他们往往是由于时间和生活方式的原因，不愿意去寻找新的供应商，出于省时省力的想法而成为企业的忠诚客户。一旦其他的企业能够给他们带来更多的实惠，或出现了其他更便利的替代品，他们很容易改变习惯，进而导致客户流失。

2. 垄断忠诚

垄断忠诚是指客户对产品或服务并不满意，但因为产品或服务的提供方在整个市场上占绝对的主导地位，客户无法找到替代品，别无选择，只能"忠诚"。此种忠诚是别无选择的，往往表现为低依恋和高重复的购买。垄断经营条件下选择面太窄，如公用事业，这时候就表现为垄断忠诚。

由此可见，客户忠诚与否在很大程度上取决于客户对产品或服务是否满意及满意程度。忠诚的客户基本上来源于满意的客户，但同样有行为忠诚的客户事实上对产品或服务并不是很满意，也有许多满意的客户未必忠诚。因此，除做到客户满意外，企业还应该探索影响客户忠诚的其他因素，为提升客户忠诚而努力。

第三节　客户忠诚的影响因素

一、客户满意

客户满意是客户忠诚的基础之一。通常情况下，客户只有在拥有一次满意的购物经历后，才会进行复购，进而一步步建立起客户忠诚。因此，客户满意度越高，客户忠诚度往往也越高。

客户忠诚的影响因素

二、客户财务利益

企业参与市场竞争的焦点已经从产品的竞争转向品牌、服务和客户的竞争，要想提高市场占有率并获取最大利润，企业必须与客户建立和保持一种长期良好的合作关系，赢得客户的信任，为客户提供满意的服务。客户选择企业的目的之一便是企业能够为他们带来价值利益，具体而言便是财务利益。只有利益得到满足，客户才会对企业及其产品和服务满意，才有可能对企业忠诚。

客户如果能从忠诚中得到优惠和特殊照顾，一般也乐于与企业建立长久的关系。对于老客户，如果他们认为没有比新客户得到更多的优惠折扣，就会限制他们的忠诚，导致老客户的流失。因此，企业应该多为客户提供能增加其价值利益的奖励措施，特别是实实在在的财务利益，以增加客户保持忠诚度的可能性。

// 实例

常旅客计划

航空公司的常旅客计划是一种旨在奖励和保留频繁飞行乘客的忠诚度计划。这些计划通常允许会员通过积累飞行里程或特定消费来获得积分，这些积分可以用于兑换免费或折扣机票、升舱服务、机场休息室使用权等奖励。

不同的航空公司有不同的常旅客计划，例如中国国际航空公司的"凤凰知音"、中国东方航空的"东方万里行"、中国南方航空的"明珠俱乐部"等。这些计划不仅包括飞行里程累积，还可能包括与酒店、租车公司和其他商业伙伴的合作，从而会员在这些合作伙伴消费时也能累积积分。近年来，一些航空公司开始对其常旅客计划进行改革，以更好地适应市场和旅客需求。例如，东航对其会员体系进行了全面改革，从"里程制"转型为"收益制"，取消了传统的里程积分使用期限规定和定期清零限制，使得积分长期"滚动有效"，并且会员可以通过储值的形式持续享受对应的会员等级和礼遇。

除了航空公司，酒店和邮轮公司也有类似的计划。例如，希尔顿酒店集团的"希尔顿荣誉客会"、皇家加勒比国际邮轮的"皇冠铁锚俱乐部"等。

在铁路运输方面，中国铁路自2017年12月20日起推出了"铁路畅行"常旅客会员服务，允许年满12周岁的自然人申请成为会员，通过乘车积分累积和兑换奖励，提供多样化、个性化的服务。

三、转移成本

转移成本是指客户从一个企业的产品或服务转移到另一个产品或服务时所需要付出的代价总和。转移成本主要包括三类：一是给个人带来的时间和精力上的转移成本，包括寻找新产品或服务所产生的时间成本，重新适应新企业的产品或服务的学习成本等；二是给个人带来的经济上的转移成本，主要包括不能继续享受原有企业给忠诚客户提供的优惠所带来的经济损失，加入新企业可能需要缴纳入会费等带来的金钱损失；三是给个人带来的情感上的转移成本，包括原有的人际关系可能遭到破坏，不能继续得到原有企业品牌与文化的支持等。

因此，当一个客户考虑从一个企业转向另一个企业时，由于转移成本的存在，会带来个人时间、精力和感情上的损失，那么客户便会三思而后行。如果转移成本太高，客户便不会轻易转向另一个企业。

四、信任及情感因素

（一）信任因素

客户选择一个企业的产品及服务的原因之一便是对企业的信任，因为信任才能产生安全感，降低在购买过程中面临的风险。

如果企业只追求眼前利益，而忽略了客户的利益，便难以与其建立信任，也不能维持一种长久的良好关系。对企业而言，得不到客户的信任，更不可能让其成为忠诚客户。

因此，信任是影响客户忠诚的关键因素。企业必须赢得客户的信任，才能建立与其之间的长期信赖关系，为客户忠诚奠定一定的基础。

（二）情感因素

情感是一种心理上的寄托，当客户与企业之间建立一定的感情时，二者之间的关系便由单纯的买卖关系升华为伙伴关系，客户便不会轻易转向其他企业。

因此，企业只有真正从客户的角度出发，通过为客户谋利益与其建立超越经济关系的情感关系，才能真正实现客户忠诚，并与之保持长久的友好关系。

五、管理因素

企业自身的管理模式也会影响客户忠诚。当企业管理规范、制度完善时，能够给客户以信任，使客户相信企业能够长久、持续地经营下去，便有利于客户忠诚的实现；此外，当企业的管理能够站在客户的角度，最大限度地维护客户的利益时，便能与客户之间形成情感纽带，有利于客户忠诚的实现。

六、其他因素

有时候客户忠诚还会受其他很多因素的影响。比如需求因素，当客户的需求发生变化时，原来企业的产品或服务若不能及时满足客户新的需求，便会影响客户的继续忠诚；比如收入因素，当客户收入发生变化时，会影响客户的需求，导致客户忠诚发生变化；除此之外，人际关系发生变化，客户工作地点发生变化等，也会影响客户忠诚。

第四节　努力提高客户忠诚度

客户忠诚是企业实现可持续发展的重要因素，因此企业必须从客户忠诚的影响因素出发，实现客户忠诚，最大限度地留住客户。

一、努力实现客户完全满意

客户满意是影响客户忠诚的重要因素，客户的满意程度越高，其忠诚程度往往也越高，因此企业必须尽可能实现客户的完全满意。

一方面，企业应该向客户提供他们认为该行业所有企业都能提供的基本产品和服务，并随着新技术水平变化而不断调整，随时满足客户的需求；另一方面，企业应该建立一个客户信息处理系统，随时关注并更新客户的需求，处理客户的抱怨，向客户提供更高水平的服务。

对于客户而言，企业的人文关怀同样重要。因此，要想实现客户完全满意，企业必须认真倾听客户的诉求，尽最大可能理解并满足他们的偏好和需求等，与之建立相互信赖的人际关系。

// 实例

健康先行，忠诚相随：霸王茶姬引领茶饮新风尚

茶饮，作为中华民族的传统饮品，不仅拥有深厚的文化底蕴，还因其含有的茶多酚等有益成分，被认为对健康有多方面的积极影响。然而，在现代饮品市场中，新兴的茶饮品牌在迎合年轻消费者口味的同时，也面临着高热量等健康问题的质疑。

霸王茶姬，作为一个现代茶饮品牌，正致力于打破这一刻板印象，通过创新的方式向消费者展示茶饮的健康潜力。

品牌通过与健康运动平台Keep的合作，强化了健康生活的理念。在上海环球港的快闪活动中，霸王茶姬通过互动游戏鼓励参与者收集"卡路里"，以兑换低热量饮品，成功吸引了大量关注健康生活的年轻人参与。

霸王茶姬不仅在活动上做文章，更在产品透明度上下功夫。品牌推出了"热量计算器"功能，让消费者通过小程序直观了解饮品的热量和营养成分，如能量、蛋白质、碳水化合物、脂肪、茶多酚和咖啡因等。这一举措让消费者对饮品的健康属性有了更清晰的认识，同时也体现了品牌对消费者健康的关怀。

此外，霸王茶姬还发布了"产品身份证"，详细列出了产品的热量值和原料来源，增加了消费者对品牌的信任。通过这些措施，霸王茶姬不仅提升了品牌形象，也满足了消费者对健康饮品的需求，成功地将喝茶转变为一种健康的生活方式。品牌的这些策略，无疑提升了客户的忠诚度。

二、提供财务利益，奖励忠诚

客户选择一个企业的重要原因之一，便是能够从中获得利益，确切地说，很大一部分是财务利益。如果不能从中获得利益，便失去了选择的动力。因此，提供财务利益便成为企业留住客户、实现客户忠诚的重要手段。

企业应该采用增加奖励的措施,让客户切身感受到忠诚带来的好处。例如,针对老客户的 VIP 内购会、积分换购、买赠活动等,都能够让客户得到实际的好处,有利于实现客户忠诚。

使用频繁营销规划也是一个很好的思路。频繁营销规划最早产生于 20 世纪 70 年代初,也称为老主顾营销规划,它是指向经常或大量购买的客户提供奖励,目的是促使现有客户对企业忠诚,从而建立企业与客户长久的关系。奖励的形式包括折扣、积分、赠品、奖品等优惠和好处。

三、提高转移成本

转移成本越高,客户转向其他企业的可能性就越小。因此,企业应尽量提高转移成本。当客户考虑转向其他企业时,必须考虑转移所带来的成本与收益,若成本大于收益,便失去了转移的意义。所以,企业要想留住客户,便要想办法提高转移成本。比如,增加对老客户的优惠力度以及购买的奖励措施,降低老客户的购买成本,此时老客户若转向其他企业便不能享受到如此低价购买,经济利益会受损,老客户便会三思而后行。除了经济上的损失,转向其他企业还会带来时间、精力及感情上的损失,企业应通过各种方式让老客户明白转移的成本以及留下的好处。

> ◆ **素养小课堂**
>
> **行业协会在反垄断法框架下的自律与市场秩序维护**
>
> 行业协会是政府和经营主体之间的桥梁和纽带,是完善社会主义市场经济体制进程中不可或缺的社会组织。行业协会依据《中华人民共和国反垄断法》(以下简称《反垄断法》)加强行业自律,引导本行业的经营者依法竞争、合规经营,可以有效维护市场竞争秩序,维护消费者利益。我国《反垄断法》自 2008 年施行以来,在引导和规范行业协会发挥自律职能、预防和制止行业协会从事垄断行为等方面发挥了重要作用。
>
> 随着我国经济迅速发展,经营者的市场行为与竞争方式日趋复杂,行业协会的自律活动不断丰富。在此背景下,制定出台《国务院反垄断反不正当竞争委员会关于行业协会的反垄断指南》,既有利于为行业协会规范履职设置"红绿灯",有效预防和制止垄断行为的发生,也有利于增强行业协会的反垄断合规意识和能力,支持和引导行业协会依法发挥自律职能,促进行业规范健康持续发展。

四、提升客户对企业的信任度及增强情感联结

信任有利于长久稳定关系的建立及维护,因此企业必须想方设法与客户之间建立一

条情感纽带，增加客户对企业的信任感。企业必须要树立客户至上的服务意识，向客户提供需要的可靠信息，为客户解决各类问题，尊重客户，以实际行动赢得客户的信任。

实现客户忠诚实际上是要赢得客户的心。所以情感交流显得如此重要，如生日问候、售后定期回访、不定期的会员活动等，这些举措能够增加企业和客户之间的密切交往，从而逐步建立起来一种情感关系，让企业成为客户日常活动的一部分。一旦客户对企业产生了情感牵挂，便不会随意转向其他企业。

// 实例

疯狂动物城——南京红山动物园"特别不动物园"

2024年清明假期首日，南京红山动物园内人潮太过拥挤。当晚，官方发布限流公告：入园人数最高限8万，瞬时在园人数限4万，自助伴游车暂停运营。这一数据，与上海迪士尼的日均客流量可谓不相上下。如今，南京红山动物园无疑已成为国内动物园顶流。

园长沈志军曾说："动物园不是花钱看动物的地方，而是学会看待动物的地方。"红山动物园也以"特别不动物园"来打造自己的差异感。

红山动物园是国内第一家取消动物表演的动物园，2014年又取消了动物投喂。2017年开始，红山动物园拆掉了牢笼、重新设计场馆，让动物们拥有了山丘、湖泊与溪流。此外，红山动物园每年还会救助约1 000只受伤的动物，并在康复之后进行生存能力评估，通过评估的动物放归野外，没通过评估的动物留在红山"养老"。

在红山，动物不是被关在笼子里，它们拥有充足的探索空间，可以随时在假山、洞穴、林木、水池中"来一场说走就走的旅行"。"在红山，你会发现人走的路并不宽阔，但是动物的生存环境空间相当广阔。这其实在告诉我们，动物也是环境保护可持续发展中的重要一分子。在红山这种更接近自然的生存环境下，动物们也能更多地展现自然行为。"

在游客入园的必经之地，饲养员头戴麦克风，为路过的游客提供"入园培训"："在红山，动物是主人，大家是客人，它们有不接待的权利，我们也要牢记不投喂动物的约定。"面对场馆外拥挤的人潮，红山的动物们依旧该吃吃、该睡睡，不需要为人类提供任何"情绪价值"，因为它们拥有"不被看见的权利"。窗户前，偶尔可见工作人员手绘的提示牌："请保持一鹅鹅距离""我是小熊猫，不是小浣熊""老虎玻璃拍不得"。科普板上记载着动物的个人证件照、入园年龄、性格差异、成长动态，甚至讣告。

在红山，每一只动物都有自己的名字，它们漂亮、健康又自信。三条腿的豹子"越越"热爱探索、行动敏捷；白面僧面猴"杜杜"撞脸《千与千寻》中的无脸男，一个不经意的回眸就能把大家逗乐；细尾獴"无名氏"虽然偶被欺负，但仍对隔壁邻居的日光浴充满向往……

就连央视新闻也亲自下场，2023年以来，陆续在微博上创建话题＃南京红山动物园对动物有多友好＃、＃这家不走寻常路的动物园有趣又有爱＃，总阅读量达到了2 000万次。

点评： 红山动物园之所以能长期出圈，更重要的一点还在于它尊重动物、凡事以动物优先的理念，带给了大家与众不同的情感体验。

五、加强企业内部管理，提高员工忠诚

在一个企业中，员工的忠诚度越高，工作状态越好，那么给外界留下的印象也会更加积极，客户选择其产品或服务的可能性就越大。因此，企业必须从自身内部管理出发，培养和提高员工的忠诚度，为客户忠诚奠定坚实的基础。

首先，选择优秀的员工。企业在招聘员工时，要严格设立标准，选择德才兼备且与岗位相匹配的人。

其次，加强培训。企业应培训员工客户至上的服务意识，让每一位员工都明白客户忠诚的重要性。

再次，实现激励管理。采取有效的激励措施，如每留住一个客户便获得相应的奖励，有利于激发员工的工作热情，留住更多的客户。

最后，降低员工的流失率，从而避免其带走客户而导致客户流失。总之，企业必须加强内部管理，建立一支稳定的员工队伍，提高员工忠诚度。

// 实例

阿里的员工关怀

关心员工就是关心企业，按照国际上普遍认同的定义，所谓企业社会责任，就是企业在创造利润、对股东利益负责的同时，还要承担对员工、对社会等的社会责任，改善提升员工的生活品质，让员工生活得更体面、更有尊严，更能体现企业的社会责任。

从2017年开始，阿里巴巴出台了一项名为"康乃馨"的关爱父母计划，每个在职的阿里员工，除了自己每年一次的公费体检外，还享有两个公费体检的名额用于本人父母或者配偶父母体检。从阿里内网预约页面可以看到，每个员工可以提交4个名额，两位免费，而另外两位则可以享受优惠价。员工的父母不用自己动手预约，通过阿里自建的体检系统，员工可以十分方便地帮自己父母预约好医院、项目和时间。

阿里巴巴的福利涵盖方方面面。值得一提的是，阿里巴巴推出了自创的"i"系列员工福利："iHome计划"为员工提供30万元无息贷款，用于购房首付。"iBaby子女教育关怀计划"为员工子女的健康快乐成长营造良好的环境。"iHelp蒲公英计划"规定，若员工或员工家属得了重大疾病，将给予5万～10万元援助金。"iHope彩虹计划"针对家庭特别困难的员工，提供3万～5万元的特困援助金。

六、建立客户组织，稳定客户队伍

企业可以通过建立客户组织的方式，使企业与客户之间的关系更加正式，加强客户对企业的归属感，从而有利于企业与客户之间情感关系的建立。

由于客户组织的建立，企业与客户之间的关系便由松散变得紧密，偶然变成必然，并慢慢形成长期的利益关系，从而确保了一个基本的忠诚客户群的形成。因此，企业要想扩大市场占有率，拥有更多的忠实客户，实现可持续经营，有必要建立和扩大自己的客户组织。

// 实例

蔚来公司的客户组织与活动

蔚来69%的订单来自老用户推荐，App已有500万注册用户，DAU（日活用户数）超过50万，MAU（月活用户数）超过1 500万。凭借独有的用户运营思维，蔚来汽车成为国内造车新势力的领头羊。

线上渠道——App和小程序

蔚来App的功能十分齐全：用户可以直接在App上完成了解信息到购买汽车的全过程。除此之外，用户还有专门的板块用于分享自己的生活和用车体验。并且，在蔚来App中，官方对于交流互动的高参与度十分突出。在很多帖子的评论区中，我们都可以轻易地捕捉到官方的评论身影。这些做法帮助蔚来打造了一个自由开放的大家庭式线上社区，拉近了蔚来与用户之间的距离，并且蔚来还可以及时获取用户的一手反馈，从而及时促进产品升级和服务改进。

生活渠道——NIO Life、NIO Power和NIO Service

NIO Life最开始作为汽车周边业务，如今已逐渐呈现出发展成设计品牌的趋势。NIO Life所涉及的产品品类非常广泛。对于蔚来来说，NIO Life有可能是一个生态的切入口，将蔚来汽车延伸到其他各类生活用品领域，帮助蔚来打造用户生态。与NIO Life不同，NIO Power和NIO Service主要从日常用车的场景中为用户提供服务，满足不同场景下用户进行汽车充换电的需求，以及为用户提供用车养车的保障措施。

线下渠道——NIO House和NIO Space

NIO House和NIO Space分别作为蔚来汽车的体验中心和展厅，直接面向消费者，致力于从装潢到服务全方位给消费者带来别致的体验。尤其是NIO Space。蔚来将NIO Space定位为"属于蔚来用户和他的朋友们的生活空间"，向用户传递了一种追求舒适和高质量的生活态度。除此之外，蔚来还特意根据不同的用户需求，将NIO Space内部打造成了不同的场景，包括Lab、Library、NIO café、Joy Camp、Gallery和Living Room。正如蔚来汽车创始人所说，"我们选择NIO House地址时，更多考虑的是用户需要什么样的空间去思考，我们的地点应该选在哪儿，应该如何布局，而不是单纯地从买车的角度想问题"。

社区渠道——EP Club

作为蔚来的顶级俱乐部，EP Club 的会员享有非常高端的服务，包括 EP9 驾驶体验、海外游学、FE 观赛等。EP Club 的入会方式主要分为两种：第一种是购买蔚来 EP9；第二种是通过积累"蔚来值"的方式成为年度会员或者体验会员。

独特的会员日——NIO Day

NIO Day 其实是相当于一个品牌日，是蔚来车主们一年一度的欢聚盛会。NIO Day 举办城市的相关决策还有一整套系统的流程，首先需要城市进行申报，在申报完毕后交由用户投票选举而出。在 NIO Day 上，蔚来会对自己的已有产品和新售产品进行展示和介绍；蔚来的领导人会发表重要讲话，对过去的一年进行岁末总结，并对来年发出出征的号角。除此之外，NIO Day 上的活动也十分多姿多彩。蔚来会邀请乐队或者歌手进行表演，并且蔚来的车主们还可以上台进行游戏；此外，NIO Day 还会开展义卖活动，车友们可以充分发挥自己的想法，售卖各种产品。NIO Day 还为车主之间以及车主和蔚来之间搭建了一个友好沟通交流的平台。如今 NIO Day 已然成为深度体验"蔚来文化"的重要媒介之一。

本章小结

客户忠诚是从客户满意的概念中引出的，是指客户满意后而产生的对某种产品或服务的信赖和愿意持续性购买的心理倾向。客户忠诚表现为两种形式：一是客户忠诚于企业的意愿，二是客户忠诚于企业的行为。对于企业而言，需要推动客户从"意愿"向"行为"转化，增加企业的购买次数，真正实现行动上的忠诚。

客户的忠诚度保持越久，企业所获的利益就越多。客户忠诚能有效保持产品及服务的销量，可降低企业的经营风险，加强其竞争地位，能够减少营销费用，并获得良好的口碑效应。保持客户忠诚还能促进企业的良性循环，忠诚客户多的企业，其员工荣誉感和自豪感会增加，能激励员工努力工作；由忠诚客户带来的企业收入的增加可以进一步提高员工的待遇，增加员工的满意度和忠诚度；忠诚员工可以为客户提供更好的服务，进一步强化客户的忠诚。

客户忠诚的影响因素很多，如客户的满意度，客户的财务利益，客户的信任和情感因素，客户的转移成本等，因此要实现客户忠诚必须从各因素入手，如努力实现客户满意，奖励忠诚，增加客户对企业的信任和感情，提高转移成本，建立客户组织等。

练习题

一、单项选择题

1. 客户忠诚的类型不包括（　　）。

    A. 垄断型　　　B. 激励型　　　C. 习惯型　　　D. 便利型

2. 客户忠诚是指客户（　　）购买同一企业的产品或服务。
   A. 一次　　　　B. 重复　　　　C. 多次　　　　D. 偶尔
3. （　　）的客户是高依恋和高重复购买的，不会轻易转向其他的企业。
   A. 势利忠诚　　B. 垄断忠诚　　C. 忠实忠诚　　D. 惰性忠诚

二、多项选择题

1. 客户忠诚与客户满意的不同点有（　　）。
   A. 表现形式不同　　　　　　　B. 度量标准不同
   C. 导致结果不同　　　　　　　D. 影响因素不同
2. 客户忠诚的影响因素有（　　）。
   A. 客户满意　　　　　　　　　B. 财务利益
   C. 转移成本　　　　　　　　　D. 信任和情感因素
   E. 管理因素
3. 客户忠诚度衡量指标包括（　　）。
   A. 客户重复购买次数　　　　　B. 客户购买费用的多少
   C. 客户对价格的敏感程度　　　D. 客户购买挑选时间
   E. 客户对竞争产品的态度

三、判断题

1. 客户满意则一定忠诚。（　　）
2. 转移成本越高，客户忠诚越低。（　　）
3. 信任是实现客户忠诚的基础，因此必须要加强客户和企业之间的信任和情感关系。（　　）

四、案例分析题

案例一

名创优品会员忠诚度提升全攻略

名创优品作为一家在全球八十多个国家和地区布局的连锁店，门店总数超过 4 500 家，核心 SKU 近 8 000 个。该公司会员数量达到 4 200 万，其中活跃消费会员超过 3 000 万，私域用户数更是超过了 500 万。名创优品在私域流量运营中采用了多种策略来留住用户和促进活跃度。

1. 名创优品通过线下门店引流

名创优品为实现流量的转化，采取了一系列举措，包括在顾客结账时提供免费购物袋等小福利，以鼓励顾客扫码关注。此外，他们还通过添加店长的企业微信来进一步缩短公域流量到私域流量的转化路径。

2. 公众号进行精细化运营

名创优品设置了各种引导用户参与的内容，如新人低至五折的优惠提示、福利精选、好物推荐等，吸引用户点击并参与互动。此外，他们还与小红书平台展开合作，借助其庞大的用户基础和高度的参与度，来提升公众号的知名度和影响力。

3. 社群是名创优品重要的留存和促活工具

名创优品利用社群作为关键的顾客留存和活跃工具，创建了多种社群。社群中提供的各种福利、活动介绍和产品推荐旨在维持社群活力，并通过增加"皮皮值"的互动机制来激励用户交流和分享。品牌通过社群活动和福利，如"限时秒杀"和"购物抽免单"，增强用户信任并促进即时购买，同时设置主题日活动以提升用户参与度。

4. 优惠券

名创优品通过发放优惠券的方式进行拉新。实施邀请新用户助力活动等一系列举措，充分发挥优惠券的吸引力和社交助力的传播效果，吸引新用户的参与和消费，并迅速将新用户转化为私域用户。

5. 小程序

名创优品通过小程序优化购物体验，推出"扫码购"功能，允许顾客在实体店自助下单，减少排队时间。小程序还强调"一小时达"服务，突出快速配送，增加购买冲动。此外，名创优品利用丰富的IP资源和情感营销，推动基于兴趣的消费，提升转化率。

在合作推广方面，名创优品与小红书等平台联手，通过公众号等渠道推广联名活动，如"免费领爆品"，以低成本提升品牌曝光度，扩大品牌影响力。这些策略不仅提高了顾客的购物便利性，还增强了品牌与顾客之间的情感联系。

6. 门店会员

名创优品通过建立会员体系增强顾客忠诚度，设立了普卡、银卡和金卡三种会员等级。普卡会员免费加入，而银卡和金卡会员则需通过消费累积成长值来升级。会员等级可能会随成长值减少而降级，但名创优品提供了付费升级的选项，允许用户通过支付一定费用快速提升等级，并享受相应的优惠和福利。此外，名创优品在各大电商平台如淘宝、京东也实施会员计划，通过积分和优惠权益鼓励消费，从而增加顾客黏性和品牌忠诚度。

7. 打造虚拟人设IP"小名同学"

名创优品通过虚拟人设IP"小名同学"深化了与用户的私域互动，将"小名同学"塑造成一个友好的互动伙伴而非单纯的广告媒介。"小名同学"的角色不仅限于维护用户关系和传递品牌价值，还通过提供实时反馈和分享最新资讯，成为用户日常生活中的一部分。用户逐渐习惯与"小名同学"分享生活中的点滴，形成了一种新型的用户关系。

"小名同学"的形象和行为与名创优品的品牌理念相契合，通过各种社交媒体渠道分享有吸引力的内容，使用户对品牌有了更深刻的认识。"小名同学"作为福利官，通过发放优惠和组织互动活动，有效提升了用户的参与度和品牌忠诚度。

"小名同学"的运营策略针对名创优品的核心消费群体——年轻女性，通过共鸣的价值观和生活方式，与用户建立了情感上的联系。"小名同学"的人设和互动方式贴近目标用户群体，通过日常的网络热词和热点内容分享，与用户建立了深厚的情感纽带。

此外，"小名同学"还具备了客服功能，能够及时解决用户在消费过程中遇到的问题，并提供新品和促销信息，使用户能够及时了解并参与品牌的最新活动。"小名同学"的社交功能进一步增强了用户的购物体验，通过真实的互动回复，建立了与用户的情感连接，提升了用户的满意度和忠诚度。

结合案例分析以下问题：
1. 试分析名创优品客户忠诚计划的成功之处。
2. "小名同学"虚拟IP的打造取得了什么效果？
3. 名创优品的成功对我国企业有何启示？

案例二

新客户的忠诚度强化

黄女士决定购买一辆车，而且还想买一辆好车。最初，她定下的目标是一辆日产车，因为她听朋友说日产车质量较好。

在跑了大半个北京城、看了很多售车点并反复比较后，她却走进了家附近新开的上海通用汽车特约销售点。接待她是一位姓段的客户服务员。一声亲切的"你好"，接着是规范地请坐、递茶，让黄女士感觉相当热情。仔细听完黄女士的想法和要求后，段先生陪她参观并详细介绍了不同型号别克轿车的性能，有时还上车进行示范，请黄女士体验。对于黄女士提出的各种各样的问题，段先生都耐心、形象、深入浅出地给予回答，并根据黄女士的情况与她商讨最佳购车方案。黄女士注意到，在去停车场看车、试车的路上，天上正下着雨，段先生熟练地撑起雨伞为黄女士挡雨，自己却置身雨中。在这个看车、试车的过程中，黄女士不仅加深了对别克轿车的了解，还知道了别克轿车的服务理念，她很快就改变了想法，决定买一辆"别克"。

约定提车的那一天，正好是中秋节。黄女士按时前来，但她又提出了新的问题：她从未自己开车上路，况且又是新车，不知如何是好。段先生想了想，说："我给您开回去。"由于是中秋节，又已经接近下班时间，大家都赶着回家，路上特别堵。短短的一段路，竟走了近两个小时，到黄女士家时已经是晚上六点半了。在车上，黄女士问："这也是你们别克销售服务中规定的吗？"段先生说："我们的销售服务没有规定必须这么做，但是我们的宗旨是要让客户满意。"黄女士在聊天当中得知段先生还要赶去与客户见面，所以到家后塞给他一些钱，让他赶紧打车离开。段先生怎么也不肯收，嘴里说着"没事，没事"，不一会儿就不见踪影了。

一段时间后，黄女士发现汽车的油耗远大于段先生的介绍，每百公里超过了15升。她又找到了段先生询问原因，段先生再一次仔细讲解了别克车的驾驶要领，并告诉她节油的"窍门"，还亲自坐在黄女士旁边，耐心地指导她如何操作。一圈行驶下来，油量表显示百公里油耗下降了。

几番接触下来，黄女士和其他别克车主一样，与段先生成了熟悉的朋友。她经常会接到段先生打来询问车辆状况和提供咨询的电话，上海通用汽车也会按时寄来季刊《别克车主》。黄女士逢人便说：别克车好，销售服务更好！

结合案例分析以下问题：

1. 案例中段先生的具体行动凸显了客户总价值中的哪些价值？除了这种价值，客户总价值还包括哪些？

2. 除了案例上提到的方法，你还有哪些方法可以提高客户忠诚度？

3. 从这个案例当中你得到了哪些启示？

实训项目

项目　调研客户忠诚的影响因素

一、实训目的

了解客户忠诚的影响因素。

二、实训内容

1. 通过问卷调查收集当地某企业信息。
2. 整理信息，总结影响该企业客户忠诚的因素。
3. 根据实训内容，填写客户忠诚度调查表（见表9-1）。

三、实训要求

1. 按教学班级进行分组，每组5～8人，按组进行调查。
2. 由每组组长负责填写客户忠诚度调查表并完成调查分析报告的撰写。

表9-1　客户忠诚度调查表

一、调查目的
本次调查旨在了解客户对公司产品或服务的满意度和忠诚度，以便为公司提供改进和优化的方向和建议。
二、调查对象
本次调查对象为公司现有客户，包括个人客户和企业客户。
三、调查内容
（一）基本信息调查
1. 客户姓名：
2. 客户性别：
3. 客户年龄：
4. 客户职业：
5. 客户联系方式：

（续）

（二）产品或服务满意度评价

1. 您对公司产品或服务的整体满意度如何？（请在以下选项中选择一个）
   A. 非常满意　　　　　　B. 满意　　　　　　C. 一般　　　　　　D. 不满意
   E. 非常不满意

2. 请您对以下几个方面进行评价（请在每个选项后面打分，1代表非常不满意，5代表非常满意）
   A. 产品质量：
   B. 产品价格：
   C. 产品功能：
   D. 产品售后服务：
   E. 公司形象和信誉：

（三）忠诚度评估

1. 您对公司的忠诚度如何？（请在以下选项中选择一个）
   A. 非常忠诚　　　　　　B. 忠诚　　　　　　C. 一般　　　　　　D. 不忠诚
   E. 非常不忠诚

2. 您是否会推荐公司的产品或服务给其他人？（请在以下选项中选择一个）
   A. 是　　　　　　　　　B. 否

3. 您是否会继续选择公司的产品或服务？（请在以下选项中选择一个）
   A. 是　　　　　　　　　B. 否

四、建议和意见收集

1. 您对公司产品或服务有哪些改进的建议？
2. 您对公司有哪些其他意见或建议？

五、调查方法

本次调查采用问卷调查的方式进行，调查对象可通过以下方式参与：
1. 在公司官方网站上填写在线问卷。
2. 在公司门店或办公地点填写纸质问卷。
3. 通过电话或邮件方式回答调查问题。

六、调查结果分析

根据收集到的调查数据进行统计和分析，得出客户满意度和忠诚度的评估结果，并提出相应的改进措施和建议。

Chapter 10

第十章

客户的流失与挽回

学习目标

【知识目标】
- ➢ 了解客户流失的原因。
- ➢ 掌握防止客户流失的对策。

【能力目标】
- ➢ 能够正确看待客户流失。
- ➢ 能够采取有效措施挽回客户,做好客户维系工作。

【素质目标】
- ➢ 正确看待客户流失对企业产生的影响。
- ➢ 培养树立防微杜渐的"危机"意识。
- ➢ 培养防止客户流失的职业素养和意识。

> **引导案例**
>
> **拼多多客户流失与挽回策略**
>
> 2019年底，国内知名券商国盛证券发布了超过80页的深度研究报告，分析了拼多多的业务模式。报告指出，拼多多的商品成本并未降低，用户留存问题令人担忧。研究揭示，拼多多的低价策略主要依赖于促销补贴而非成本优势，若补贴停止，用户留存率可能进一步下降。此外，拼多多依赖众多小规模供应商，其产品质量和供应稳定性经常受到质疑。物流体系的不完善也频繁导致消费者投诉，这些问题直接影响了用户的购物体验和品牌信任度。同时，随着平台用户量的激增，客户服务在响应速度和问题解决效率上都显得力不从心。
>
> 面对日益激烈的市场竞争和内外部挑战，拼多多为了有效留存客户采取了一系列举措：
>
> 首先，拼多多在品牌建设上做出了显著的调整，以提升品牌形象和用户体验。与此同时，拼多多开始从单一的价格竞争者转变为质量和服务的倡导者。通过建立更为紧密的供应链合作关系，确保产品质量与供应稳定性。此外，快速的客户响应速度、良好的客户服务和不满意急速退款策略都在很大程度上提升了客户满意度。
>
> 其次，科技投资是拼多多抗衡市场压力的另一大策略。拼多多大量投资于人工智能和大数据技术，这些技术的应用不仅优化了供应链管理，还提升了用户的购物体验。例如，通过个性化推荐系统精确匹配用户需求，有效提升了用户满意度和复购率。
>
> 最后，拼多多还特别注重用户反馈，通过建立快速反馈机制，及时调整市场策略和产品供给。这种以用户为中心的策略加强了客户的忠诚度，同时也使得拼多多能够在竞争激烈的市场中更加灵活地调整其业务方向。
>
> 经过几年的调整，2024年5月22日，拼多多集团发布2024年第一季度业绩报告，拼多多的市值正式超越阿里巴巴，成为"电商一哥"。
>
> 【引入问题】
>
> 拼多多是如何解决客户流失问题的？

第一节　客户流失的原因

客户是企业的生存之本、运营之基、力量之源。没有客户，企业便没有了市场，便失去了利润的源泉，从而失去了存在的意义。而在激烈的市场竞争中，即便是满意的客户，也有可能随时背叛企业，转而投靠企业的竞争对手。所以，对企业而言，绝对不能仅仅满足于企业吸引了多少客户，而更重要的是企业能够留住多少客户。

在营销手段日益成熟的今天，企业客户仍然是一个不稳定群体。客户流失已经成了很多企业面临的尴尬问题，企业也知道失去一个老客户带来的巨大损失需要开发五六个新客户才能弥补。但问及企业客户为何流失时，很多企业的管理人员都是一脸迷茫；谈到该如何防范，他们更是束手无策。

到底什么是客户流失呢？不同行业对客户流失的定义有所不同。一般说来，客户流失是指客户由于种种原因不再购买本企业的产品或服务，而转向购买其他竞争企业的产品或服务。

随着产品同质化的出现，市场上雷同、相近、相似的产品与服务越来越多，竞争品牌之间的差异也越来越小，客户因改变品牌所承受的风险也大大降低了。客户流失的原因是多方面的，但归纳起来主要分为两大类，一类是企业自身的原因，另一类是客户本身的原因。

一、企业自身的原因

影响客户流失的因素与影响客户忠诚的因素是一样的，这些因素发挥正面作用的结果就是带来客户忠诚，发挥负面作用就会导致客户流失。其中，客户不满意是影响客户流失的重要因素。

1. 产品质量问题

客户因为产品质量问题流失，原因不外乎产品质量低劣或不稳定，品种单一或不全，样式单调或陈旧，产品附加值低，价格缺乏弹性，产品销售渠道不畅，广告宣传虚假，售后服务滞后，投诉处理效率低，产品缺乏创新等。如果企业不能给客户提供优质的产品，客户就不会对他们的上游供应商满意，更不会建立较高的客户忠诚度。若此时竞争对手推出功能更好、质量更高的产品和服务，客户自然就跑到竞争对手那里去了。

2. 服务态度差

当服务态度或服务方式存在问题时，也容易导致客户流失。例如，服务意识淡薄，员工傲慢、对客户冷漠粗鲁、表情僵硬，或者表示出不屑，不尊重客户、不礼貌，缺乏耐心，咨询时无人理睬，对客户的提问和要求表示烦躁；服务僵化、被动，工作效率低下，没有迅速、准确处理客户的问题，对客户的投诉和抱怨处理不及时、不妥当等。当企业不能满足客户需求致使客户利益受损时，客户就会寻求其他的商家。

// 实例

态度傲慢，头部主播掉粉上百万

2023年9月9日，某头部主播在直播带货××品牌眉笔时，因为价格问题与网友发生了争议，并提醒消费者要从自己身上找原因，提到"这么多年工资涨没涨，有没有认真工作"。这番言论引发了网友的不满和热议，导致该头部主播的微博粉丝数量大幅下降。

> 这一事件不仅对该头部主播的个人形象造成了影响，也对××品牌的销售和品牌形象带来了负面效应。以××品牌抖音平台为例：在事件发生后的9月11日，××品牌抖音旗舰店的GMV（商品交易总额）只有7.5万～10万元，相比于此前近一个月100万～250万元的稳定销售额，出现了超过90%的暴跌。

3. 缺乏创新，产品或服务落后

任何产品或服务都有自己的生命周期，随着市场的成熟及产品或服务的同质化，产品或服务带给客户的价值也会越来越小。若企业不能进行产品或服务创新，客户自然会另寻他路，毕竟利益才是维系客户关系的最佳杠杆。

4. 企业员工因素

在客户与企业之间，营销人员的桥梁作用非常重要，很多企业由于在客户关系管理方面不够细腻和规范，其自身对客户的影响相对乏力，一旦人员变动，特别是企业营销管理人员的离职变动，很容易带来相应客户群的流失，这是企业客户流失的重要原因之一。由于职业特点，营销人员已经成为每个公司最大、最不稳定的"流动大军"，如果控制不当，在他们流动的背后，往往伴随着客户的大量流失。因为这些营销人员手上都有自己特定的销售渠道，这也是竞争对手所看到的最大的个人优势和资源。另外，员工仪表不整、言行不一、缺乏诚意与尊重、缺乏责任心与事业感、知识面窄、能力不强、整体素质差等，也是客户流失的主要原因。

5. 其他原因

企业自身会引起客户流失的原因很多，比如忽略市场波动、企业管理不平衡、忽略诚信、客户没有归属感等。如果企业不注重自身形象，做出一些带来负面社会影响的行为，比如污染环境、不关心公益事业、不承担社会责任等，也会导致客户大量流失。

// 实例

普华永道收"创纪录"罚单！客户大幅流失

普华永道（PwC）在中国面临的客户流失和罚款问题引起了广泛关注。根据相关报道，2024年9月13日，普华永道因在审计财务报告中的失误，被中国监管机构处以创纪录的罚款，并暂停其在中国的业务6个月。这次罚款金额高达62亿美元，约合人民币4.41亿元，这是中国监管机构对审计机构开出的最大罚单。

由于这一系列事件，普华永道在中国的客户基础受到了显著影响。据彭博社报道，已有超过30家在中国大陆上市的公司终止了与普华永道的合作关系，包括中国银行、中国人寿、中国电信和中国石油等国有大型企业。这些公司2023年向其审计机构支付的费用总计超过8亿元人民币。

二、客户自身的原因

客户自身原因引发的流失主要表现在以下几个方面。

1. 客户搬迁或死亡

由于客户搬迁或死亡导致企业失去原来的客户,这属于自然流失。这样的客户流失是不可避免的,应该在弹性流失范围之内。

2. 客户需求改变

由于各种原因,客户需求发生变化。例如,客户所代表的企业采取了收缩或扩张策略,或者调整了经营方向。这样,客户就不再使用原有的产品或接受原有的服务,业务关系可能会中止,导致客户流失。

3. 客户倒闭或破产

由于国家产业政策调整、企业经营不善或其他一些突发事件,客户倒闭或破产,导致客户流失。

第二节 如何看待客户流失

企业要生存和发展,必须创造利润,而企业利润来自客户。客户的流失往往意味着市场的变更和调整,一不小心甚至会对局部(区域)市场带来致命的打击。那么,应该如何看待客户流失呢?

一、正确看待客户流失

1. 客户流失为企业带来负面影响

流失一位重复购买的客户,不仅会使企业失去这位客户可能带来的利润,还可能致使企业损失与受其影响的客户的交易机会。因为他们可能散布不利的言论,动摇和瓦解"客心"。此外,还可能会极大地影响企业对新客户的开发。

客户在自己手里的时候,企业往往不珍惜。当企业与客户的关系破裂,客户流失成为事实的时候,企业如果不能尽快、及时地恢复客户关系,就可能造成客户的永久流失。而这些流失的客户很可能成为企业竞争对手的客户,壮大了竞争对手的客户队伍和规模。一旦竞争对手因客户增多而扩大了生产服务规模,成本得以下降,就会对企业产生威胁。因此,不能听任客户的流失。

客户的流失,尤其是"好客户"流失,如同对企业釜底抽薪,让多年投入于客户关系中的成本与心血付诸东流。就像摩擦力损耗着机械系统的能量那样,客户的流失不断消耗着企业的财力、物力、人力和企业形象,给企业造成的伤害是巨大的。

2. 有些客户流失是不可避免的

新陈代谢是自然界的规律，客户的自然流失也是企业一种正常范围内的损耗。企业的客户也有一个新陈代谢的过程，特别是在今天的市场上，在各种因素的作用下，客户流动的风险和代价越来越小，客户流动的可能性越来越大，客户关系在任一阶段、任一时点都可能出现倒退，不论新客户还是老客户，都可能会流失。此外，由于客户自身原因造成的流失，企业是很难避免的，是企业无能为力和无可奈何的。

因此，虽然很多企业提出了"客户零流失"的目标，但是这个目标太不切合实际。幻想留住所有的客户是不现实的，就算能够做到，成本也会相当高，得不偿失。因为企业的产品或者服务不可能完全得到所有客户的认同，企业不可能留住所有的客户！

所以，企业应当冷静看待客户的流失，企业要做的是确保客户流失率控制在一个很低的水平。

◆**素养小课堂**

"顺其自然"的道家哲学观

道家素有"天人合一，顺其自然"之论。在道家思想中，人应该秉持自然、无为的状态，不可强求，亦不可干涉别人，尊重自然与他人，以达到真正的和谐之境。同时，道家也注重内在修养，强调顺其自然，顺从内心，不要逆天而行。

正确认知"顺其自然"的哲学意义和生活态度对于我们每个人来说都十分必要，它能够为我们的思想观念和生活态度提供正面引导。顺其自然，从本质上讲是遵循事物的发展规律，并且充分发挥人的主观能动性去认识、把握并运用规律，最终实现人与事物之间的平衡发展。

---

3. 流失的客户有被挽回的可能

有一种观点认为，客户一旦流失便再无挽回的可能。这种看法是片面的。研究表明，向流失客户进行销售，每4个中会有1个可能成功，而向潜在客户和目标客户销售，每16个才有1个成功。其中的原因主要是：一方面，企业拥有流失客户的信息，他们过去的购买记录能够为企业挽回客户提供指导，而对潜在客户和目标客户，公司由于缺乏信息，很难开展有效的营销活动。另一方面，流失客户毕竟有购买企业产品和服务的经历，对企业有所了解，企业只要找对方法，挽回的可能性还是很大的。

4. 区别对待不同的流失客户

由于每个客户为企业带来的利润是截然不同的，因此在资源有限的前提下，企业应该根据客户的盈利程度来分配挽回客户的资源。企业挽回的重点应该是那些最能盈利的关键客户；对普通价值的客户，由于还有升级的可能，应该尽力挽回，使其对企业继续创造价值；对流失的小客户，可以见机行事，如果不是很费心费力，可以试着将其挽回；对没有价值，甚至负价值的劣质客户，应该彻底放弃，因为他们不值得企业花费精力去挽回。

二、客户流失预警指标

客户流失具有复杂的类型和成因,因此企业在判断和衡量客户是否有流失风险时,也需要运用多样化的指标。企业对客户流失的监控通常以一个业务周期内的统计数据为指标,如一个月、一个季度、一年等,需根据企业产品或服务的特性而定。

1. 客户留存率

客户留存率是指企业在一段时间内客户留存数与初始客户数的比例。该指标能够直观地反映出企业保持原有客户数量的能力,同时也体现出企业对于现有客户的维护情况。当客户留存率下降时,说明企业需要采取措施来降低潜在的客户流失风险。

2. 客户投诉率

客户投诉率是指一定时间内客户向企业提出投诉的比例。该指标可以反映出企业产品或服务质量是否达到客户期望值。当投诉率上升时,说明客户对于产品或服务不满意,可能会导致潜在的客户流失。

3. 客户满意度

客户满意度是指客户对于企业所提供产品或服务的满意程度。该指标可以反映出企业产品或服务是否能够满足客户需求,并且可以帮助企业了解客户对于企业的评价。当客户满意度下降时,说明企业需要采取措施提高产品或服务质量,以避免潜在的客户流失。

4. 客户交易频率

客户交易频率是指一定时间内客户与企业之间的交易次数。该指标可以反映出客户对于企业产品或服务的忠诚度。当交易频率下降时,说明客户可能已经开始转向竞争对手,存在潜在的客户流失风险。

5. 客户生命周期价值

客户生命周期价值是指一个客户在其与企业建立关系期间所带来的全部收益减去成本后的净值。该指标可以反映出一个客户对于企业的重要性和价值。当客户生命周期价值下降时,说明企业需要采取措施提高客户忠诚度,避免潜在的客户流失。

6. 客户回购率

客户回购率是指一定时间内曾经购买过产品或服务的客户再次购买同类产品或服务的比例。该指标可以反映出企业对于现有忠诚度高的客户的维护情况。当客户回购率下降时,说明存在潜在的客户流失风险。

7. 客户转化率

客户转化率是指一定时间内从潜在客户转化为实际购买产品或服务的客户的比例。该指标可以反映出企业对于潜在客户的开发能力。当客户转化率下降时,说明企业需要采取措施提高潜在客户的转化率，避免潜在的客户流失。

8. 客户退订率

客户退订率是指一定时间内客户退订企业产品或服务的比例。该指标可以反映出企业产品或服务质量是否达到客户期望值。当客户退订率上升时，说明存在潜在的客户流失风险。

第三节　流失客户的挽回

客户是企业的重要资源，也是企业的无形资产。客户流失，也就意味着企业资产流失。对流失客户的挽回，需要一整套组合策略，缺一不可。找到客户流失的原因是第一步，与此同时，还需要对流失客户有一个正确的认识，而更重要的是有针对性地采取有效的挽回措施。

一、未雨绸缪，预防胜于挽回

客户流失会为企业带来巨大影响。每月5%的客户流失看似无伤大雅，但将一整年的流失量统计起来，可能会损失一半的客户。这意味着企业需要付出更多的努力，才能使业务保持现有的规模而不是逐渐缩小。凡事预则立，不预则废，对于流失客户挽回也是如此。企业必须未雨绸缪，跟进那些为企业带来高额利润的核心客户，了解他们的需求，掌握其动态；分析客户当前的数据及历史数据，避免因信息不完备而误将潜在的价值客户认作必然流失的客户。有效控制客户流失的关键在于对客户流失进行预测分析，及时发现客户流失倾向并预警，对客户进行有效维系和挽留。

二、调查原因，缓解不满

如果企业能够深入了解并弄清客户流失的原因，就可以获得大量珍贵信息，发现经营管理中的问题，并可以采取必要的措施及时加以改进，从而避免其他客户的流失。相反，如果企业没有找到客户流失的原因，或者企业不能采取有效的措施加以防范，那么这个原因将会持续导致企业失去现有客户。

因此，企业要第一时间积极与流失客户联系，拜访流失客户，诚恳表示歉意，缓解他们的不满；了解客户流失的原因，弄清问题究竟出在哪里，并虚心听取他们的意见、看法和要求，让他们感受到企业的关心，给他们反映问题的机会。企业只有充分考虑流失客户的利益，并站在流失客户的立场上，与不同特点的流失客户进行及时、有针对性、个性化的沟通，才有可能挽救破裂的客户关系。

流失客户的挽回

三、对症下药，争取挽留

企业要根据客户流失的原因制定相应的对策，全力争取尽早挽回流失的客户。例如，针对价格敏感型客户的流失，在定价策略上应该采取参照竞争对手定价的策略，甚至可略低于竞争对手的价格。这样一来，流失的客户自然会回归。针对喜新厌旧型的客户的流失，在产品、服务、广告、促销上面应该多一些创新，从而将他们吸引回来。

企业要根据实际情况，参照流失客户的要求，提出具体解决方案，并告诉客户，正是基于他们的意见，企业已经对有关工作进行了整改，以避免类似的问题再次发生。如果流失客户仍然对整改方案不满意，可以问问客户的意见，向客户讨教，最后抓紧实施流失客户认可的解决方案。企业的诚意会给流失客户留下良好的印象，他们会觉得企业很重视自己提出的问题，是真心实意地解决问题，这样就可以打动客户，促使流失客户回头。例如，随着健康观念的增强，中国消费者认识到洋快餐易导致肥胖，在这种观念的影响下，肯德基的部分客户流失。肯德基通过产品创新及推广活动，使品牌与健康、运动紧密结合，并且向"均衡营养、健康生活倡导者"转变，从而挽回了流失的客户。

// 实例

胖东来全面下架"东北农嫂甜玉米"，给顾客全额退款，获网友支持

2022年9月，有顾客反映胖东来销售的东北农嫂玉米标价贵。此前，××直播间销售该玉米6元/根，东北农嫂在自己的直播间只卖3.6元/根。同样的玉米，胖东来线下商场的定价则是8.5元/根。

9月30日，胖东来发布公告召回已售"东北农嫂甜玉米"单品，通过会员系统联系顾客，全额退款挽回损失。公告显示，东北农嫂玉米供应商采购价4.6元，供货价6元，卖场厂家指导价8.5元，核算加价率29.4%。胖东来经过调查发现，业务人员对供应商的供货价格未经认真严谨审核，相关责任人被降级处理，已售产品支持全额退款。

10月1日上午，胖东来时代广场超市值班店长表示："我们查到了全部顾客的电话，已联系顾客退款。由于每个店销售玉米的数量不一样，召回工作完成率在百分之七八十。一些顾客对我们的工作比较理解，表示不用退款了，一些顾客因不方便来店里，我们通过在线平台办理转账退款。"胖东来的这波操作，获得了大量网友的好评和支持。

针对常见的客户流失原因，我们提出了几种缓解客户不满、增强客户关怀并挽留客户的方案。

1. 实施全面质量管理

关系营销的中心内容就是最大限度地达成客户满意，为客户创造最大价值。而提供高质量的产品和服务是企业创造价值和达成客户满意的前提。只有为客户提供高质量的产品和服务，企业才能与客户建立持久真诚的关系。而实施全面质量管理，能有效地控制影响质量的各个环节与因素，是企业制造优质产品和服务的关键。

通用电气公司前董事长杰克·韦尔奇（Jack Welch）曾言："质量是通用维护客户忠诚度最好的保证，是通用对付竞争者的最有力的武器，是通用保持增长和赢利的唯一途径。"可见，企业只有在产品的质量上下足功夫，保证产品的耐用性、可靠性、精确性等价值属性，才能在市场上取得优势，为产品的销售及品牌的推广创造一个良好的运作基础，也才能够真正吸引客户、留住客户，减少客户流失。

2. 树立"客户至上"的服务意识

对于任何行业以及任何经营销售者来说，树立"客户至上"的服务意识是建立长期合作的前提，它是企业服务于客户的基本动力。客户是企业的"衣食父母"，没有客户的经营销售就谈不上是完整的销售行为。因此，必须从意识和制度上要求企业全体营销服务人员，树立正确的服务意识。例如，有一年夏天，武汉特别热，人们对空调的需求大增，由于当地售后服务队伍人数有限，海尔预料自己的售后服务将面临人员危机。于是，武汉海尔负责人很快打电话到总部要求调配东北市场的售后服务人员，接着东北海尔的售后服务人员就乘飞机直达武汉加班加点为客户服务。客户得到了海尔全心全意的服务，盛赞海尔"'真诚到永远'真是名不虚传"。

3. 强化与客户的沟通

沟通是人与人之间、人与群体之间思想与感情的传递和反馈的过程，沟通的目的是努力使思想达成一致和感情通畅。只有加强与客户间的沟通，企业才能了解客户的真实需求，了解客户对企业产品质量和服务质量的看法，了解客户对企业有哪些意见。

强化与客户的沟通，首先要及时将企业经营战略与策略的变化信息传递给客户，便于客户顺利开展工作。例如，某铁矿石进口厂商在了解到铁矿石现货价格短期内将上浮的消息时，第一时间将信息告诉其合作的钢铁公司。客户获得这些有价值的信息后，及时调整自己的经营策略，结果客户对厂家自然是感激不尽。其次，企业应充分向老客户描绘企业发展的美好愿景，增强客户的经营信心，形成一种长期合作的伙伴关系。最后，企业在与客户交易中遇到冲突时，应及时与客户沟通，及时解决问题，在适当时候还可以选择放弃自己的利益而保全客户的利益，这样在很大程度上能够增加客户对企业的信任。

// 实例

一次成功的客户挽回

王阿姨是某机关单位退休干部。客户经理朱毅是王阿姨的专职理财经理，与王阿姨相识已两年多。朱毅是一位敬业的年轻人，十分注重维护客户关系，节日短信问候、日常电话关怀、生日贺卡祝福以及银行各项优惠活动的及时告知等事宜都做得很到位，尤其是每当有理财产品到期或新产品发行时，都会进行主动提醒。因此，他和王阿姨的关系一直非常好。

王阿姨属于稳健类客户,退休后有稳定的收入来源,其子女工作也很稳定。但由于之前购买了股票型基金后一直处于被套状况,而且理财知识又相对匮乏,所以目前购买的理财产品较为单一。

近日,王阿姨出人意料地将所有到期理财产品赎回。朱毅得知消息后,第一时间拨通了王阿姨的电话。朱毅通过询问得知,王阿姨取钱的原因是儿子下个月结婚,急需用钱。鉴于客户的资金是用于婚礼,而且按照本地习俗,大部分资金可能会以喜钱的形式回流。并且在其儿子的婚礼结束后,王阿姨家基本上没有重大开销,而且王阿姨很疼孩子,肯定会将收回来的喜钱留给儿子。于是,朱毅迅速制订了下一步客户挽回计划,主动提出去婚礼现场帮忙。朱毅在王阿姨的安排下承担了收喜钱的任务,在婚礼当天,朱毅专业的服务态度和热情赢得了王阿姨家人和婚礼宾客的一致好评。婚礼结束后不久,王阿姨又把钱存到了银行,并且采纳了朱毅的建议,放弃了收益率低的短期理财产品,选择了有一定风险但收益较高的银保产品。

借助情感策略,朱毅成功地实现了客户资金回流。同时,他又不失时机地根据客户资金需求的变化,为客户配置复杂产品。这样一来,在锁定客户资金的同时,也将王阿姨由熟客发展成为忠诚客户,带来了较高的中间业务收入。

4. 增加客户的经营价值,降低客户的经营成本

在市场竞争中,企业为战胜对手、吸引更多的客户,必须向客户提供比竞争对手具有更多客户让渡价值的产品,这样才能提高客户的满意度。为此,企业应从两个方面改进自己的工作:一是改进产品、服务、人员和形象,提高企业产品的总价值;二是改善服务,提供便利、完善的网络系统,减少客户的资金占用率,减少客户购买产品所花费的时间、体力和精力,从而降低货币成本和非货币成本。

5. 建立良好的客情关系

员工跳槽带走客户的一个重要原因就在于企业缺乏与客户的深入沟通与联系,未能与客户之间建立良好的客情关系。企业只有详细地收集客户资料,建立客户档案进行归类管理并适时把握客户需求,才能真正实现与客户的紧密联系,从而建立起良好的客情关系,达到"控制"客户的目的。

6. 做好创新

企业的产品一旦不能根据市场变化做出调整与创新,就会落后于同类产品和市场,而客户意见是企业创新的源泉。很多企业都要求其管理人员去聆听客户服务区域的电话交流或收集客户返回的信息。通过倾听,他们可以得到有效的信息,并可据此进行创新,促进企业更好地发展,为客户创造更多的经营价值。当然,企业的管理人员还要能正确识别客户的要求,正确地传达给产品设计者,以最快的速度生产出最符合客户要求的产品,满足客户的需求。

7. 善于倾听客户的意见和建议

客户与企业之间是一种平等的交易关系，在双方获利的同时，企业还应尊重客户，认真对待客户提出的各种意见及抱怨，并真正重视起来，如此才能实现有效的改进。在客户抱怨时，企业应认真倾听，扮演好听众的角色。如有必要，甚至可以拿出笔记本将其要求记录下来，要让客户觉得自己及自己的意见得到了重视。当然，光听还不够，企业客服人员还应及时调查客户反映的情况是否属实，迅速将解决方法及结果反馈给客户，并提请其监督，这样才能培养客户对企业的忠诚度，防止客户流失。

本章小结

客户流失是指客户由于种种原因不再购买本企业的产品或服务，而转向购买其他竞争企业的产品或服务。客户流失的原因是多方面的，但归纳起来主要分为两大类，一类是企业自身的原因，包括产品质量问题，服务态度差，缺乏创新，产品或服务落后，企业员工因素和其他原因。另一类是客户本身的原因，具体说来包括客户搬迁或死亡、客户需求改变、客户倒闭或破产。

流失一位重复购买的客户，不仅会消耗企业的财力、物力、人力，影响企业形象，给企业造成巨大伤害，还可能会影响企业对新客户的开发。但客户的自然流失也是企业一种正常范围内的损耗，"客户零流失"是不可能实现的。所以，企业应当冷静看待客户的流失，企业要做的是确保客户流失率控制在一个很低的水平。

客户是企业的重要资源，也是企业的无形资产。客户流失，也就意味着企业资产流失。由于每个客户为企业带来的利润是截然不同的，因此在资源有限的前提下，企业应该根据客户的盈利程度来分配挽回客户的资源，区别对待不同的流失客户。

最有效的挽回措施其实是未雨绸缪，预防胜于挽回。有效控制客户流失的关键在于对客户流失进行预测分析，及时发现客户流失倾向并预警，对客户进行有效维系和挽留。一旦发现客户流失，企业应该深入了解并弄清客户流失的原因，在分析客户信息的基础上，发现经营管理中的问题，并采取必要的措施及时加以改进，从而避免其他客户流失。企业要根据实际情况，参照流失客户的要求，提出具体解决方案，并告诉客户正是基于他们的意见，企业已经对有关工作进行了整改，促使流失客户回头。

练习题

一、单项选择题

1. （   ）是企业的生存之本、运营之基、力量之源。
   A. 资金　　　　B. 人才　　　　C. 产品　　　　D. 客户

2.（　　）是指客户由于种种原因不再购买本企业的产品或服务，而转向购买其他竞争企业的产品或服务。

　　A．客户流失　　　　　　　　B．客户竞争
　　C．客户放弃　　　　　　　　D．客户挽回

3.（　　）造成的客户流失，企业是很难避免的，是企业无能为力和无可奈何的。

　　A．产品质量问题　　　　　　B．服务态度问题
　　C．企业自身原因　　　　　　D．客户自身原因

二、多项选择题

1．客户流失的原因主要有（　　　　）。

　　A．产品质量问题　　　　　　B．服务态度差
　　C．缺乏创新，产品或服务落后　D．客户需求改变
　　E．客户买不起

2．客户流失预警指标包括（　　　　）。

　　A．客户留存率　　　　　　　B．客户退订率
　　C．客户投诉率　　　　　　　D．客户转化率
　　E．客户回购率

3．以下能有效缓解客户不满、增强客户关怀并挽留客户的方案包括（　　　　）。

　　A．实施全面质量管理　　　　B．树立"客户至上"的服务意识
　　C．强化与客户的沟通　　　　D．善于倾听客户的意见和建议
　　E．降低客户的经营价值，增加客户的经营成本

三、判断题

1．相比新客户，老客户为企业带来的利润更大。　　　　　　　　　（　　）
2．企业对流失客户的管理目标就是要实现"客户零流失"。　　　　（　　）
3．由于每个客户为企业带来的利润是截然不同的，所以企业应该区别对待不同的流失客户。　　　　　　　　　　　　　　　　　　　　　　　　　（　　）

四、案例分析题

苹果 iPhone 手机的客户流失与挽回

2024 年，苹果公司旗下 iPhone 产品在中国市场的销售额与市场份额皆呈现下滑态势。依据市场调研机构 Counterpoint Research 的数据，2024 年前 6 周，苹果在中国的 iPhone 销量同比下降 24%，市场份额由 2023 年的 19% 降至 15.7%，排名滑落至第 4 位，失去了销售冠军之位。此外，苹果在 2024 年第一季度的全球销售额较去年同期下降 4.3%，其中大中华区当季销售额为 164 亿美元，下降幅度达 8%。在品牌流向调查数据中，苹果用户在更换新机时，有 15.3% 的人选择了华为，华为成为抢夺苹果用户数量最多的手机品牌。

苹果公司始终在积极探寻挽回客户的策略。例如，2019年推出"Apple Trade In"，即以旧换新计划；2020年推出"Apple One"计划，即将多种苹果服务进行绑定并打包销售。2023年12月，苹果推出"关联定价"（Contingent Pricing）功能，允许开发者为正在订阅另一项服务的用户提供折扣价格。这一系列举措对苹果的营收产生了正向反馈，有效增加了苹果的营业收入。

2024年9月，苹果公司在其App Store中推出"回头客优惠"功能，此功能旨在助力开发者吸引已取消订阅的用户重新订阅。借助该功能，开发者可为退订用户提供诸如6个月的优惠月费或打折的年费等优惠，以此提升用户的留存率与忠诚度。每个订阅项目最多可创建350个回头客优惠，且每个国家或地区最多可同时设置5个不同的优惠。

此项新功能的推出，彰显了苹果公司对提升用户体验以及强化开发者支持的高度重视。它不仅有益于开发者增加订阅用户数量，也有助于苹果公司提升服务收入。预计至2025年，服务收入将占苹果总营收的25%。苹果的这一策略或将对其他平台产生深远影响。随着App Store的持续完善，开发者将拥有更多机会与用户建立长期关系，同时也会进一步增强自身的市场竞争力。

结合案例分析以下问题：

（1）你认为iPhone手机客户流失的原因是什么？

（2）你认为2024年的"回头客优惠"功能是否能挽回流失客户？为什么？

（3）你认为还可以采取哪些策略来挽回客户？

实训项目

项目　调研客户流失原因

一、实训目的

了解客户流失原因。

二、实训内容

1. 设计调查问卷，了解客户流失的原因。
2. 选择部分客户进行面谈，了解其不再购买企业产品的原因。
3. 统计、分析客户流失的原因。
4. 填写客户流失调查问卷（见表10-1）。

三、实训要求

1. 按教学班级进行分组，每组5～8人，按组进行调查。
2. 由每组组长负责填写客户流失调查问卷并完成调查分析报告的撰写。

表 10-1　客户流失调查问卷

1. 贵公司的名称是：

2. （多选）贵公司在我们公司下单的数量呈递减趋势的主要原因是（　　　）。
   A. 行情不好，不想做　　　　　　　　　B. 对我们提供的服务不满意
   C. 之前亏损太大，现在资金紧张　　　　D. 已找到其他外盘通道
   E. 其他原因

3. 贵公司是否有在别的公司开户（　　　）。
   A. 有　　　　　　　　　　　　　　　　B. 没有

4. （多选）贵公司选择我公司最看重的因素是（　　　）。
   A. 服务质量　　　　　　　　　　　　　B. 行情研发水平
   C. 能否给出有效的交易策略　　　　　　D. 所提供的信息质量
   E. 其他

5. 贵公司以后是否还会继续与我公司交易（　　　）。
   A. 会，但交易量会越来越小　　　　　　B. 会，而且交易量会越来越大
   C. 会，交易量不变　　　　　　　　　　D. 不会

6. 贵公司是否有专门的研发团队（　　　）。
   A. 有　　　　　　　　　　　　　　　　B. 没有

7. （多选）决定贵公司交易量的最重要的因素是（　　　）。
   A. 行情涨跌　　　　　　　　　　　　　B. 服务质量
   C. 对行情的把握　　　　　　　　　　　D. 资金状况
   E. 其他

8. 贵公司对我们有什么改进的建议？

参 考 文 献

[1] 苏朝晖. 客户关系管理：客户关系的建立和维护 [M]. 6 版. 北京：清华大学出版社，2024.

[2] 黄芳. 客户关系管理实务：微课版 [M]. 2 版. 北京：人民邮电出版社，2021.

[3] 吴敏，蒋娅娜，张涛. 客户关系管理：慕课版 [M]. 北京：人民邮电出版社，2021.

[4] 王栓军. 客户关系管理 [M]. 2 版. 成都：西南财经大学出版社，2021.

[5] 郑志丽. 客户关系管理实务 [M]. 2 版. 北京：北京理工大学出版社，2020.

[6] 蔡瑞林，张冠兰. 客户关系管理实务 [M]. 3 版. 北京：北京交通大学出版社，2019.

[7] 罗浩. 用户体验 [M]. 北京：中国经济出版社，2016.

[8] 史密斯，哈努福. 体验式营销 [M]. 黄巍，译. 北京：人民邮电出版社，2017.

[9] 周高华. 情感营销：体验经济、场景革命与口碑变现 [M]. 北京：人民邮电出版社，2016.

[10] 古德曼. 细节决定体验：客户体验全流程设计 [M]. 苑东明，张坚栋，译. 北京：中国人民大学出版社，2018.

[11] 米勒. 用户体验方法论 [M]. 王雪鸽，田士毅，译. 北京：中信出版社，2016.

[12] 杨宗勇. 不只是咖啡：星巴克的经营哲学 [M]. 北京：中国法制出版社，2017.

[13] 左春雨，丁建石. 客户关系管理 [M]. 2 版. 北京：中国人民大学出版社，2021.

[14] 张慧锋. 客户关系管理实务 [M]. 2 版. 北京：人民邮电出版社，2014.

[15] 周洁如. 现代客户关系管理 [M]. 2 版. 上海：上海交通大学出版社，2014.

[16] 花拥军. 客户关系管理 [M]. 重庆：重庆大学出版社，2012.

[17] 张永红，白洁. 客户关系管理 [M]. 2 版. 北京：北京理工大学出版社，2015.

[18] 许巧珍. 客户关系管理 [M]. 杭州：浙江大学出版社，2014.

[19] 林昭文. 客户关系管理与客户经营 [M]. 北京：清华大学出版社，2010.

[20] 李文龙. 客户关系管理实务 [M]. 北京：清华大学出版社，2010.

[21] 周贺来. 客户关系管理实用教程 [M]. 2 版. 北京：机械工业出版社，2013.

[22] 王广宇. 客户关系管理 [M]. 北京：清华大学出版社，2013.

[23] 郭红丽. 客户体验管理 [M]. 北京：清华大学出版社，2010.

[24] 张艳芳. 体验营销 [M]. 成都：西南财经大学出版社，2007.

[25] 顾桥. 体验营销的理论与实践 [M]. 北京：中国地质大学出版社，2012.

[26] 权利霞. 体验经济——现代企业运作的新探索 [M]. 北京：经济管理出版社，2007.

[27] 吴宏晖. 客户忠诚的秘密 [M]. 北京：北京大学出版社，2012.

[28] 扈健丽. 客户关系管理 [M]. 北京：北京理工大学出版社，2010.

[29] 夏永林. 客户关系管理理论与实践 [M]. 北京：北京理工大学出版社，2011.